현대인의

명심보감

현대인의 명심보감

배규범 지음

보고사
BOGOSA

머리말

대학에서 명심보감 관련 강의를 맡은 지가 15년이 다 되어간다. 그동안 한문강독과 한국고전문학을 위주로 강의를 해왔고, 지금은 또 해외 대학에서 한국학 관련 연구와 강의를 병행하고 있다. 하지만 갈수록 내 연구가 세상에 어떻게 도움이 될 것인가란 질문에 자신이 없어져 간다. 위기지학(爲己之學)에서 위인지학(爲人之學)으로 진화는 오랜 꿈이었다. 여전히 지속적인 고민과 노력이 필요하리라 본다. 이번에 다시 정리하는 『현대인의 명심보감』은 그런 점에서 그나마 사람들에게 도움이 되는 책인 거 같다. 북경 어느 문화센터에서 일반인들을 대상으로 수업을 할 때 논어에서 부딪힌 벽을 명심보감을 통해 뚫었을 때도 그랬었고, 사이버대에서 강의를 듣고 감사의 인사를 건네는 나이 든 학생분들을 만났을 때도 그랬다. 우주와 만물의 이치를 이론적으로 탐구하는 성리학서나 오묘한 정신세계를 종교적 신앙으로 다가가는 불경에서는 느낄 수 없는 친근함과 생활 속 실천이 있었기에 가능한 일이었다. 사실 한자를 거의 쓰지 않는 시대적 흐름 속에서 사어(死語)가 되어가는 한문의 생사를 결정할 키포인트는 바로 현장성 확보라 본다. 이 책을 다시 내놓는 이유도 바로 거기에 있다. 이 책을 통해서 내 강의를 듣는 사람들이 조금 더 그런 부분에 고민했으면 하는 바람이다. 누구에게나 공평하게 시간은 흘러가고 있다. 내 뜻과는 다르게, 조금은 억울한 듯 돌아가는 세상에서 나부터라도 마음을 다독거리며 조금이라도 좋은 세상으로 나가는 데 명심보감의 문구들이 도움이 되었음 한다.

마지막으로 이번 책은 코로나라는 국제적 변수 속에서 이웃 간의 정과 사람 사는 단순한 이치를 알려주신 옥동리 김·유·신 형님들과 누님들께 바친다.

2020년 6월 횡성 사우당(四友堂)에서

목차

해제*

1. 의미

『명심보감(明心寶鑑)』은 그야말로 마음을 밝혀주는 보배스런 거울과 같은 문구를 말한다. 맹자(孟子)의 말대로 마음은 하늘로부터 받은 인의예지(仁義禮智)의 성품(性品)에 근거하고 있어 늘 선(善)한 존재이다. 그런데 각자 개인의 기질적 차이와 다양한 환경적 요인으로 인해 그 본성은 더럽혀졌다. 그리하여 우리들은 욕심이 가득한 몸과 마음을 이끌고 살아가는 중이다. 이런 욕심으로부터 벗어나는 길이야말로 새로운 삶을 찾는 유일한 해결책이다. 예로부터 인류의 선지자들은 그 해결책을 위해 다양한 길을 제시하였다. 『명심보감』 역시 그런 대책의 일환이라 하겠다. 특히 『명심보감』은 초학자(初學者)들에게 삶의 올바른 자세와 함께 당시 지식인의 필수능력이었던 한문 구사의 교과서 역할을 하였기에 더욱 주목되는 책이다.

2. 저자 및 판본

조선시대 이래 우리나라에서 한문 교과서와 수양 지침서로서 『명심보감』만큼 각광을 받은 책도 없다. 그동안 고서(古書) 판본에서부터 현대 번역본에 이르기까지 무수한 종류의 책들이 쏟아져 나왔다. 문제는 그 간행물들이 어떠한 일관성을 가지고 있느냐는 것이다. 자칫 임의로 편집·증보하는 과정에서 원작(原作)의 의미를 심각하게 훼손시킬 수 있기 때문이다. 그런 점에서 『명심보감』은 몇 가지 정리가 필요

* 본 해제는 다음 논저들을 참고하였다. 李佑成 解題, 『淸州版 明心寶鑑』(影印本), 亞細亞文化社, 1990; 金東煥, 「『明心寶鑑』의 著者 問題」, 『書誌學硏究』 第21輯, 韓國書誌學會, 2001; 金東煥, 「『明心寶鑑』의 書誌的 硏究」, 中央大學校大學院 博士學位論文, 1994.

하다.

일차적으로 문제가 되는 것은 작자에 대한 문제이다. 현재까지 알려진『명심보감』 작자에 대한 설은 크게 다음 네 가지이다.

첫째, 중국 사람 범립본(范立本)이라는 설.

둘째, 고려시대 사람인 추적(秋適)이라는 설.

셋째, 증보(增補) 또는 현토(懸吐)한 사람을 저자로 표시한 설.

넷째, 아예 저자를 미상으로 처리하는 설.

다섯째, 청허휴정(淸虛休靜)이라는 설.

그러면 왜 이런 결과가 나오게 된 것일까?

일단 첫째와 둘째는 차지하고, 셋째와 넷째, 다섯째가 등장한 이유를 먼저 생각해 보자.

고려시대든 조선 초기든『명심보감』이 우리나라에 전래된 이래, 조선 중기 무렵이 되면 완본(完本)의 본문을 1/3 정도로 축약한 초략본(抄略本)이 출현하게 된다. 이때 초략본의 저자는 모두 생략된 채로 출간되었다. 사실『명심보감』 자체가『논어』 등 각종 경사자집(經史子集)에서 가려 뽑은 편저물인 만큼 그것을 다시 축약한 것에다 자신의 이름을 넣기는 쉽지 않았을 것으로 유추된다. 반면 증보(增補)나 현토(懸吐)의 경우에는 1900년대에 들어와 집중되고 있는데, 모두 나름대로 편저자의 이름을 밝히고 있다. 그런 모습이 일면 시대적 상황이기는 하지만, 원저자를 밝히지 않은 채 자신의 이름만 넣은 경우가 대다수라 큰 가치는 없어 보인다.

또한『명심보감』이 조선전기 선승인 청허휴정(淸虛休靜)의 저작으로 보는 설이 있다. 그 근거는『명심보감』과『선가귀감』의 본문에 동일하거나 유사한 구절이 다수 출현하는 점이다. 그러나 이 주장은『선가귀감(禪家龜鑑)』의 원전격인『삼가귀감(三家龜鑑)』이 편찬되기 약 160여 년 전에 이미 중국에서『명심보감』이 편찬되었고, 이것이 우리나라에 전래되어 현존하고 있다는 사실만으로도 의문 부호를 붙일 수밖에 없다. 특히 두 책의 유사한 구절 중에는『명심보감』의 본문을『선가귀감』에서 축약하였거나 두 문장을 하나의 문장으로 합하여 수록하는 등 변용한 흔적이 보인다. 이는 오히려 휴정이『선가귀감』을 편집할 때,『명심보감』을 참고한 것으로 볼 수 있는 증거가 된다.

그러면 문제는 범립본(范立本)이냐 추적(秋適)이냐이다.

조선 후기 고종 6년(1869), 대구에 소재한 인흥재사(仁興齋舍)에서 고려후기 유신(儒臣)인 노당(露堂) 추적(秋適:1246~1317)을 저자라고 주장한 목판본이 간행되었다. 인흥재사는 양지(陽智) 추씨(秋氏)의 시조가 되는 노당 추적의 영정을 봉안한 서원이다. 고종 6년에 이 서원에서는 그들 가문의 가승(家乘)과 함께 발견된 『명심보감』을 목판으로 간행하였고, 이 책의 본문 앞뒤에 당대의 여러 유학자들이 쓴 서문과 발문에 『명심보감』의 저자가 추적임을 기술하였다. 서문을 보면, 우선 율곡(栗谷) 이이(李珥:1536~1584)의 것이 맨 앞에 놓여 있고, 간행 당시 인물인 허전(許傳)·이원조(李源祚)·조기승(趙基升)·유주목(柳疇睦)의 것이 차례로 있다. 발문 역시 율곡의 것을 필두로 신좌모(申佐模)와 이휘재(李彙載), 그리고 이 책의 간행을 주관한 양지 추씨 후손 추세문(秋世文)의 것이 수록되어 있다.

율곡 이이의 서문과 발문을 보면, 모두 가정(嘉靖) 경술년(庚戌年)이라는 연대표시가 있다. 가정 경술년은 명종 5년(1550)으로 그때 그의 나이 14세 되던 해이다. 아무리 조선조를 대표한 유학자였다고는 하나, 조금은 의아스러운 대목이다. 더구나 이 서문과 발문은 그의 문집인 『율곡전서(栗谷全書)』 어느 곳에도 수록되어 있지 않다. 그리고 무엇보다도 율곡은 정작 서문과 발문에서 『명심보감』의 저자가 추적이라는 말을 하지 않았다.

율곡의 서문 바로 뒤에는 당시 김해부사였던 성재(性齋) 허전(許傳:1797~1886)의 서문이 수록되어 있다. 그는 철종 때 신석우(申錫愚)가 쓴 「추로당신도비(秋露堂神道碑)」의 내용을 인용하여 추적에 대해 기술하고, 그가 『명심보감』의 저자라고 하였다. 이 과정에서 그는 "추씨 후손의 조상을 섬기는 정성이 가상하여 그들의 가승(家乘)에 의거하여 서문을 쓴다."는 말을 붙였다. 이는 자칫 보기에 따라서는 사실에 의거한 것이라기보다는 자기 집안에서 대대로 소장해 온 문헌 중 저자가 불분명한 책이 있어 이를 자기네 조상의 책이라 주장하는 것과 다를 바가 없어 보이기도 한다. 더구나 「추로당신도비」에서는 『명심보감』과 관련한 어떤 언급도 없으며, 그 원전이랄 수 있는 『고려사』「열전」에도 그런 언급은 찾아볼 수가 없다.

이런 점들을 고려할 때, 추적설은 설득력이 약해 보인다.

마지막으로 중국 사람 범립본(范立本)이라는 설에 대해 살펴보자.

이우성 교수는 1977년 동해안 지방에서 『명심보감』 판본을 입수하여 소개하였다. 또한 1990년 일본에서 이와 동일한 판본을 입수하고, 『청주판(淸州版) 명심보감(明心

寶鑑)』으로 제목을 붙여 국내에 소개하였다. 이 판본은 지금까지 국내에서 간행된 『명심보감』 판본 중 가장 오래된 것으로, 서문에 편자가 중국 사람 범립본(范立本)이라고 명시되어 있다. 또한 그의 다른 저술인 『치가절요(治家節要)』의 서문에도 그가 『명심보감』을 편찬한 사실이 기록되어 있다. 『치가절요』는 치가(治家)의 근본으로부터 부부 관계, 자녀의 양육, 농사일, 이웃과의 친교 및 소송(訴訟), 방도(防盜), 질병의 치료 등 말단적인 것에 이르기까지 가정과 관련된 것은 총 망라된 책이다. 더구나 「정기(正己)」·「존신(存信)」·「훈자(訓子)」 3편은 『명심보감』에도 있는 편명으로서 동일한 전적에서 인용한 것들이다.

『치가절요』가 우리나라에 전래되어 재차 간행된 사정은 윤상(尹祥)이 쓴 발문에 잘 나타나 있다. 즉, 이 책의 간행 주관자로 당시 밀양감사였던 조치(曺致)가 중국에서 1책을 구해와 이를 널리 보급하기 위해 간행하였다는 것이다. 『세종실록』의 기사에 따르면, 그는 세종 2년(1420) 10월에 중국에 사신으로 파견되었는데, 그때 얻어 귀국한 지 10년 뒤인 1431년에 목판으로 다시 간행한 것이다.

범립본(范立本)의 행적은 역대 사료(史料)와 전기(傳記) 자료 등 어디에도 나와 있지 않아 정확히 알 수가 없다. 그러니 『명심보감』과 『치가절요』의 서문에 기록된 연대로 추정할 수밖에 없다. 즉, 홍무 26년(1393)과 영락 4년(1406)은 명나라 태조 26년과 성종 4년에 해당하기에 범립본은 원나라 말엽에 출생하여 명나라 초기에 본격적인 활동을 한 것으로 볼 수 있다.

그가 『명심보감』을 편찬한 동기 역시 서문을 통해 짐작할 수 있다. 그는 "오늘날 학자는 문예(文藝)를 우선으로 하는 것을 배우는데 불과하고, 덕행(德行)을 근본으로 삼는 것을 먼저 배우지 않는다. 근래 세상에서는 물외(物外)의 선인(善因)을 닦는 것은 많이 장려하면서 마땅히 해야 할 선사(善事)를 권장하는 일은 적다."라고 하였다. 즉, 경서(經書)의 일언(一言) 일구(一句)를 곱씹으며 그것으로 일상을 수행하는데 그치지 않고, 선행을 몸소 실천하기 위한 지침서를 마련하고자 한 것이다. 『명심보감』이 편찬된 시기인 명나라 초기는 태조에 의해 전제군주제가 확립되어 정치가 점차 황폐화의 길로 들어서고 있었다. 또한 유학도 본래의 경세적 정신을 상실하고 자리(自利)를 위한 수단으로 전락하고 말았다. 이러한 때에 범립본은 당시의 학술 조류라 할 수 있는 실천궁행(實踐躬行)의 지침서로 『명심보감』을 편성한 것으로 보인다. 그러기에 비록 독창적인 저술은 아니지만 600여 년 전에 나온 책이 오늘날에 이르기까지 수신제가(修身齊家)의 교훈서로 널리 읽혀지고 있는 것이다.

3. 구성과 내용

『명심보감』은 범립본의 독창적인 저술이 아니다. 그는 경사자집(經史子集)의 여러 책들에서 각종 구절을 가려 뽑아 편집하였다. 『명심보감』의 성격에 대해 일반적으로 유가(儒家)의 수신서(修身書)로 인식되어 왔다. 그런데 『명심보감』에 수록된 전체 인용문의 내용을 살펴보면 의외로 불가(佛家)나 도가(道家)의 내용 또한 적지 않음을 알 수 있다. 구체적으로는 전체 766장의 인용문 중 유가가 483장(63.14%), 도가가 102장(13.33%), 불가가 36장(4.71%), 나머지는 복합적인 양상을 띠고 있는 것으로 조사되었다. 상당히 흥미로운 대목이라 하겠다.

또한 인용된 책은 대략 41종에 달한다. 빈도순으로 보면, 『논어(論語)』(76회), 『경행록(景行錄)』(60회), 『맹자(孟子)』(26회), 『노자(老子)』(18회), 『예기(禮記)』(10회), 『소서(素書)』(10회) 등이었다.

조선 단종 2년(1454), 우리나라 청주 지방에서 간행된 「신간교정대자명심보감(新刊校正大字明心寶鑑:청주판 명심보감)」의 판본은 모두 20편이다. 수록된 인용문 역시 766장에 이른다. 그러나 필사 또는 판각 과정에서 상당 부분 잘못되거나 빠진 글자가 있다. 그리고 이후 17세기에 들어와 우리나라에서 본격화된 초략본(抄略本)들은 청주본의 제17편인 「존신(存信)」편을 삭제하여 19편으로 구성하였으며, 인용문 역시 청주본의 1/3도 되지 않게 축약하였다. 초략본의 정본이라고 할 수 있는 인흥재사본 『명심보감』을 유불도 3대 사상으로 비춰보면, 총 249장의 인용문 중 유가 166장, 도가 34장, 불가 4장을 각각 차지하고 있다.

현재 시중에 널리 퍼져 있는 『명심보감』은 바로 이 초략본을 대본으로 삼고 있다. 본서 역시 초략본을 근거로 하되, 1900년대에 들어 미상의 편저자에 의해 추가된 증보편을 합쳐 총 24편을 대상으로 역주되었다.

본서에서 다루고 있는 총 24편의 제목과 내용은 다음과 같다.

편수	제목	내용
1	계선(繼善)	선행에 관한 글
2	천명(天命)	천명을 두려워하는 글
3	순명(順命)	운명에 순응하는 글
4	효행(孝行)	효행에 관한 글
5	정기(正己)	몸을 바루는 글
6	안분(安分)	분수를 편안히 하는 글
7	존심(存心)	마음을 보존하는 글
8	계성(戒性)	성품을 경계하는 글
9	근학(勤學)	배움을 부지런히 하는 글
10	훈자(訓子)	자식을 가르치는 글
11	성심(省心)	마음을 살피는 글
12	입교(立敎)	가르침을 세우는 글
13	치정(治政)	정사를 다스리는 글
14	치가(治家)	집안을 다스리는 글
15	안의(安義)	의리를 편안히 여기는 글
16	준례(遵禮)	예를 따르는 글
17	언어(言語)	말을 조심하는 글
18	교우(交友)	벗을 사귐에 관한 글
19	부행(婦行)	부인의 행실에 대한 글
보충1	증보(增補)	
보충2	팔반가(八反歌)	효도를 권하는 글
보충3	효행(孝行)	효행에 관한 글
보충4	염의(廉義)	청렴에 관한 글
보충5	권학(勸學)	배움을 권하는 글

제1장

繼계 善선

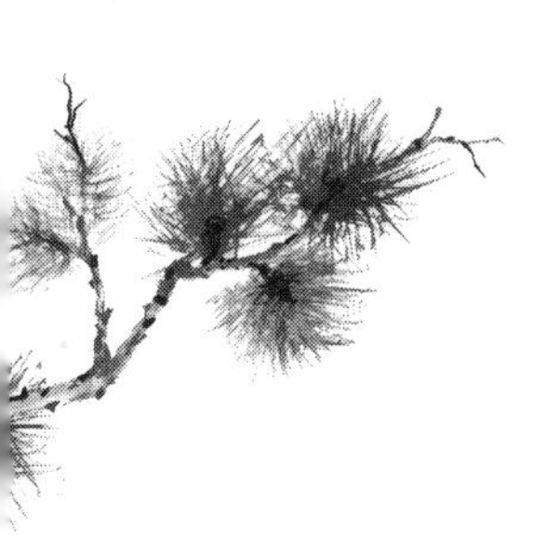

子曰 "爲善者는 天報之以福하고 爲不善者는 天報之以禍니라."
자왈 위선자 천 보지 이 복 위 불선 자 전 보지 이 화

『孔子家語』「在厄」

子曰 (선생님 자, 말할 왈)

子(자)는 춘추시대 유가의 창시자인 공자(孔子)를 말한다. 공자(기원전 551~479)는 하(夏)·은(殷)·주(周)나라의 예(禮, 제도)를 탐구하여 『서전(書傳)』을 정리하였고, 민가에 흩어진 노래를 『시경(詩經)』 310편으로 정리하였다. 이렇게 정리한 시를 소무(韶武)와 아송(雅頌)의 음률에 맞춰 노래로 부르려고 노력했다. 이로부터 예악(禮樂)이 밝혀져 왕도(王道)가 갖춰지고 육예(六藝)가 확립되었다. 공자는 말년에 『역(易)』을 좋아하여 「단(彖)」(상하)·「계사(繫辭)」(상하)·「상(象)」(상하)·「설괘(說卦)」·「문언(文言)」·「서괘(序卦)」·「잡괘(雜卦)」 등 십익(十翼)을 편찬하여 『역』이 경전의 지위를 얻게끔 하였다. 공자는 자신이 편찬한 『시』·『서』와 예악으로 제자를 가르쳐 그 수가 3000명에 이르렀다. 공자는 사관의 기록을 바탕으로 자신의 고국인 노나라 역사서인 『춘추(春秋)』를 지었다. 간결한 문장과 깊은 함축성으로 후대 통치자에 대한 비난과 칭송의 대의명분이 이 책에서 시작되었다. 언론의 춘추필법(春秋筆法)도 여기서 나온 말이다. 그의 생애에 대해서는 『사기(史記)』의 「공자세가(孔子世家)」에 잘 나와

있다.

子(자)는 일반적으로 학덕(學德)이 높은 선생님에게 붙이는 존칭이다.

爲善者(할 위, 선할 선, 사람 자)

선한(착한) 일을 하는 사람. 여기서는 '爲(위)'의 용법에 대해 살펴볼 필요가 있다. '爲'는 다음과 같이 다양하게 쓰인다.

①위해서. "爲人謀而不忠乎(남을 위해서 일을 도모함에 충성스럽지 않았던가)?"(『論語』) ②되다(이다). "生我者爲父母 知我者爲親友(나를 낳아준 사람은 부모이고, 나를 알아준 사람은 친구이다)."(『史記』) ③만들다, 하다. "吾友張也 爲難能也(나의 벗 자장은 어려운 일도 잘하다)."(『論語』)

위선자의 경우는 ③에 해당된다.

天報之以福(하늘 천, 갚을 보, 그것 지, 써 이, 복 복)

하늘이 그에게 복으로 갚아준다. '之(지)'의 용법에 대해 알아보자.

①~의. "大學之道 在明明德(대학의 도는 밝은 덕을 밝히는 데에 있다)."(『大學』)

②이것(그것). "學而時習之(배우고 그것을 때로 익히다)."(『論語』)

③가다. "晋近 奚不之晋(진나라가 가까운데 어찌 진나라로 가지 않는가)?"(『韓非子』)

천보지의 경우, ②와 같이 지시대명사로 쓰여 그에게로 해석한다.

爲不善者(할 위, 아닐 불, 선할 선, 사람 자)

선하지 않은 일을 하는 사람. 한 가지 명심해야 할 것은 "선하지 않는 일"을 하는 것과 "선을 행하지 않는 일"[善을 모두 포함]은 다르다는 사실이다. 선하지 않은[不善] 것은 바로 악(惡)이다. 그렇지만 선을 행하지 않는 것은 선 이외의 惡과 선하지도 악하지도 않는 즉, 비선비악(非善非惡)을 모두 포함하는 말이다. 여기서는 나쁜 짓을 하는 사람이란 의미로 해석해야 맞다.

天報之以禍(하늘 천, 갚을 보, 그것 지, 써 이, 재앙 화)

하늘이 그에게 재앙으로 갚아준다.

『孔子家語(공자가어)』

『논어』에 빠진 공자의 언행과 제자들과의 대화를 담은 책이다. 『한서(漢書)』「예문지(藝文志)」 논어부에서는 원래 27권이라 했다. 현전하는 『공자가어』는 위(魏)나라 왕숙(王肅, 195~256)이 주석을 붙인 44편 10권본이다. 예의 형식을 놓고 대립하던 정현(鄭玄)파를 꺾기 위해 왕숙이 위조한 책으로 밝혀졌다. 하지만 책의 본문은 『춘추좌씨전(春秋左氏傳)』·『예기(禮記)』·『설원(說苑)』 등에서 따왔으며, 그 과정에서 현재는 사라진 원본 『공자가어』에서 추출되었을 가능성도 크다는 점에서 『논어』 이외의 공자에 관한 일화집으로 충분한 의미가 있다.

孔子(공자)께서 말씀하셨다.

"善(선)한 일을 하는 사람에게는 하늘이 그에게 福(복)으로 갚아주고, 善(선)하지 않은 일을 하는 사람에게는 하늘이 그에게 災殃(재앙)으로 갚아준다."

漢昭烈이 將終에 勅後主曰 "勿以善小而不爲하고
한 소열 장 종 칙 후주 왈 물 이 선소 이 불위

勿以惡小而爲之하라."
물 이 악소 이 위지

『三國志·蜀志』「先主劉備傳」

漢昭烈(한수 한, 밝을 소, 세찰 열)

중국 촉한(蜀漢)의 황제 유비(劉備, 160~223)를 말한다. 자는 현덕(玄德)이고, 묘호는 소열제(昭烈帝)며, 선주(先主)로도 불린다. 탁군(涿郡, 현 하북성 保定市) 탁현(涿縣) 누상촌(樓桑村) 사람이다. 일찍 아버지를 여의고 짚신을 파는 등 어려운 환경에서 자랐다. 15살 때 노식(盧植)에게 사사하여, 공손찬(公孫瓚)과 교의를 맺었다. 그러나 학문을 즐겨하지 않고 호협들과 교유하는 한편, 관우(關羽), 장비(張飛)와 결의형제했다. 후한 말기 황건적(黃巾賊)의 난이 일어나자 무리를 모아 토벌에 참가하여 벼슬길에 올랐다. 그 뒤 공손찬(公孫瓚)과 도겸(陶謙), 조조(曹操), 원소(袁紹), 유표(劉表) 등에게 몸을 의지했다. 원소(袁紹)와의 대전에서 공을 세웠다. 적벽대전(赤壁大戰)

중에 손권(孫權)과 연합하여 조조를 대파하고, 형주(荊州)에 거점을 마련했다. 건안(建安) 24년(219) 자립하여 한중왕(漢中王)이 되었다. 조비(曹丕)가 위나라를 세운 다음 해 자신도 황제라 칭하고 국호를 한(漢, 후에 蜀), 성도(成都)를 도읍으로 삼았다. 장무(章武) 초에 군사를 이끌고 오(吳)나라를 정벌하다 이릉(夷陵) 전투에서 대패하고, 백제성(白帝城)에서 후사를 제갈량에게 맡긴 뒤 병사했다.

將終(장차 장, 죽을 종)

막 죽으려고 할 때. 將(장)은 가까운 미래형으로 사용된다.

勅後主曰(경계할 칙, 뒤 후, 주인 주, 말할 왈)

後主(후주)는 유비의 아들 유선(劉禪)을 말한다. 勅(칙)은 '조칙을 내리다, 타이르다, 경계하다' 등의 뜻으로 사용된다. 즉, 후주인 아들 유선에게 경계로 삼을 말을 남겼다는 의미이다. 우리가 일반적으로 쓰는 유언은 죽기 직전에 남기는 마지막 말을 의미한다. 여기서는 막 죽을 때라기보다는 정신이 남아 있을 때를 의미하니 넓은 의미의 유언이라고 해도 될 것 같다.

勿以善小而不爲(말 물, 써 이, 선할 선, 작을 소, 말이을 이, 아니 불, 할 위)

勿(물)은 가장 뒤에 해석한다. '선한 것이 적음으로써 하지 않다', 이것을 하지 말라[勿]는 것이다. 즉, 선한 것이 적다고 하지 않아서는 안 된다는 의미이다. 작은 선들이 모여 큰일을 도모하는 법이다.

勿以惡小而爲之(말 물, 써 이, 악할 악, 작을 소, 말이을 이, 할 위, 그것 지)

악한 것이 작다고 해서 (대수롭지 않게 여겨) 그것을 해서는 안 된다. 여기서는 '而(이)'의 용법을 살펴볼 필요가 있다. 일단 '而'는 '말이을 이'로써 문장과 문장 사이를 연결해주는 접속사의 역할을 한다. 그런데 그 쓰임은 다양하다. 문맥에 따라 적절히 해석해야 한다.

①~고(순접). "學而時習之(배운다. 그리고 때때로 그것을 익힌다)."(『論語』) ②~되어서. "十有五而志于學(열다섯 살이다. 그렇게 되어서 학문에 뜻을 두었다)."(『論語』) ③~라도. "人不知而不慍(사람들이 알아주지 않는다. 그렇더라도 성내지 않는다)."(『論語』)

④너. "夫差, 而忘越人之殺而父耶(부차여 너는 월나라 사람들이 너의 아버지를 죽인 일을 잊었느냐)?"(『十八史』)

여기서는 ②의 의미에 가깝다.

漢(한)나라의 昭烈皇帝(소열황제)가 죽으려 할 때 아들 劉禪(유선)에게 경계하여 말하였다.

"(아무리) 善(선)이 작다고 해서 하지 않아서는 아니 되며, (아무리) 惡(악)이 작다고 해서 해서도 아니 되느니라."

莊子曰 "一日不念善이면 諸惡이 皆自起니라."

장자 왈 일일 불념 선 제악 개 자 기

莊子曰 (엄숙할 장, 선생 자, 말할 왈)

莊子(장자)가 말하였다. 莊子(장자, 기원전 369~286)는 전국시대(戰國時代)의 사상가로 노장사상(老莊思想)을 완성한 사람이다. 전국시대는 기원전 403년 진(晉)나라 대부 조(趙)·위(魏)·한(韓) 세 가문이 주(周)나라 황실로부터 정식 제후로 공인을 받으면서 시작되었다. 진(秦)나라 시황제가 통일할 때까지 남아 있었던 진(秦)·조(趙)·위(魏)·한(韓)·제(齊)·연(燕)·초(楚)를 전국칠웅(戰國七雄)이라고 한다.

장자는 전국시대 송나라 몽현(蒙縣) 사람으로, 성은 장(莊)씨고, 이름은 주(周)다. 맹자(孟子)와 비슷한 시대에 활약한 것으로 전해진다. 일찍이 칠원(漆園) 땅의 아전으로 일했지만, 이후 평생 벼슬길에 들지 않고 집에서 살면서 저술에 전념했다. 초나라 위왕(威王)이 그의 재능을 듣고 두 차례 사람을 보내 폐백을 후하게 갖추고 초빙했지만 우언(寓言)으로 비유를 들면서 사양했다. 아내가 죽자 동이를 두드리면서 노래를 불렀다는 고사(鼓盆之痛)가 전한다. 혜시(惠施)가 양(梁)나라 재상이 되었을 때 재상의 자리를 썩은 쥐에 비유하기도 했다. 여러 차례 혜시와 논쟁한 내용이 『장자』에 들어있다. 그의 사상은 노자(老子)를 근원으로 하고 '도법자연(道法自然)'의 이론을 발전시켰으며, 물아(物我)가 동등하며 시세와 순리를 따를 것을 주장했다. 저서『장자』는 원래 52편이었다고 하는데, 현존하는 것은 진(晉)나라 곽상(郭象)이 정리한 33편(內篇 7, 外篇 15, 雜篇 11)이다.

一日不念善(한 일, 날 일, 아니 불, 생각 념, 선할 선)

一日(일일)은 하루라도, 不念(불념)은 생각하지 않다. 즉, 하루라도 선에 대해 생각하지 않는다면.

諸惡(모두 제, 악할 악)

모든 악.

皆自起(모두 개, 스스로 자, 일어날 기)

모두 저절로 일어날 것이다. 일어난다는 말은 마음에서 생겨난다는 의미이다.

莊子(장자)가 말하였다.

"하루라도 善(선)을 생각하지 않으면 모든 惡(악)이 (마음에서) 저절로 생겨날 것이다."

太公曰 "見善如渴하고 聞惡如聾하라
태공 왈 견선 여 갈 문악 여 롱

又曰 善事란 須貪하고 惡事란 莫樂하라."
우왈 선사 수 탐 악사 막 락

太公曰(클 태, 벼슬 공)

太公(태공)은 주나라 때 정치가인 강태공(姜太公, ?~?)을 말한다. 그의 성은 강씨이고, 이름은 상(尙)이며, 자(字)가 자아(子牙)다. 속칭 강태공이라 한다. 무왕(武王)을 도와 은(殷)나라를 멸망시키고 천하를 평정하였다. 저서에『육도(六韜)』가 있다.

見善如渴 (볼 견, 선할 선, 같을 여, 목마를 갈)

見善(견선), 즉 선한 일을 보기를. 如渴(여갈), 마치 목마른 자가 물을 찾는 것과 같이하라. '如(여)'는 다양한 뜻으로 사용된다.

①만일. "如有不嗜殺人者.(만일 사람 죽이기를 즐겨하지 않는 자가 있다면)"(『孟子』)

②~와 같다. "其過也 如日月之食.(그 허물이 일식이나 월식과 같다)"(『孟子』)

③어떠냐? "以德報怨 如何?(덕으로 원한을 갚는 것이 어떠한가)"(『論語』)

여기서는 ②와 같다.

聞惡如聾 (볼 견, 악할 악, 같을 여, 귀머거리 롱)

聞惡(문악), 즉 악한 일을 듣기를. 如聾(여롱), 마치 귀머거리가 아무 것도 듣지 못하는 것과 같이하라. 惡(악)에 관해서는 귀머거리처럼 일절 듣지 말라는 말이다.

又曰 (또 우, 말할 왈)

또 말하길.

善事須貪 (선할 선, 일 사, 모름지기 수, 탐할 탐)

善事(선사), 즉 선한 일은. 須貪(수탐), 반드시 욕심을 내어 탐해야 한다.

惡事莫樂 (악할 악, 일 사, 말다 막, 즐길 락)

惡事(악사), 즉 악한 일은. 莫樂(막락), 즐겨서는 안 된다. 樂(락)은 ①즐기다. 安貧樂道(가난함을 편히 여기고 도를 즐긴다). ②풍류(음악). 音樂. ③좋아할 요. 樂山樂水(산을 좋아하고, 물을 좋아한다) 등으로 쓰이는데, 여기서는 즐긴다는 뜻이다.

태공(太公)이 말하였다.

"善(선)한 일을 보거든 목마른 자가 물을 찾듯이 하며, 악한 일에 관해 듣기를 귀머거리처럼 듣지 말라."

또 말하였다.

"善(선)한 일은 반드시 욕심을 부려서 해야 하고, 惡(악)한 일은 즐기지 말라."

馬援曰 "終身行善이라도 善猶不足이요
마원 왈 종신 행선 선 유 부족

一日行惡이라도 惡自有餘니라."
일일 행악 악 자 유여

馬援曰 (말 마, 당길 원, 말할 왈)

馬援(마원, 기원전 14~기원후 49)은 중국 후한(後漢) 때의 무장이자 정치가였다. 후한 섬서성 흥평현(興平縣) 북동지방의 우부풍(右扶風) 무릉(茂陵) 사람으로, 자는 文淵(문연). 왕망(王莽)의 부름을 받고 신성대윤(新城大尹)과 한중랑태수(漢中郎太守)가 되었다. 이후 광무제(光武帝)에게 귀순하였고, 건무(建武) 11년(35) 농서태수(隴西太守)가 되어 군대를 이끌고 선령강(先零羌)를 격파했다. 이후에는 복파장군(伏波將軍)에 임명되어 교지(交阯, 북베트남) 지방에서 봉기한 징칙(徵側)과 징이(徵貳) 자매의 반란을 토벌하고, 하노이 부근의 낭박(浪泊)까지 진출하여 그곳을 평정했다. 건무 19년(43) 신식후(新息侯)에 봉해졌다. 노령에도 불구하고 남방의 무릉만(武陵蠻)을 토벌하러 출정했지만, 열병환자가 속출하여 고전하다가 진중에서 병들어 죽었다. 저서에 『동마상법(銅馬相法)』이 있다.

終身行善 (마칠 종, 몸 신, 행할 행, 선할 선)

終身(종신)은 몸을 마치는 것이니, 죽을 때까지란 의미이다. 죽을 때까지 선을 실천한다.

善猶不足 (선할 선, 오히려 유, 아닐 부, 넉넉할 족)

善(선)은 오히려 부족하다. 猶(유)의 용법을 살펴보자.

①원숭이. ②망설이다. 猶豫(유예) ③~와 같다. 學問如逆水行舟(학문은 마치 물을 거슬러 올라가는 배와 같다) ④오히려. 然猶不止(그러나 오히려 멈추지 않았다)

여기서는 ④의 뜻과 같다.

一日行惡 (한 일, 날 일, 행할 행, 악할 악)

하루 동안만 악을 행하다. 앞의 "종신행선"과 대구(對句)를 이룬다.

惡自有餘(악할 악, 스스로 자, 있을 유, 남을 여)

악이 저절로 남을 것이다. 아무리 짧은 시간에 대수롭지 않은 악행이라 할지라도 워드 문서에서 백업 파일이 남듯 자동으로 반드시 남아 있을 것이라는 의미이다.

馬援(마원)이 말하였다.

"죽을 때까지 善(선)을 행하더라도 부족하고, 단 하루라도 惡(악)을 행하였다면 그 악은 저절로 남아 있을 것이다."

司馬溫公曰 "積金以遺子孫이라도 未必子孫이 能盡守요
사마온공 왈 적금 이 유 자손 미필 자손 능 진 수

積書以遺子孫이라도 未必子孫이 能盡讀이니
적서 이 유 자손 미필 자손 능 진 독

不如積陰德於冥冥之中하여 以爲子孫之計也니라."
불여 적 음덕 어 명명지중 이위 자손지계 야

司馬溫公曰(맡을 사, 말 마, 따뜻할 온, 벼슬 공, 말할 왈)

司馬溫公(사마온공)은 중국 북송 때의 학자이자 정치가였던 사마광(司馬光, 1019~1086)을 말한다. 그는 북송 섬주(陝州) 하현(夏縣) 사람. 자는 군실(君實)이고, 호는 우부(迂夫) 또는 우수(迂叟)며, 시호는 문정(文正)이다. 속수선생(涑水先生)이라고도 하고, 죽은 뒤 온국공(溫國公)에 봉해져 사마온공(司馬溫公)이라고도 한다. 인종(仁宗) 보원(寶元) 원년(1038) 진사가 되었다. 지간원(知諫院)과 한림학사(翰林學士), 권어사중승(權御史中丞)을 역임하고, 다시 한림겸시독학사(翰林兼侍讀學士)가 되었다. 왕안석(王安石)이 시행한 신법(新法)을 적극 반대하여 "조종의 법은 바뀔 수 없다(祖宗之法不可變)"고 하였다. 왕안석, 여혜경(呂惠卿) 등과 여러 차례 논쟁을 벌이다가 추밀부사(樞密副使)를 사퇴하고 영흥지군(永興知軍)으로 나갔다. 신종(神宗) 희녕(熙寧) 4년(1071) 서경어사대(西京御史臺)에 있다가 물러나 15년 동안 낙양(洛陽)에 살면서 역사서를 편찬하는 데 전념했을 뿐 시사(時事)는 입에 담지 않았다. 철종(哲宗)이 즉위하자 좌복야(左僕射)에 올라 재상으로 조정을 장악했다. 재상으로 있은 지 8개월 만에 죽어 태사(太師)에 추증되었다. 처음에 전국시대부터 진이세(秦二世)까지의 역사를 엮어 『통지(通志)』 8권을 편찬한 적이 있었는데, 영종(英宗)의 명령으로 이를 속찬하게 되었는데, 원풍(元豊) 7년(1084) 완성했다. 신종이 이름을 『자치통감(資治通鑑)』이라 고쳐 불렀다. 했다. 그 밖의 저서에 『속수기문(涑水紀聞)』과 『사마문정공집(司馬文正公集)』, 『계고록(稽古錄)』 등이 있다.

積金以遺子孫(쌓을 적, 황금 금, 써 이, 남길 유, 자식 자, 손자 손)

積金(적금)은 돈을 모은다는 뜻이다. 돈을 모아서 자손에게 물려준다.

未必子孫能盡守(아닐 미, 반드시 필, 자식 자, 손자 손, 능할 능, 다 진, 지킬 수)

未必(미필)은 완전부정이 아닌 부분부정이다. 그러므로 "모두가 다 그런 것은 아니다"는 뜻이다. 자손들 모두가 능히 지킨다. 무엇을? 선조가 물려준 황금을. 그런데 다할 진(盡)을 한 번 더 써서 강조하고 있다. 그러니 "자손 모두가 다 물려준 돈을 지킬 수 있는 것은 아니다." 정도로 해석하면 무난하다.

積書以遺子孫(쌓을 서, 책 서, 써 이, 남길 유, 자식 자, 손자 손)

積書(적서)는 책을 모은다는 뜻으로, 책을 많이 모아 자손에게 물려준다는 의미이다. 積書(적서)는 책을 모은다는 뜻으로, 책을 많이 모아 자손에게 물려준다는 의미이다.

未必子孫能盡讀(아닐 미, 반드시 필, 자식 자, 손자 손, 능할 능, 다 진, 읽을 독)

앞의 "未必子孫能盡守"와 동일한 구조이다. 그러니 "자손 모두가 다 물려준 책을 읽는 것은 아니다."로 해석하면 된다.

不如積陰德於冥冥之中 以爲子孫之計也(아닐 불, 같을 여, 쌓을 적, 몰래 음, 덕 덕, 어조사 어, 어두울 명, 어조사 지, 가운데 중, 써 이, 될 위, 자식 자, 손자 손, 어조사 지, 계책 계)

不如(불여)는 'A不如B'의 구조로, A는 B만 못하다(결국 B가 낫다)는 의미이다. 陰德(음덕)은 '남에게 알려지지 아니하게 행하는 덕행'이며, 冥冥(명명)은 '나타나지 않아 알 수 없는 모양'이다. 그러므로 積陰德於冥冥之中은 "남들 모르게[冥冥] 陰德(음덕)을 쌓는다"는 뜻이다. 以爲(이위)는 '~으로 삼다[여기다]'는 의미이다. 결국 전체 문장은 "남들 모르게 음덕을 쌓아 자손을 위한 계책으로 삼는 것만 못하다."란 뜻이 된다. 돈을 남겨 주거나, 책을 남겨주는 것이 음덕을 쌓는 것만 못하다는 결론이다. 한 가지 더, '於(어)'의 용법을 살펴보자.

①~에[처소격]. "揚名於後世.(후세에 이름을 날리다)"(『孝經』) ②~을[목적격]. "三年無改於父之道, 可謂孝.(삼 년 동안 아버지의 도를 바꾸지 않으면 효라고 할 수 있다)"(『論語』) ③~보다[비교격]. "枝大於本.(가지는 뿌리보다 크다)"(『左傳』) 여기서는 ①의 뜻과 같다.

司馬溫公(사마온공)이 말하였다.

"돈을 모아 자손들에게 물려주더라도 자손들이 꼭 다 지킬 수는 없으며, 책을 모아 자손들에게 물려주더라도 자손들이 꼭 다 읽을 수는 없도다. 그것은 남들 모르게 음덕을 쌓아 자손을 위한 계책으로 삼는 것만 못한 것이다."

景行錄曰 "恩義를 廣施하라. 人生何處不相逢이랴.
경행록 왈 은의 광 시 인생 하처 불상봉

讐怨을 莫結하라. 路逢狹處면 難回避니라."
수원 막 결 로 봉 협 처 난 회피

景行錄曰 (햇빛 경, 다닐 행, 기록할 록, 말할 왈)

『景行錄(경행록)』에서 말하였다. 『景行錄(경행록)』은 원나라 사필(史弼)이 지었는데, 도덕 교육용 책이다. 가언(嘉言)과 덕행에 관한 백여 가지 이야기를 편집하였다. 현재 『설부(說郛)』 권64에 수록되어 있다.

恩義廣施 (은혜 은, 의리 의, 넓을 광, 베풀 시)

은혜와 의리를 널리 베풀어라. 즉, 은혜를 베풀고, 의리를 지키며 살아라.

人生何處不相逢(남 인, 날 생, 어느 하, 곳 처, 아니 불, 서로 상, 만날 봉)

사람이 나서. 생은 동사로 쓰였다. 何處不(하처불), 어느 곳인들 ~ 하지 않겠느냐? 사람이 태어나서 어느 곳인들 만나지 않겠느냐? 언젠가 어디선가 꼭 만날 것이다.

讐怨莫結(원수 수, 원한 원, 말 막, 맺을 결)

원수와 원한 관계를 만들지 말라.

路逢狹處(길 로, 만날 봉, 좁을 협, 곳 처)

路逢(노봉), 길에서 만난다. 狹處(협처)는 좁은 곳. 즉, 좁은 길, 막다른 곳에서 만나게 된다면.

難回避(어려울 난, 돌 회, 피할 피)

회피하기가 어렵다. 돌아서 피하기가 어렵다.

『景行錄(경행록)』에서 말하였다.

"은혜를 널리 베풀고 의리를 지키며 살아라. 사람이 나서 어느 곳에 살든 서로 만나지 않겠는가? 원수와 원한 관계를 맺지 말라. 길 좁은 막다른 곳에서 만나면 피하기 어려우니라."

莊子曰 "於我善者도 我亦善之하고,
장자 왈 어아선자 아역선지

於我惡者도 我亦善之니라.
어아악자 아역선지

我旣於人에 無惡이면 能於我에 無惡哉인저."
아기어인 무악 능어아 무악재

莊子曰(풀성할 장, 선생 자, 말할 왈)

莊子(장자)가 말하였다.

於我善者我亦善之(어조사 어, 나 아, 선할 선, 사람 자, 나 아, 또한 역, 선할 선, 그것 지)

於(어)는 '~에게'. 於我(어아)는 나에게. 나에게 선하게 해주는 사람에게는. 我亦善之(아역선지), 나 역시 그에게 잘 대해준다. 즉, 나에게 잘 대해주는 사람에게는 나도 잘 대해준다는 의미.

於我惡者我亦善之(어조사 어, 나 아, 악할 악, 사람 자, 나 아, 또한 역, 악할 악, 그것 지)

위 문장과 정확한 반복이다. 그러나 뒤 부분은 다르다. 나에게 악하게 대하는 사람에게도 나는 선하게 대한다. 여기에 포인트가 있다.

我旣於人無惡(나 아, 이미 기, 어조사 어, 남 인, 없을 무, 악할 악)

내가 이미 남에게. 人(인)은 사람으로 그냥 남으로 보면 된다. 악하게 대하는 것이 없다면.

能於我無惡哉(능할 능, 어조사 어, 나 아, 없을 무, 악할 악, 어조사 재)

앞 부분에 '남들도[人]'란 말이 생략되었다. 남들도 나에게 악하게 대함이 없을 것이다. 역지사지(易地思之)를 되새기면 쉽게 이해될 것이다. 哉(재)는 종결사로 '~이다'란 의미.

莊者(장자)가 말하였다.

"나에게 잘 대해 주는 사람에게 나도 잘 대해 주고, 나에게 악하게 대하는 자에게도 잘 대해 주어야 할 것이다. 내가 이미 남에게 악하게 대하지 않는다면, 남들도 나에게 악하게 대하지 않을 것이다."

東嶽聖帝垂訓曰 "一日行善이면 福雖未至나 禍自遠矣요
동악성제 수훈 왈 일일 행선 복 수미지 화 자원의

一日行惡이면 禍雖未至나 福自遠矣니 行善之人은
일일 행악 화 수 미지 복 자원의 행선지인

如春園之草하여 不見其長이라도 日有所增하고 行惡之人은
여 춘원지초 불견 기장 일유소증 행악지인

如磨刀之石하여 不見其損이라도 日有所虧니라."
여 마도지석 불견 기손 일유소휴

東嶽聖帝垂訓曰 (동녘 동, 큰산 악, 성인 성, 임금 제, 드리울 수, 가르칠 훈, 말할 왈)

東嶽聖帝(동악성제)는 도가(道家)에 속하는 인물이나 자세한 것은 미상이다. 垂訓(수훈)은 가르침을 내리다는 의미.

一日行善 (한 일, 날 일, 행할 행, 선할 선)

하루리도 선을 행하면. 하루 동안 착한 일을 하면.

福雖未至 (복 복, 비록 수, 아닐 미, 이를지)

복은 비록 찾아오지 않더라도.

禍自遠矣 (재앙 화, 스스로 자, 멀 원, 어조사 의)

재앙은 저절로 멀어질 것이다. 矣(의)는 ~이다는 종결사.

一日行惡 (한 일, 날 일, 행할 행, 악할 악)

하루라도 악을 행하면.

禍雖未至 (재앙 화, 비록 수, 아닐 미, 이를지)

재앙이 비록 찾아오지 않더라도.

福自遠矣 (복 복, 스스로 자, 멀 원, 어조사 의)

복은 저절로 멀어질 것이다. 여기에 포인트가 있다. 정당하지 않은 나쁜 짓이나 편법을 사용하는 사람들이 왜 더 승승장구하고 잘 사는지? 정의로운 하늘은 있는 것인지? 그런 의문에 대한 답이다. 원래는 더 큰 복을 받을 수 있는 운명이었지만 자신이 한 나쁜 짓 때문에 깎여서 그렇게 된 것이다. 그리고 그 악한 행동은 다음 세상 내지는 자식들에게 그 업보가 그대로 이어질 것이다. 이쯤 되면 섬뜩하지 않을까.

行善之人(행할 행, 선할 선, 어조사 지, 남 인)

선을 행하는 사람은.

如春園之草(같을 여, 봄 춘, 동산 원, 어조사 지, 풀 초)

如(여)는 '마치~와 같다'. 마치 봄 동산의 풀과 같아서.

不見其長(아닐 불, 볼 견, 그 기, 길 장)

其(기)는 대명사로 그것이. 여기서는 '풀'을 가리킨다. 그 풀이 자라는 것을 볼 수는 없다. 당장 눈앞에서 눈에 띄게 자라는 것이 보이지는 않는다.

日有所增(날 일, 있을 유, 바 소, 늘어날 증)

날마다 느는 바가 있다.

行惡之人(행할 행, 악할 악, 어조사 지, 남 인)

악을 행하는 사람은.

如磨刀之石(같을 여, 갈 마, 칼 도, 어조사 지, 돌 석)

마치 磨刀之石(마도지석), 즉 칼 가는 돌[숫돌]과 같아서.

不見其損(아닐 불, 볼 견, 그 기, 덜 손)

그것이 닳아서 줄어드는 것을 볼 수 없다.

日有所虧(날 일, 있을 유, 바 소, 이지러질 휴)

날마다 줄어드는 바가 있다. 虧(휴)는 닳아서 모양이 이지러지는 것을 뜻한다.

東嶽聖帝(동악성제)가 훈계를 내려 말하였다.

"하루라도 선한 일을 하면 비록 복은 찾아오지 않아도 재앙은 저절로 멀어질 것이요, 하루라도 악한 일을 하면 재앙은 비록 찾아오지 않아도 복은 저절로 멀어질 것이다. 선한 일을 하는 사람은 봄 동산의 풀과 같아서 그것이 자라는 것을 보지 못하지만 날마다 느는 것이 있고, 악한 일을 하는 사람은 칼을 가는 숫돌과 같아서 닳아 없어지는 것을 보지 못하지만 날마다 줄어들게 된다."

子曰 "見善如不及하고 見不善如探湯하라." 『論語』「季氏」

자 왈 견선여 불급 견 불선 여 탐탕

子曰 (선생 자, 말할 왈)

孔子(공자)께서 말씀하시길. 공자는 춘추시대(春秋時代) 유가의 창시자.

見善如不及 (볼 견, 선할 선, 같을 여, 아닐 불, 미칠 급)

見善(견선), 선한 일을 보기를. 如(여)는 ~와 같다. 不及(불급)은 미치지 못하다, 아무리 실천해도 늘 부족한 듯이 하라는 의미이다. 선한 일을 보기를 마치 부족한 듯 아직 다 못한 것처럼 열심히 하라.

見不善如探湯 (볼 견, 아닐 불, 선할 선, 같을 여, 더듬을 탐, 끓을 탕)

앞 문장과 동일한 구조이다. 선하지 않는 일을 보기를 마치 끓는 물을 더듬어 만지듯이 멀리하라. 不善(불선)과 惡(악)은 어감의 차이가 있다. 불선(不善)은 선이 아닌 대부분의 행위를 포괄적으로 말하는 것이다. 즉, 孔子(공자)는 반드시 선을 실천하라는 말이다.

孔子(공자)께서 말씀하셨다.

"선한 일을 보거든 늘 부족한 듯이 열심히 실천하고, 선하지 않는 일을 보거든 끓는 물을 만지는 것처럼 멀리하라."

제2장

天천
命명

孟子曰 "順天者는 存하고 逆天者는 亡이니라."
맹자왈 순천 자 존 역천 자 망

『孟子』「離累章句上」

孟子曰 (맏 맹, 선생 자, 말할 왈)

孟子(맹자, 기원전 372~289)의 본명은 맹가(孟軻). 추(鄒)나라 사람. 공자의 뒤를 이어 유가사상을 정립한 사람으로, 자는 자여(子輿)다. 노(魯)나라 공족(公族)인 맹손씨(孟孫氏)의 후예다. 어릴 때 아버지를 잃고 어머니가 세 번 이사를 간 끝에 학궁(學宮) 인근에 살면서 학문에 눈을 떴다. 모친의 교육열은 '맹모삼천(孟母三遷)' '단기지교(斷機之敎)' 고사로 유명하다. 자사(子思)의 제자에게 배웠다. 일찍이 제(齊)나라와 송(宋)나라, 등(滕)나라, 위(魏)나라 등을 다니며 유세(遊說)했다. 한 번 제선왕(齊宣王)의 객경(客卿)이 되었지만 등용되지는 못했다. 당시의 제후들에게 왕도(王道)와 인정(仁政)을 설파했으며, 민귀군경(民貴君輕)을 주장했다. 성선설(性善說)과 혁명론(革命論)을 내세워 어지러운 시대를 바로잡으려고 했지만 뜻을 이루지 못했다. 또 양지(良知)와 양능(良能)설을 제출해 사람들이 착한 본성을 잘 지키도록 이끌었다. 말년에 제자 공손추(公孫丑), 만장(萬章) 등과 함께 『맹자』 7편을 저술했다. 아성(亞聖)으로 불려진다. 송원(宋元) 시대에 공묘(孔廟)에 배향되었다.

順天者存(따를 순, 하늘 천, 사람 자, 있을 존)

하늘의 뜻을 따르는 사람은 몸을 보존할 수 있다. 여기서 하늘은 천명(天命)을 뜻한다. 이 천명에 대한 해석 때문에 다양한 학파가 만들어지기도 하였다. 여기서는 인간의 삶을 주재하는 하늘이 정해둔 운명 또는 유가에서 말하는 사회운영의 질서체계를 통칭하는 말 정도로 해석하면 좋을 듯하다.

逆天者亡(거스를 역, 하늘 천, 사람 자, 망할 망)

하늘의 뜻을 거스르는 사람은 몸을 망치게 된다. 망한다는 것은 망친다, 죽는다는 뜻이다.

孟子(맹자)(孟子)께서 말씀하셨다.

"하늘의 뜻을 따르는 자는 몸을 보존하고, 하늘의 뜻을 거역하는 자는 몸을 망치게 된다."

節邵先生曰 "天聽이 寂無音하니 蒼蒼何處尋고
절소선생 왈 천청 적 무음 창창 하처 심

非高亦非遠이라 都只在人心이니라."
비고 역 비원 도지 재 인심

節邵先生曰(마디 절, 고을이름 소, 앞 선, 날 생, 말할 왈)

邵康節(소강절) 선생이 말씀하시길. 실제 내용을 보면, 칠언절구 시 한 수이다. 소강절(1011~1077)의 이름은 소옹(邵雍)으로, 송나라 범양(范陽) 사람이다. 자는 요부(堯夫)고, 호는 안락선생(安樂先生) 또는 이천옹(伊川翁)이며, 시호가 강절(康節)이라 소강절(邵康節)로 주로 불린다. 젊어서부터 뜻을 품어 소문산(蘇門山) 백원(百源)에서 공부했다. 북해(北海) 이지재(李之才)가 공성령(共城令)으로 있을 때 하도낙서(河圖洛書)와 천문, 역수(易數)를 배웠다. 스스로 깨우쳐 자득한 것이 많았고, 직접 농사를 지으면서 자급자족했다. 인종(仁宗) 가우(嘉祐)와 신종(神宗) 희녕(熙寧) 중에

장작감주부(將作監主簿) 등에 임명받았지만 사양하고, 일생을 낙양(洛陽)에 숨어 살았다. 부필(富弼)과 여공저(呂公著), 사마광(司馬光) 등 구법당(舊法黨)과 사귀면서 저잣거리의 학자로 평생을 마쳤다. 선천학(先天學)을 창시하고 만물은 모두 태극(太極)에서 말미암아 변화 생성된다고 주장했다. 『황극경세서(皇極經世書)』 62편을 지어 천지간 모든 현상의 전개를 수리로 해석하고 그 장래를 예시했으며, 또 『관물내외편(觀物內外編)』 2편에서 허심(虛心)과 내성(內省)의 도덕 수양법을 설명했다. 시집으로 『이천격양집(伊川擊壤集)』 20권이 있고, 『어초문답(漁樵問答)』 1권 등이 있어 후세에 많은 영향을 끼쳤다. 그 밖의 저서에 『박물편(觀物篇)』과 『선천도(先天圖)』가 있다.

天聽寂無音(하늘 천, 들을 청, 고요할 적, 없을 무, 소리 음)

天聽(천청), 하늘이 듣는 것은. 寂無音(적무음), 고요하여 소리가 없다. 소강절의 말은 시구(詩句)이다. 때문에 은유적인 표현이 있어 직역을 해서는 이해하기 곤란하다. 하늘이 듣는 것이 아니라 하늘의 소리를 우리가 들어본다는 뜻으로 이해하는 것이 낫다. 즉, 하늘의 소리를 들어보려 해도 고요하여 소리가 없다. 더 의역해 보자면, 천리(天理) 즉, 하늘의 도리를 듣고자 해도 고요하기만 하여 들을 수가 없다.

蒼蒼何處尋(푸를 창, 어디 하, 곳 처, 찾을 심)

蒼蒼(창창)은 '푸르고 푸르다' 즉, '무한정 푸르다'는 의미이다. 끝없이 푸르러. 何處尋(하처심), 어느 곳에서 찾을 것인가? '何(하)'는 언제(When), 어디서(Where), 무엇을(What), 어떻게(How) 등 다양하게 사용된다. 여기서는 '어디서'에 해당한다.

非高亦非遠(아닐 비, 높을 고, 또한 역, 멀 원)

높은 것도 아니고, 또 먼 것도 아니니.

都只在人心(모두 도, 다만 지, 있을 재, 남 인, 마음 심)

都只(도지), 모두가 단지. 사람의 마음에 달려 있을 뿐이다. 결국 하늘의 실체 또는 이치는 인간의 마음속에 있다는 의미이다.

邵康節(소강절) 선생이 말하였다.

"하늘의 소리를 들으려 해도 고요하여 소리가 없으니, 그 실체를 무한정 푸르러 어느 곳에서 찾을 것인가? 하늘은 높지도 않고 또한 멀지도 않으며, 모두 사람의 마음속에 있을 뿐이다."

玄帝垂訓曰 "人間私語라도 天聽은 若雷하고 暗室欺心이라
현제수훈 왈 인간 사어 천청 약뢰 암실 기심

도 神目은 如電이니라."
신목 여전

玄帝垂訓曰 (검을 현, 임금 제, 드리울 수, 가르칠 훈, 말할 왈)

玄帝(현제)의 실체에 대해서는 다양한 설들이 있다. 일반적으로 道家(도가)에서 받들어 모시는 신이라는 설, 도가의 창시자인 노자(老子)라는 설, 전설시대 부족의 수장인 전욱(顓頊)이라는 설 등이 있다. 노자의 경우, 당나라 고종(高宗) 건봉(乾封) 원년(666)에 노자를 태상현원황제(太上玄元皇帝)로 추존하였기에 현제라고도 불린다.

人間私語 (남 인, 사이 간, 사사로울 사, 말씀 어)

사람들 사이에 주고받는 사사로운 말. 私語(사어)는 사적인 말.

天聽若雷 (하늘 천, 들을 청, 같을 약, 우뢰 뢰)

天聽(천청), 여기서는 직역으로 하늘이 듣는다고 해석하는 것이 맞다. 하늘이 듣는 소리는 우레 소리와 같다. 천둥소리처럼 너무나 분명하게 들린다. 하늘은 너무나 잘 듣는다.

暗室欺心 (어두울 암, 집 실, 속일 기, 마음 심)

암실(暗室), 어두운 방에서. 欺心(기심), 자신의 마음을 속이더라도. 아무도 모르게 자기 양심을 속이는 행동을 하더라도.

神目如電(귀신 신, 볼 목, 같을 여, 번개 전)

神目(신목), 여기서 목(目)은 눈(명사)보다 본다(동사)로 봐야 한다. 신은 번개처럼 본다. 너무나 잘 보고 있다. 天聽若雷(천청약뢰)와 같이 하늘과 귀신을 속일 수가 없다는 의미이다.

玄帝(현제)가 교훈을 내려 말하였다.

"사람들 사이의 사사로운 말도 하늘은 우레처럼 잘 듣고, 어두운 방에서 자기 양심을 속이는 행동을 할지라도 귀신은 번개와 같이 잘 들여다본다."

益智書云 "惡鑵이 若滿이면 天必誅之니라."

익지서 운 악관 약 만 천 필 주 지

益智書云(더할 익, 지혜 지, 글 서, 말할 운)

『益智書(익지서)』에 이르기를. 『익지서』는 송나라 때에 만들어진 교양에 관한 책으로 알려져 있다.

惡鑵若滿(악할 악, 두레박 관, 같을 약, 찰 만)

惡鑵(악관)은 악한 두레박. 여기서는 마음으로 봐야 한다. 악한 마음이. 그것이 가득 찬 것 같으면.

天必誅之(하늘 천, 반드시 필, 벨 주, 그것 지)

하늘이 반드시 그를 벨 것이다. 誅(주)는 목을 베어 죽인다는 뜻이다.

『益智書(익지서)』에 말하였다.

"악한 마음이 가득 차게 되면, 하늘이 반드시 그를 죽일 것이다."

莊子曰 "若人이 作不善하여 得顯名者는 人雖不害나
장자 왈 약 인 작 불선 득 현명 자 인 수 불해

天必戮之니라. 種瓜得瓜요 種豆得豆니 天網이 恢恢하여
천 필 육 지 종과득과 종두득두 천망 회회

疏而不漏니라."
소이불루

莊子曰 (풀우거질 장, 선생 자, 말할 왈)

莊子(장자)가 말하였다.

若人作不善 (만약 약, 남 인, 지을 작, 아닐 불, 선할 선)

만약 사람이 선하지 않는 일을 하여.

得顯名者 (얻을 득, 드러낼 현, 이름 명, 사람 자)

여기서 得(득)은 ~하게 되다란 뜻이다. 顯名(현명)은 이름을 드러내다. 명예가 높아졌다는 의미다.

人雖不害 (남 인, 비록 수, 아닐 불, 해칠 해)

사람들이 비록 그를 해치지 않더라도. 해친다는 말은 징벌을 내린다는 뜻이다.

天必戮之 (하늘 천, 반드시 필, 죽일 육, 그것 지)

하늘이 반드시 그를 죽일 것이다. 하늘이 그를 그냥 두지 않을 것임을 육(戮)이라는 말을 써서 강조하고 있다. 죽인다는 뜻을 갖는 다양한 한자가 있어 소개한다. 넓게 보면 죽인다는 점에서는 같지만 미세한 차이가 있다. ①殺(살)은 목숨을 빼앗는 것, ②戮(육)은 본보기로 죽인다, ③弑(시)는 자기보다 지위가 높은 사람을 죽이는 것, ④戕(장)은 실수로 죽이는 것, ⑤誅(주)는 죄 있는 자를 베어서 죽인다.

種瓜得瓜 (심을 종, 오이 과, 얻을 득, 오이 과)

오이를 심어서는 오이를 얻게 된다. "콩 심은 데 콩 나고"

種豆得豆 (심을 종, 콩 두, 얻을 득, 콩 두)

콩을 심으면 콩을 얻게 된다.

天網恢恢 (하늘 천, 그물 망, 넓을 회)

하늘의 그물은 넓고 넓다.

疏而不漏 (거칠 소, 말이을 이, 아닐 불, 셀 루)

성근 것 같아도 새지 않는다. 거칠다는 말은 성기어 듬성듬성 빠졌다는 뜻이다. 같은 뜻의 글자로 踈(소)와 疎(소)가 있다. 이중 踈(소)는 疎(소)의 僞字(위자)지만 同字(동자)로 쓰인다. 다만 "트이다, 채소, 거칠다, 적다"는 뜻으로는 疎(소)만을 쓴다. 천망(天網)은 하늘의 레이더망으로, 인간 세계 법질서와는 다르게 모든 것을 꿰뚫고 있어서 하늘이 정한 이치에 어긋나면 모두 벌을 받게 된다는 뜻이다.

莊子(장자)가 말하였다.

"혹 사람이 착하지 못한 일을 하여 명예를 얻은 자는 사람이 비록 해치지 않더라도 하늘이 반드시 그를 죽일 것이다. 오이씨를 심으면 오이를 얻고, 콩을 심으면 콩을 얻는다. 하늘의 그물이 넓어서 성글어 보이지만 그 어느 것도 새지 않게 촘촘하다."

子曰 "獲罪於天이면 無所禱也니라." 『論語』「八佾」

자왈 획죄어천 무소도야

子曰 (선생 자, 말할 왈)

孔子(공자)께서 말씀하셨다.

獲罪於天 (얻을 획, 죄 죄, 어조사 어, 하늘 천)

하늘에게 죄를 얻게 된다. 하늘로부터 죄를 짓게 된다는 뜻이다. 於(어)는 '~에,

~로부터'라는 처소격 조사이다.

無所禱也(없을 무, 바 소, 빌 도, 어조사 야)

빌 곳이 없다. 所(소)는 장소를 나타내고, 也(야)는 종결사이다.

『論語(논어)』

『논어』는 공자(孔子)의 언행 및 제자들과의 문답 내용을 기록한 언행록이다. 중국의 사상가 공자의 가르침을 전하는 가장 확실한 옛 문헌으로, 전 편에 걸쳐 공자의 철학사상, 교육사상, 경제사상, 정치사상, 인격수양론 등이 산재해 있다. 때문에 유교의 경전인 사서 오경(四書五經)의 첫 번째로 꼽힌다. '학이(學而)', '위정(爲政)', '팔일(八佾)', '이인(里仁)', '공야장(公冶長)', '옹야(雍也)', '술이(述而)', '태백(泰伯)', '자한(子罕)', '향당(鄕黨)', '선진(先進)', '안연(顔淵)', '자로(子路)', '헌문(憲問)', '위령공(衛靈公)', '계씨(季氏)', '양화(陽貨)', '미자(微子)', '자장(子張)', '요왈(堯曰)'의 20편으로 구성되어 있다. 각기 편 중의 말을 따서 그 편명(篇名)을 붙였다.

孔子(공자)께서 말씀하셨다.

"나쁜 일을 하여 하늘에 죄를 지으면 빌 곳이 없다."

제3장

順순 命명

子曰 "死生有命이요 富貴在天이니라.
자왈 사생유명 부귀재천

萬事分已定이어늘 浮生空自忙이니라."
만사 분 이 정 부생 공 자 망

『論語』「顔淵」

子曰 (선생 자, 말할 왈)

孔子(공자)께서 말씀하셨다.

死生有命 (죽을 사, 살 생, 있을 유, 운명 명)

죽고 사는 것은 각각 운명을 가지고 있다. 즉, 운명에 달려있다.

富貴在天 (넉넉할 부, 귀할 귀, 있을 재, 하늘 천)

부귀는 경제적으로 넉넉하고 귀한 것은 하늘에 달려있다.

萬事分已定 (온갖 만, 일 사, 분수 분, 이미 이, 정할 정)

만사, 즉 온갖 일은 분수가 이미 정해져 있다.

浮生空自忙 (뜰 부, 살 생, 부질없을 공, 스스로 자, 바쁠 망)

浮生(부생)은 뜬 생애, 뜬 구름 같이 덧없는 삶을 말한다. 덧없는 인생이 부질없이

(공연히) 스스로 바쁘다.

孔子(공자)께서 말씀하셨다.

"죽고 사는 것은 運命(운명)에 달려 있고, 넉넉하고 귀한 것은 하늘에 달려 있다. 온갖 일은 분수가 이미 정해져 있거늘, 덧없는 인생은 부질없이 스스로 바쁘구나."

景行錄云 "禍不可倖免이요 福不可再求니라."
경행록 운 화 불가 행면 복 불가 재구

景行錄曰 (햇빛 경, 다닐 행, 기록할 록, 말할 왈)

『景行錄(경행록)』에서 말했다.

禍不可倖免 (재앙 화, 아닐 불, 가할 가, 요행 행, 면할 면)

재앙은 요행으로 면(피)하기는 불가능하다. 이때 不可(불가)는 '~할 수 없다, ~해서는 안 된다'는 의미이다. 여기서는 둘 다 가능하다. 즉, "재앙은 요행으로 피할 수 없다, 요행으로 피하려고 해서는 안 된다." 모두 가능하다.

福不可再求 (복 복, 아닐 불, 가할 가, 다시 재, 구할 구)

복은 다시 구하기가 불가능하다. 한번 지나가버린 복은 다시 구할 수가 없다.

『景行錄(경행록)』에 말하였다.

"재앙은 요행으로는 피할 수 없는 것이며, 복은 다시 구할 수 없는 것이다."

時來風送滕王閣이요 運退雷轟薦福碑라
시래 풍송 등왕각 운퇴 뇌굉 천복비

時來風送滕王閣(때 시, 올 래, 바람 풍, 보낼 송, 물솟을 등, 임금 왕, 집 각)

時來(시래)는 '때가 오니', 즉 행운이 찾아왔다는 말이다. 바람이 불어 등왕각으로 보내주었다. 중국의 천재 시인 왕발(王勃, 647~674)의 이야기가 있다. 그는 비록 27세로 세상을 떠났지만, 문장과 시로써 일세를 풍미한 인물이었다. 그런 그도 이름을 날릴 기회를 엿보던 무명 시절이 있었다. 마침 기회가 찾아왔는데, 당나라 고조의 아들 원영이 양자강 유역 강서성 남창부에 등왕각을 짓고 낙성시회(落成詩會)를 연 것이었다. 왕발도 그 시회에 참석해 자신의 재주를 떨치고자 했으나, 문제는 시일이 너무 촉박해 도저히 시간에 맞춰 시회장에 도착할 수가 없었다는 것이다. 그런데 갑자기 동풍이 세차게 불어 족히 닷새가 걸리는 길을 사흘 만에 도착하게 되었다. 결국 그는 시회에서 장원을 차지하게 되었다. 이때 지은 글이 유명한 「등왕각시(滕王閣詩)」와 「등왕각서(滕王閣序)」이다. 滕(등)은 騰(등)으로 쓰기도 한다.

運退雷轟薦福碑(운수 운, 물러날 퇴, 우레 뢰, 울릴 굉, 천거할 천, 복 복, 비석 비)

運退(운퇴), 운수가 물러나다, 즉 운이 좋지 않다는 의미. 雷轟薦福碑(뇌굉천복비) 우레가 울려 천복비가 무너지다. 이때 轟(굉)은 '울리다'는 뜻 외에도 '뒤흔들려 울려 무너뜨리다'는 의미를 가지고 있다. 즉, 벼락이 쳐서 천복비가 무너졌다는 뜻이다. 천복비는 중국 강서성 천복사에 있는 비석으로 구양순(歐陽詢)이 쓴 것으로 유명하다. 지독히도 운이 없던 어떤 사람이 천복비의 탁본을 해다 주면 큰 사례를 하겠다는 부탁을 받고 천복사를 찾아갔다. 마침 날이 저물어 다음날 탁본을 하러 가 보니, 간밤에 친 벼락에 천복비가 박살이 나 있었다. 역시 안 되는 사람은 끝까지 안 되는 법이다. 모든 일에는 운, 때가 있음을 말하고 있다. 앞선 時來風送滕王閣가 좋은 운을 얘기한다면, 運退雷轟薦福碑는 나쁜 운을 얘기한다.

행운이 찾아오니 바람이 王勃(왕발)을 滕王閣(등왕각)으로 불어 보내주고, 運(운)이 물러가니 벼락이 薦福碑(천복비)에 떨어졌도다.

列子曰 "癡聾痦瘂도 家豪富요 智慧聰明도 却受貧이라
열자 왈 치롱음아 가 호부 지혜 총명 각 수빈

年月日時 該載定하니 算來由命不由人이니라."
연월일시 해 재 정 산래 유명 불유인

列子曰 (벌일 열, 선생 자, 말할 말)

列子(열자)가 말하였다. 열자는 중국 전국시대 도가(道家)의 사상가로서, 전설의 인물. 이름은 어구(御寇). BC 400년경 정(鄭)나라에 살았다고 전하나 『사기(史記)』에는 그 전기가 보이지 않는다. 『장자(莊子)』「소요유(逍遙遊)」에 '열자는 바람을 타고 하늘을 날았다'고 한 것으로 미루어 보아 '장자'가 허구로 가정한 인물로 추정되기도 한다.

癡聾痦瘂家豪富 (어리석을 치, 귀머거리 롱, 벙어리 음, 벙어리 아, 집 가, 클 호, 넉넉할 부)

어리석고(癡), 귀먹고(聾), 벙어리(痦瘂)라도 집은 크고 넉넉하다. 瘂(아)는 啞(아)로 표기된 문헌도 있다. 물론 의미는 '벙어리 아'로 같다.

智慧聰明却受貧 (슬기 지, 슬기로울 혜, 귀밝을 총, 밝을 명, 도리어 각, 받을 수, 가난할 빈)

지혜롭고 총명한 사람도 도리어 가난함을 받는다, 가난하게 산다.

年月日時該載定 (해 년, 달 월, 날 일, 때 시, 갖출 해, 비로소 재, 정할 정)

年月日時(연월일시)는 태어난 해와 달과 날과 시로, 四柱(사주)를 말한다. 여기다 연월일시의 干支(간지)를 붙여 八字(팔자)라고 한다. 該(해)는 앞에서 말한 연월일시 모두가. 載定(재정)은 정해져 있다. 사람은 태어난 해와 달과 날과 시가 처음부터 정해져 있다는 의미이다.

算來由命不由人 (셀 산, 어조사 래, 원인 유, 운명 명, 아닐 불, 원인 유, 사람 인)

算來(산래)는 계산해 보다, 이때 來(래)는 온다는 뜻이 아니라 조사로 사용되었다. 由(유)는 말미암다는 것으로 '~때문에'란 의미이다. 따지고 보면, 부귀는 하늘이 준 운명에 달린 것이지 인력으로 할 수 있는 것이 아니다.

列子(열자)가 말하였다.

"어리석고 귀먹고 벙어리라도 집은 크고 넉넉하고, 지혜 있고 총명한 사람도 도리어 가난하게 산다. (사람의 운수인) 해와 달과 날과 시가 모두 처음부터 정해져 있으니, 따지고 보면 부귀는 운명에 달린 것이지 사람이 어쩌할 수 있는 것이 아니다."

제4장

孝효 行행

詩曰 "父兮生我하시고 母兮鞠我하시니 哀哀父母여
시왈 부혜생아 모혜국아 애애 부모

生我劬勞샷다. 欲報深恩인대 昊天罔極이로다." 『詩經』「小雅·蓼兒」
생아구로 욕보심은 호천망극

詩曰 (시 시, 말할 왈)

『詩經(시경)』에서 말하였다. 『시경』은 은대(殷代)로부터 춘추시대까지 중국 최고(最古)의 시집이다. 유학에서 오경(五經)의 하나로 꼽힌다. 우리나라에서는 흔히 시전(詩傳)·모시(毛詩)·시(詩)라고도 한다. 전부터 전해오던 3,000여 편의 고시(古詩)에서 공자가 311편을 추렸다고 하나 지금은 305편만 남아 있다. 풍(風)·아(雅)·송(頌)의 3부로 되어있는데, 풍은 황하유역 15개국의 민요이고, 아는 주(周)의 조정에서 부른 노래이고, 송은 종묘(宗廟)의 제사 때에 부른 것이며 춤과 함께 행해졌다. 일구(一句) 사자(四子)로 되풀이되는 사언형(四言形)이 특색이며 고대 문학에 큰 영향을 끼쳤다.

父兮生我 (아버지 부, 어조사 혜, 낳을 생, 나 아)

아버지가 날 낳아 주셨다. 兮(혜)는 감탄의 어기(語氣)를 나타내는 어조사. 그러므로 정확히는 아버지여! 날 낳아주셨다.

母兮鞠我(어머니 모, 어조사 혜, 기를 국, 나 아)

어머니는 날 길러 주셨다. 여기서는 왜 아버지가 낳고, 어머니가 길렀다는 표현을 했는지 이해해야 한다. 육체적으로야 당연히 어머니가 낳는 것이지만, 유가 사상에서는 하늘을 양으로 땅을 음으로 본다. 인간이 인간답게 된 것은 하늘로부터 인의예지(仁義禮智)의 본성을 받았기[稟賦] 때문이다. 인간이 만물 중에서도 가장 신령(神靈)한 존재가 된 것은 새로운 탄생을 의미한다. 그러므로 하늘이 인간을 새롭게 탄생시킨[낳은] 것이고, 땅을 딛고 살기에 땅은 길러준 것이라는 결론에 도달하게 된다. 여기서 하늘은 아버지를, 땅은 어머니를 상징한다.

哀哀父母(슬플 애, 아버지 부, 어머니 모)

哀(애)는 슬프다인데, 哀哀(애애)는 강조가 되어 '아! 슬프도다.' 정도로 해석하는 것이 좋다. 아! 슬프도다. 부모님이시여!

生我劬勞(낳을 생, 나 아, 수고로울 구, 힘쓸 로)

나를 낳아 기르시느라 애쓰고 고생하셨구나.

欲報深恩(하고자할 욕, 갚을 보, 깊을 심, 은혜 은)

그 깊은 은혜를 갚고자 하여도.

昊天罔極(넓을 호, 하늘 천, 없을 망, 다할 극)

넓은 하늘과 같아 끝이 없다.

『詩經(시경)』에서 말하였다

"아버지 나를 낳으시고 어머니 나를 기르시니, 아아! 슬프도다. 부모님이시어. 나를 낳아 기르시느라 애쓰고 수고하셨도다. 그 은혜를 갚고자 하여도, 넓은 하늘과 같아 끝이 없어라."

子曰 "孝子之事親也는 居則致其敬하고
자왈 효자 지 사친 야 거 즉 치 기경

養則致其樂하고 病則致其憂하고 喪則致其哀하고
양 즉 치 기락 병 즉 치 기우 상 즉 치 기애

祭則致其嚴이니라."
제 즉 치 기엄

『禮記』「祭統」

子曰 (선생 자, 말할 왈)

孔子(공자)께서 말씀하셨다.

孝子之事親也 (효도 효, 자식 자, 어조사 지, 섬길 사, 어버이 친, 어조사 야)

효자가 부모를 섬기는 것은. 之(지)는 '~이(가)'의 주격조사로 사용되었고, 也(야)는 종결사로 '~이다'.

居則致其敬 (기거할 거, 곧 즉, 다할 치, 그 기, 공경 경)

居(거)는 '기거하다, 살다'는 뜻으로, 평소 생활할 때에는 곧, 자식이 자신의 공경을 다하고. 평소 부모님과 함께 생활할 때에는 항상 공경하는 마음으로 모시고.

養則致其樂 (봉양할 양, 곧 즉, 다할 치, 그 기, 즐길 락)

부모를 봉양할 때에는 곧, 자식이 자신의 즐거움을 다하고. 즐거운 마음으로 위해드리고.

病則致其憂 (병 병, 곧 즉, 다할 치, 그 기, 근심 우)

부모가 병들었을 때에는 곧, 자신의 근심을 다하고. 자식으로서 진심으로 걱정하고.

喪則致其哀 (죽을 상, 곧 즉, 다할 치, 그 기, 슬플 애)

부모가 돌아가셨을 때에는 곧, 자신의 슬픔을 다하고. 평소 잘 모시지 못한 것에 대해 진심으로 슬퍼하고.

祭則致其嚴(제사지낼 지, 곧 즉, 다할 치, 그 기, 엄숙할 엄)

제사를 지낼 때에는 곧, 자신의 엄숙함을 다해야 한다. 마치 살아서 옆에 계신 것처럼 정중하게 제사를 지내야 한다.

『禮記』(예기)

중국 고대의 예(禮)에 관한 기술과 해설을 담고 있는 책으로서 유학의 5대 경전 가운데 하나. 본래는 전한(前漢, 혹은 西漢) 대부터 경전(經)의 지위를 얻은 『의례(儀禮)』에 대한 참고자료로서의 「기(記)」, 즉 『의례』의 경문(經文)에 대한 해석과 설명, 그리고 보충 자료의 형태로 시작되었다. 이러한 「기」가 후대에 이르러 그 양이 점점 많아지고, 여러 형태의 선집본으로 편집되어 유전되어 왔다. 한무제(漢武帝) 때에 하간(河間)의 헌왕(獻王)이 고서(古書) 131편을 편술(編述)한 뒤에 214편으로 된 대대례(大戴禮)를 만들었다. 이에 대덕(戴德)이 그것을 85편으로 줄였고, 선제(宣帝) 때에 그의 조카 대성(戴聖)이 다시 49편으로 줄였다. 일반적으로 대덕의 85편본을 대대례(大戴禮)라고 하고, 대성의 49편본을 소대례(小戴禮)라 한다. 후한 중기에 정현(鄭玄)이 『소대례』에 주해를 가한 이후로 『의례』로부터 벗어나 하나의 독립적인 책, 즉 『예기』가 되었고, 한말(漢末)에는 경전의 지위에 오르게 되었다. 이에 따라 예에 관한 경전의 체계로서 3례(三禮), 즉 『의례』·『주례(周禮)』·『예기』가 성립되었다.

孔子(공자)께서 말씀하셨다.

"효자가 부모님을 섬기는 것은 평소에는 공경하는 마음으로 모시고, 봉양할 때에는 즐거운 마음으로 위해 드리고, 병이 드시면 진심으로 걱정하고, 돌아가시면 진심으로 슬퍼하며, 제사 지낼 때엔 정중하게 지내야 한다."

子曰 "父母在어시든 不遠遊하며 遊必有方이니라." 『論語』「里仁」
자왈 부모 재 불 원유 유필유방

子曰 (선생 자, 말할 왈)

孔子(공자)께서 말씀하셨다.

父母在 (아버지 부, 어머니 모, 있을 재)

부모님께서 살아 계실 때에는.

不遠遊 (아닐 불, 멀 원, 놀 유)

멀리 나가 돌아다니지 말며. 遊(유)는 놀러 다니는 것이다.

遊必有方 (놀 유, 반드시 필, 있을 유, 방향 방)

나가 돌아다니더라도 반드시 일정한 방향이 있어야 한다. 다시 말해 자신이 있는 방향[곳]을 분명하게 알려야 한다는 의미이다.

孔子(공자)께서 말씀하셨다.

"부모님께서 살아 계실 때에는 멀리 나가 돌아다니지 말며, 돌아다니더라도 반드시 있는 방향을 알려야 한다."

子曰 "父命召어시든 唯而不諾하고 食在口則吐之니라."
자왈 부 명소 유이불락 식 재구 즉 토지

『禮記』「玉藻」

子曰 (선생 자, 말할 왈)

孔子(공자)께서 말씀하셨다.

父命召 (아버지 부, 명할 명, 부를 소)

부모님께서 부르시면. 命召(소명)은 원래 임금이 특별히 불렀다는 의미인데, 여기서는 부모님의 부름을 그만큼 높여서 부른 말이다.

唯而不諾 (대답할 유, 말이을 이, 아닐 불, 대답할 락)

唯(유)와 諾(락)은 모두 대답한다는 뜻이지만, 실제 의미는 다르다. 唯(유)는 '예'하고 즉시 대답하는 것이고, 諾(락)은 느리게 대답하고서 머뭇거린다는 의미이다. 즉, 즉시 대답하지 머뭇거리지 말라.

食在口則吐之 (밥 식, 있을 재, 입 구, 곧 즉, 토할 토, 그것 지)

입에 음식이 있으면 그것을 토해내라. 이는 앞에서 유(唯)하라는 말과도 통한다. 입에 음식물이 있어 즉시 대답하지 못할 경우는 입안의 음식물을 토해내서라도 서둘러 답하라는 뜻이다. 조금 과해 보이지만 실상은 어른의 부름에 이렇게 서둘러서 대답하라는 의미가 담겨 있다.

孔子(공자)께서 말씀하셨다.

"부모님께서 부르시면 즉시 대답하여 머뭇거리지 말고, 음식이 입에 있거든 이를 뱉고서라도 서둘러 대답해야 한다."

太公曰 "孝於親이면 子亦孝之하나니 身旣不孝면 子何孝焉
태공 왈 효어친 자 역 효지 신 기 불효 자하효언

이리오. 孝順은 還生孝順子요 忤逆은 還生忤逆兒하나니
효순 환생 효순자 오역 환생 오역아

不信커든 但看簷頭水하라 點點滴滴不差移니라."
불신 단 간 첨두수 점점 적적 불 차이

太公曰 (클 태, 벼슬 공, 말할 왈)

太公(태공)이 말하였다.

孝於親(효도 효, 어조사 어, 어버이 친)

부모에게 효도하면. 於(어)는 '~에게'.

子亦孝之(자식 자, 또한 역, 효도 효, 그것 지)

자식이 또한 나에게 효도한다. 之(지)는 자신을 가리킨다.

身旣不孝(몸 신, 이미 기, 아닐 불, 효도 효)

몸이 이미 불효를 하면. 몸[身]은 자신이란 뜻으로, 자신이 자기 부모에게 효도하지 않으면.

子何孝焉(자식 자, 어찌 하, 효도 효, 어조사 언)

자식이 어찌 자기에게 효도를 하겠는가? 何(하)는 '어찌'란 의문사이고, 焉(언)은 於之(어지:나에게)라는 뜻을 가진 종결사이다. 콩 심은 데 콩 나고 팥 심은 데 팥 난다는 말이다.

孝順 還生孝順子(효도 효, 따를 순, 도리어 환, 낳을 생, 자식 자)

부모에게 효도하고 순종하면, 도리어 효도하고 순종하는 자식을 낳고.

忤逆 還生忤逆兒(거스를 오, 거스를 역, 아이 아)

부모의 뜻을 거스르면, 도리어 자신의 뜻을 거스르는 아이를 낳게 된다.

不信(아닐 불, 믿을 신)

내 말을 믿지 못하겠거든.

但看簷頭水(단지 단, 볼 간, 처마 첨, 끝 두, 물 수)

다만 簷頭水(첨두수), 저 처마 끝의 낙수를 보아라.

點點滴滴不差移(물방울 점, 물방울 적, 아닐 불, 어긋날 차, 옮길 이)

點點(점점), 물방울 방울마다 떨어지는 것이 조금의 차이도 없도다. 뿌린 대로 거두는 법이다.

太公(태공)이 말하였다.

"부모님에게 효도하면 내 자식도 나에게 효도할 것이니, 내 자신이 이미 효도하지 않았다면 자식이 어찌 나에게 효도하겠는가? 부모에게 효도하고 순종한 사람은 도리어 효도하고 순종하는 자식을 낳으며, 부모의 뜻을 거역한 사람은 도리어 거역하는 자식을 낳는다. 믿지 못하겠거든 저 처마 끝의 낙수를 보라. 방울방울 떨어짐이 조금의 차이도 없도다."

제5장

正정 己기

性理書云 "見人之善이어든 而尋己之善하고 見人之惡이어든
성리서 운 견 인지선 이 심 기지선 견 인지악

而尋己之惡이니 如此라야 方是有益이니라."
이 심 기지악 여차 방시 유익

性理書云 (성품 성, 이치 리, 책 서, 말할 운)

『性理書(성리서)』에서 말하기를. 『성리서』는 송나라 때 유학자들이 인간의 심성과 우주의 원리에 대하여 지은 글을 모은 책이다. 성리학은 송대(宋代) 정주학파(程朱學派)의 이학(理學)을 가리키며, 도학(道學)이라고도 한다. 고문경학파(古文經學派)와 같은 한나라 유학자들이 경전을 연구할 때 '사물의 이름과 종류 및 경서의 고증이나 해명, 주석, 자구해석'에 치중한 반면, 송나라 유학자들은 사람으로서 행해야 할 옳은 도리인 의리를 밝히고 '인간의 본성과 하늘의 명인 성명(性命)'을 논하는 것을 위주로 했기 때문에 그런 명칭이 생겼다.

見人之善 (볼 견, 남 인, 어조사 지, 선할 선)

남의 선함을 보고. 한문 문장에서 인(人)은 대부분 '사람'보다는 '남'으로 해석하면 더 좋다.

而尋己之善 (말이을 이, 찾을 심, 자기 기, 어조사 지, 선할 선)

而(이)는 순접으로 '~하여' 정도로 보면 된다. 자기의 선함을 찾다. 人(인)과 己(기)는 대를 이룬다. 다른 사람의 선함을 보고 나도 그런 점이 있는지 찾아보고, 없으면 나도 그런 선함을 갖도록 노력하고.

見人之惡(볼 견, 남 인, 어조사 지, 악할 악)

남의 악함을 보고.

而尋己之惡(말이을 이, 찾을 심, 자기 기, 악할 악)

자기의 악함을 찾는다. 혹시 나한테서도 그런 악한 점이 있는지 찾아보고 그것을 고쳐나가고.

如此(같을 여, 이 차)

이와 같이 한다면.

方是有益(바야흐로 방, 이 시, 있을 유, 이익 익)

바야흐로 이익이 있을 것이다. 方(방)은 다양한 의미로 사용된다.

①당하다. "方其破荊州 下江陵順流東也(형주를 격파하고 강릉으로 내려가 동쪽으로 순류하게 되었다)."(「赤壁賦」) ②비로소. "關法 鷄鳴方出客(관문의 법에 닭이 울면 비로소 사람들을 출입하게 했다)."(『十八史』) ③비교하다 "子貢方人(자공과 다른 사람을 비교하다)."(『論語』) ④한창(바야흐로) "及其壯也 血氣方剛(그 장성함에 미쳐 혈기가 한창 굳세어졌다)."(『論語』) ⑤모나다 "知欲圓而行欲方(지혜는 둥글고자 하고 행동은 모가 나고자 한다)."(『淮南子』) ⑥방위 "四方(네 방위)." ⑦가는 곳 "遊必有方(돌아다녀도 반드시 일정한 방소가 있어야 한다)."(『論語』) ⑧거역하다 "方命虐民(천명을 거역하고 백성을 학대하다)."(『孟子』)

여기서는 ④에 해당한다.

『性理書(성리서)』에서 말하였다.

"남의 선한 점을 보고서 나의 선함을 찾아보고, 남의 악한 것을 보고서 나의 악함을 찾아야 한다. 이와 같이 하여야 바야흐로 이익이 있을 것이다."

景行錄云 "大丈夫當容人이언정 無爲人所容이니라."
경행록 운 대장부 당 용인 무 위 인 소용

景行錄云(밝을 경, 행실 행, 기록할 록, 이를 운)

景行錄(경행록)에서 말하였다.

大丈夫當容人(큰 대, 어른 장, 사내 부, 마땅할 당, 용서할 용, 남 인)

大丈夫(대장부)는 마땅히 다른 사람들을 용서해야 한다. 이때 대장부는 큰 어른 남자, 참으로 남자다운 남자를 가리키는 말이다. 『맹자(孟子)』「등문공하(滕文公下)」에 의하면, 대장부란 천하의 큰 뜻을 품고 그것을 이루기 위해 시속(時俗)에 굴하지 않고 꾸준히 노력하는 사람이며, 뜻을 이룬 후에도 교만하지 않고, 뜻을 이루지 못하더라도 비굴하지 않은 사람이다.

無爲人所容(없을 무, 될 위, 남 인, 바 소, 용서할 용)

남에게 용서받는 사람이 되어서는 안 된다.

『景行錄(경행록)』에서 말하였다.

"대장부는 마땅히 남을 용서할지언정, 남에게 용서를 받는 사람이 되지 말아야 한다."

太公曰 "勿以貴己而賤人하고 勿以自大而蔑小하고
태공 왈 물이 귀기 이 천인 물이 자대 이 멸소

勿以恃勇而輕敵하라."
물이 시용 이 경적

太公曰(클 태, 벼슬 공, 말할 왈)

姜太公(강태공)이 말하였다.

勿以貴己而賤人(말 물, 써 이, 귀할 귀, 자기 기, 말이을 이, 천할 천, 남 인)

이 문구에서는 '勿(물)' 자를 가장 마지막에 해석해야 한다. 以貴己(이귀기), 자기를 귀하게 여김으로써. 而賤人(이천인), 이(而)는 ~하면서, 남을 천하게 여기다. 以(이)의 용법을 살펴보자. 여기서는 ①과 ④의 의미에 가깝다.

①써. "以修身爲本(몸을 닦는 것으로써 근본을 삼다)."(『大學』) ②등용하다(쓰다). "不使大臣怨乎不以(대신에게 나를 등용하지 않는 것을 원망하지 말게 하다)."(『論語』) ③생각하다. "以爲" ④까닭. "古人秉燭夜遊 良有以也(고인들이 등불을 잡고 밤에 돌아다닌 것은 참으로 이유가 있어서이다)."(李白, 「春夜宴桃李園序」)

勿以自大而蔑小(말 물, 써 이, 스스로 자, 큰 대, 말이을 이, 업신여길 멸, 작을 소)

스스로 크다고 여기고, 남의 작은 것을 업신여기지 말라. 자기보다 보잘 것 없는 사람을 업신여기지 말라는 뜻이다.

勿以恃勇而輕敵(말 물, 써 이, 믿을 시, 용맹 용, 말이을 이, 가벼울 경, 적 적)

스스로의 용맹을 믿고, 적을 가벼이 보지 말라.

太公(태공)이 말하였다.

"나를 귀하게 여기고서 남을 천하게 여기지 말고, 스스로를 크게 여기고서 나보다 못한 사람을 업신여기지 말며, 나의 용맹을 믿고서 적을 가볍게 여기지 말지니라."

馬援曰 "聞人之過失이어든 如聞父母之名하여
마원 왈 문 인지과실 여 문 부모지명

耳可得聞이언정 口不可言也니라."
이 가 득문 구 불가 언 야

馬援曰 (말 마, 당길 원, 말할 왈)

馬援(마원)이 말하였다.

聞人之過失 (들을 문, 남 인, 어조사 지, 허물 과, 실수 실)

남의 過失(과실), 즉 허물과 실수를 듣다. 남의 잘못을 듣다.

如聞父母之名 (같은 여, 들을 문, 아버지 부, 어머니 모, 어조사 지, 이름 명)

마치 부모님의 이름을 들은 것처럼 하라. 남의 잘못을 들을 때, 마치 내 부모에 대한 험담을 듣는 것처럼 생각하라는 의미이다.

耳可得聞 (귀 이, 가할 가, 얻을 득, 들을 문)

可得(가득)은 모두 ~할 수 있다는 의미이다. 귀로는 들을 수 있다.

口不可言也 (입 구, 아니 불, 가할 가, 말씀 언, 어조사 야)

입으로는 말할 수 없다. 말해서는 안 된다.

馬援(마원)이 말하였다.

"남의 과실을 듣거든 부모의 이름을 듣는 것과 같이 하여 귀로 들을지언정 입으로는 말하지 말 것이니라."

康節邵先生曰 "聞人之謗이라도 未嘗怒하며
강절소선생 왈 문 인지방 미상 노

聞人之譽라도 未嘗喜하며 聞人之惡이라도 未嘗和하며
문 인지예 미상 희 문 인지악 미상 화

聞人之善이면 則就而和之하고 又從而喜之니라."
문 인지선 즉 취이화지 우 종이희지

康節邵先生曰(편안할 강, 마디 절, 고을이름 소, 먼저 선, 날 생, 말할 왈)

邵康節(소강절)선생이 이르기를.

聞人之謗未嘗怒(들을 문, 남 인, 어조사 지, 헐뜯을 방, 아닐 미, 일찍이 상, 노할 노)

人之謗(인지방), 남이 헐뜯는 말. 之(지)는 주격조사[~이/가]로 사용되었다. 남이 헐뜯는 말을 들어도. 未嘗怒(미상노), 일찍이 화를 내지 않다.

聞人之譽未嘗喜(들을 문, 남 인, 어조사 지, 칭찬할 예, 아닐 미, 일찍이 상, 기쁠 희)

남이 칭찬하는 말을 들어도 일찍이 기뻐하지 않다.

聞人之惡未嘗和(들을 문, 남 인, 어조사 지, 악할 악, 아닐 미, 일찍이 상, 어울릴 화)

남의 악한 말을 들어도 일찍이 거기에 어울리지 않는다. 여기서의 之(지)는 관형격 조사[~의]로 보면 더 자연스럽다. 화(和)는 어울려 동조한다는 뜻으로 자기 생각이나 주장 없이 남의 의견에 동조한다는 부화뇌동(附和雷同)의 화(和)와 같다.

聞人之善則就而和之(들을 문, 남 인, 어조사 지, 선할 선, 곧 즉, 나아갈 취, 말이을 이, 어울릴 화, 그 지)

남의 선한 말을 들으면, 곧 나아가 그것과 어울린다. 이때 之(지)는 대명사[그것]이다.

又從而喜之(또 우, 따를 종, 말이을 이, 기쁠 희, 그 지)

또한 그를 따라서 함께 기뻐한다.

邵康節(소강절) 선생이 말하였다.

"남의 비방을 들어도 성내는 일이 없어야 할 것이며, 남의 칭찬을 들어도 기뻐하는 일이 없어야 할 것이다. 남의 좋지 못한 소문을 듣더라도 이에 동조하는 일이 없을 것이며, 남의 착한 것을 듣거든 곧 나아가 어울리고 또 따라 기뻐할지니라."

其詩曰 "樂見善人하며 樂聞善事하며 樂道善言하며
기 시왈 낙견선인 낙문선사 낙도선언

樂行善意하고 聞人之惡이어든 如負芒刺하고
낙행선의 문 인지악 여부망자

聞人之善이어든 如佩蘭蕙니라. 道吾善者는 是吾賊이요
문 인지선 여패난혜 도 오선자 시 오적

道吾惡者는 是吾師니라."
도 오악자 시 오사

其詩曰 (그 기, 시 시, 말할 왈)

그의 시에서 말했다. 소강절(邵康節) 선생이 시를 지어 다음과 같이 말했다.

樂見善人 (즐길 락, 볼 견, 선할 선, 사람 인)

선한 사람 보기를 즐기다. 착한 사람 보는 것을 좋아하고.

樂聞善事 (즐길 락, 들을 문, 선할 선, 일 사)

선한 일을 듣기를 즐기다. 착한 일에 대해 듣기를 좋아하고.

樂道善言 (즐길 락, 말할 도, 선할 선, 말 언)

선한 말을 하기를 즐기다. 착한 말 하기를 좋아하다.

樂行善意 (즐길 락, 행할 행, 선할 선, 뜻 의)

선한 뜻을 행하기를 즐기다. 좋은 뜻으로 실천하기를 좋아하고.

聞人之惡 (들을 문, 남 인, 어조사 지, 악할 악)

남의 악함을 듣다. 다른 사람 나쁜 것, 단점을 들으면.

如負芒刺 (같을 여, 질 부, 가시 망, 가시 자)

마치 芒刺(망자), 가시를 등에 진 것처럼 불편해하고.

聞人之善(들을 문, 남 인, 어조사 지, 선할 선)

남의 선함을 듣다. 다른 사람의 착한 언행, 장점을 들으면.

如佩蘭蕙(같을 여, 찰 패, 난초 난, 혜초 혜)

마치 난초와 혜초를 차고 있는 것처럼 하라. 옛날에는 난초와 혜초 등을 작은 주머니에 넣어서 차고 다녔다. 일종의 향수와 같은 역할을 한 것이다.

道吾善者是吾賊(말할 도, 나 오, 선할 선, 사람 자, 이 시, 나 오, 해칠 적)

나의 선한 점을 말해주는 사람은 나의 적이다. 是(시)는 ~이다. 누가 나에게 내 장점을 말해주면 자만하지 말고 항상 내 적처럼 조심하고 경계하라는 말이다.

道吾惡者是吾師(말할 도, 나 오, 악할 악, 사람 자, 이 시, 나 오, 스승 사)

나의 악한 점을 말해주는 사람은 바로 나의 스승이다. 악한 점은 부족한 점이다.

그의 詩(시)에서 말했다.

"선한 사람 보기를 즐겨하며, 선한 일 듣기를 즐겨 하며, 선한 말 하기를 즐겨하며, 선한 뜻 행하기를 즐겨 하라. 남의 악한 점을 듣거든 가시를 등에 진 것처럼 여기고, 남의 선한 점을 듣거든 향초를 몸에 지닌 것 같이 여기라. 나의 선한 점을 말하여 주는 사람은 바로 나의 적이요, 나의 나쁜 점을 말하여 주는 사람은 바로 나의 스승이다."

太公曰 "勤爲無價之寶요 愼是護身之符니라."
태공 왈 근위 무가지보 신시 호신지부

太公曰(클 태, 벼슬 공, 말할 왈)

강태공(姜太公)이 말하였다.

勤爲無價之寶 (부지런할 근, 될 위, 없을 무, 값 가, 어조사 지, 보배 보)

부지런함은 爲(위), ~이다. 無價之寶(무가지보), 값을 매길 수 없는 보물이 될 것이다.

愼是護身之符 (삼가할 신, 이 시, 보호할 호, 몸 신, 어조사 지, 부절 부)

삼가는 것은 是(시), ~이다. 護身之符(호신지부), 몸을 보호하는 부절이 될 것이다. 符(부)는 符信(부신)으로, 맞붙여 보아 증거를 확인하는 符節(부절)을 말한다.

太公(태공)이 말하였다.

"부지런함은 값을 매길 수 없는 보물이 될 것이요, 신중함은 몸을 보호하는 신표이다."

景行錄曰(경행록 왈) **"保生者**(보생자)는 **寡慾**(과욕)하고 **保身者**(보신자)는 **避名**(피명)이니 **無慾**(무욕)은 **易**(이)나 **無名**(무명)은 **難**(난)이니라."

景行錄曰 (햇빛 경, 다닐 행, 기록할 록, 말할 왈)

『景行錄(경행록)』에서 말하였다.

保生者寡慾 (지킬 보, 살 생, 사람 자, 적을 과, 욕심 욕)

保生者(보생자), 내 목숨을 잘 보존하려는 자. 寡慾(과욕), 욕심을 적게 하다.

保身者避名 (지킬 보, 몸 신, 사람 자, 피할 피, 이름 명)

保身者(보신자), 내 몸을 잘 보존하려는 자. 避名(피명), 명예를 피해야 한다.

無慾易 (없을 무, 욕심 욕, 쉬울 이)

無(무)는 없다보다 없게 만들다로 해석하는 것이 자연스럽다. 욕심을 없애기는 쉬우나. 易(이)는 ①쉽다 이. ②다스리다 이. "易其田疇 薄其稅斂(밭두둑을 다스려 그 세금을 박하게 하다)."(『孟子』) ③바꾸다 역. "以小易大(작은 것으로 큰 것을 바꾸다)."(『孟子』)

無名難(없을 무, 이름 명, 어려울 난)

명예를 없애기는 어렵다.

『景行錄(경행록)』에서 말하였다.

"삶을 지키려는 사람은 욕심을 줄이고, 몸을 지키려는 사람은 명예를 피해야 한다. 욕심을 버리기는 쉬우나, 명예를 버리기는 어렵다."

子曰(자왈) "君子(군자) 有(유) 三戒(삼계)하니 少之時(소지시)엔 血氣未定(혈기미정)이라 戒之在色(계지재색)하고, 及其壯也(급기장야)하여는 血氣方剛(혈기방강)이라 戒之在鬪(계지재투)하고, 及其老也(급기노야)하여는 血氣旣衰(혈기기쇠)라 戒之在得(계지재득)이니라."

『論語』「季氏」

子曰(선생 자, 말할 왈)

孔子(공자)께서 말씀하셨다.

君子有三戒(임금 군, 선생 자, 있을 유, 석 삼, 경계할 계)

君子(군자)에게는 세 가지 경계할 것이 있다. 여기서 군자는 학식(學識)과 덕행(德行)이 높은 사람을 말한다.

少之時(적을 소, 어조사 지, 때 시)

나이가 적을 때. 젊었을 때.

血氣未定(피 혈, 기운 기, 아닐 미, 정할 정)

혈기가 아직 정해지지 않았을 때. 혈기가 넘쳐 분별력이 떨어진다는 의미이다.

戒之在色(경계할 계, 어조사 지, 있을 재, 여색 색)

그 경계함이 色(색)에 달려 있다. 之(지)는 주격조사 ~이. 이성에 대한 욕망[色]을 경계하라.

及其壯也(미칠 급, 그 기, 장성할 장, 어조사 야)

그가 장성함에 미쳐서는. 장년(壯年)이 되어서는. 장년은 사람의 일생 중에서, 한창 기운이 왕성하고 활동이 활발한 서른에서 마흔 안팎의 나이를 말한다.

血氣方剛(피 혈, 기운 기, 바야흐로 방, 굳셀 강)

혈기가 바야흐로 굳세어진다.

戒之在鬪(경계할 계, 어조사 지, 있을 재, 싸울 투)

경계함이 싸움에 달려 있다. 남과 다투는 것을 경계해야 한다.

及其老也(미칠 급, 그 기, 늙을 로, 어조사 야)

그 노년에 미쳐서는. 노년기가 되어서는.

血氣旣衰(피 혈, 기운 기, 이미 기, 쇠할 쇠)

혈기가 이미 쇠퇴하여.

戒之在得(경계할 계, 어조사 지, 있을 재, 얻을 득)

경계함이 얻는 것에 달려 있다. 得(득)은 이익을 탐하는 것이다. 물질적인 이익을 경계하라는 말이다.

孔子(공자)께서 말씀하셨다.

"君子(군자)에게는 세 가지 경계할 것이 있다. 젊었을 때에는 혈기가 정해지지 않았으니 異性(이성)을 경계하고, 장년이 되어서는 혈기가 한창 강성하니 남과 다투는 것을 경계하고, 노년이 되어서는 혈기가 이미 쇠하였으니 물질적 욕심을 경계하라."

孫眞人養生銘云 "怒甚偏傷氣요 思多太損神이라.
손진인 양생명 운 노심 편 상기 사다 태 손신

神疲心易役이요 氣弱病相因이라. 勿使悲歡極하고
신피 심 이역 기약 병 상인 물사 비환극

當令飮食均하며 再三防夜醉하고 第一戒晨嗔하라."
당령 음식균 재삼 방 야취 제일 계 신진

孫眞人養生銘云 (손자 손, 참 진, 사람 인, 기를 양, 살 생, 새길 명, 말할 운)

孫眞人(손진인)의 「養生銘(양생명)」에 이르기를. 손진인은 당대(唐代) 의학자인 손사막(孫思邈, 581~682)으로 추정된다. 그는 당나라 경조(京兆) 화원(華原) 사람. 어릴 때부터 독서를 즐기며 노장백가(老莊百家)의 설에 조예가 깊었고, 불전(佛典)에도 정통했다. 병이 많아 의술을 배웠다. 수나라 문제(文帝)가 일찍이 국자박사(國子博士)로 불렀지만 나가지 않았다. 당나라 고종(高宗) 현경(顯慶) 중에 다시 불러 간의대부(諫議大夫)에 임명했지만 상원(上元) 원년(674) 병 때문에 사퇴하고 산으로 돌아갔다. 약초를 모아 병을 치료했는데, 빈부귀천을 따지지 않고 모두 동등하게 치료해 후세에 '약왕(藥王)'으로 불렸다. 저서로 당나라 때의 대표적 의서인 『비급천금요방(備急千金要方)』 30권과 『천금익방(千金翼方)』 30권이 전해지고 있다. 이 「양생명」은 그가 지은 계명(戒銘)으로 몸과 마음을 잘 수양하여 건강과 장수를 꾀하는 내용이다.

怒甚偏傷氣 (성낼 노, 심할 심, 치우칠 편, 상할 상, 기운 기)

성냄이 심하면 치우쳐 기운을 상하게 한다. 너무 심하게 성을 내면 기운이 한쪽으로 치우쳐져 상하게 된다는 의미.

思多太損神(생각 사, 많을 다, 클 태, 덜 손, 정신 신)

생각이 많으면 정신이 크게 손상된다. 요즘 말로 각종 스트레스를 말한다.

神疲心易役(정신 신, 지칠 피, 마음 심, 쉬울 이, 부릴 역)

정신이 지치면 마음이 쉽게 부려진다. 마음이 외부의 유혹에 쉽게 넘어간다는 의미.

氣弱病相因(기운 기, 약할 약, 병 병, 서로 상, 원인 인)

기운이 약하면 병이 서로 원인이 되어 일어난다. 병이 병을 따라서 생긴다는 의미. 요즘말로 합병증이다.

勿使悲歡極(말 물, 하여금 사, 슬플 비, 기쁠 환, 다할 극)

勿使(물사)는 ~하게 하지 말라. 슬픔과 기쁨을 지극하게 하지 말라. 너무 지나치게 기뻐하거나 슬퍼하지 말라는 의미이다.

當令飮食均(마땅할 당, 시킬 령, 마실 음, 먹을 식, 고를 균)

當令(당령)은 '마땅히 ~하게 하다'는 의미. 마시고 먹는 것을 골고루 하게 하라.

再三防夜醉(다시 재, 석 삼, 막을 방, 밤 야, 취할 취)

再三(재삼)은 두 번 세 번, 거듭. 밤에 술 취하는 것을 막아라.

第一戒晨嗔(차례 제, 한 일, 경계할 계, 새벽 신, 성낼 진)

가장 경계할 것은 새벽에 성내는 것이다. 이른 아침부터 화를 내는 것이 가장 나쁘다.

孫眞人(손진인)의 『養生銘(양생명)』에서 말하였다.

"성을 심하게 내면 기운이 치우쳐져 상하고, 생각이 많으면 크게 정신이 손상된다. 정신이 피로하면 마음이 쉽게 넘어가고, 기운이 약하면 병이 서로 일어난다. 지나치게 슬퍼하거나 기뻐하지 말 것이며, 마땅히 음식을 골고루 먹으며, 거듭 밤에 술 취하는 것을 막아야 하고, 이른 아침에 성내는 것을 제일 경계하라."

景行錄曰 "食淡精神爽이요 心淸夢寐安이니라.
경행록 왈 식담정신상 심청몽매안

定心應物하면 雖不讀書라도 可以爲有德君子니라."
정심응물 수불독서 가이위 유덕군자

景行錄曰 (햇빛 경, 다닐 행, 기록할 록, 말할 왈)

『景行錄(경행록)』에서 말하였다.

食淡精神爽 (밥 식, 맑을 담, 정신 정, 정신 신, 상쾌할 상)

밥이 담백하면 정신이 상쾌해지고. 먹는 음식이 담백하면.

心淸夢寐安 (마음 심, 맑을 청, 꿈 몽, 잠잘 매, 편안할 안)

마음이 맑으면 꿈자리가 편안하다.

定心應物 (정할 정, 마음 심, 응할 응, 만물 물)

마음을 정하여 만물에 대응하다. 마음을 정한다는 말은 일정한 주관을 갖춘다는 의미이다.

雖不讀書 (비록 수, 아닐 불, 읽을 독, 책 서)

비록 책을 읽지는 않았어도. 공부를 많이 하지는 않았어도.

可以爲有德君子 (가할 가, 써 이, 될 위, 있을 유, 덕 덕, 임금 군, 선생 자)

以爲(이위)는 ~으로 여기다. 가히 덕이 있는 군자라고 여길 수 있다.

『景行錄(경행록)』에서 말하였다.

"음식이 담백하면 정신이 상쾌해지고, 마음이 맑으면 꿈자리가 편안해진다. 마음을 정하여 萬物(만물)에 대응하면, 비록 글을 읽지는 않았더라도 덕이 있는 군자라 할 수 있다."

近思錄云 "懲忿을 如救火하고 窒慾을 如防水하라."
근사록 운 징분 여 구화 질욕 여 방수

近思錄云 (가까울 근, 생각할 사, 기록할 록, 이를 운)

『近思錄(근사록)』에 이르기를. 『근사록』은 1175년 주희(朱熹:주자)와 여조겸(呂祖謙)이 주돈이(周敦頤)·정호(程顥)·정이(程頤)·장재(張載) 등 네 학자의 글에서 학문의 중심문제들과 일상생활에 요긴한 부분들을 뽑아 편집한 책이다. 제목의 '근사'는 논어의 "널리 배우고 뜻을 돈독히 하며, 절실하게 묻고 가까이 생각하면[切問而近思] 인(仁)은 그 가운데 있다"는 구절에서 따온 것이다. 총 14권으로, 622조의 항목이 분류되어 있다. 각 권의 편명은 후대의 학자들이 붙인 것이 굳어진 것으로서, 도체(道體)·위학(爲學)·치지(致知)·존양(存養)·극기(克己)·가도(家道)·출처(出處)·치체(治體)·치법(治法)·정사(政事)·교학(敎學)·경계(警戒)·변이단(辨異端)·관성현(觀聖賢)으로 구성되어 있다. 진덕수(眞德秀)의 『심경(心經)』과 함께 성리학의 필수문헌으로 중시되었고, 채모(蔡模)의 『근사록집주(近思錄集註)』 등 많은 해설서가 나왔다. 한국에는 고려 말에 신유학이 수입될 때 들어와 1370년(공민왕 19) 진주목사 이인민(李仁敏)이 4책으로 복간한 바 있으며, 그 책은 지금까지 전해져 보물 제262호와 제1077호로 지정되어 있다.

懲忿如救火 (응징할 징, 성낼 분, 같을 여, 구할 구, 불 화)

성냄을 응징하기를. 응징한다는 말은 없앤다, 참는다는 말이다. 불을 구하듯이 해야 한다. 구한다는 말은 불을 끈다는 뜻이다. 즉, 분노를 참기를 마치 불을 끄듯이 급하게 하라.

窒慾如防水 (막을 질, 욕심 욕, 같을 여, 막을 방, 물 수)

욕심을 막기를 물을 막듯이 해야 한다. 즉, 욕심을 억누르기를 마치 홍수로 넘쳐나는 물을 막듯이 단단하게 해야 한다.

『近思錄(근사록)』에서 말하였다.

"분노를 참기를 불을 끄듯이 하고, 욕심을 억누르기를 물을 막듯이 하라."

夷堅志云 "避色을 如避讐하고 避風을 如避箭하며
이견지 운 피색 여 피수 피풍 여 피전

莫喫空心茶하고 少食中夜飯하라."
막끽공심다 소식중야반

夷堅志云 (오랑캐 이, 굳을 견, 뜻 지, 말할 운)

『夷堅志(이견지)』에 이르기를. 『이견지』는 중국 송나라 홍매(洪邁:1123~1202)가 엮은 설화집(說話集)이다. 송나라 초부터 그가 살아 있을 때까지 당시 사회와 민간의 이상한 사건이나 괴담을 모은 책이다. 총 420권으로 되어 있는데 이견(夷堅)이란 박물군자(博物君子)의 이름이라고 하고, 지(志)는 사물의 변천이나 연혁을 기록한 것을 말한다. 현재 약 절반만이 전해진다.

避色如避讐 (피할 피, 색 색, 같은 여, 피할 피, 원수 수)

이성(異姓)을 피하기를 원수 피하듯이 하고. 이성을 극도로 조심하고.

避風如避箭 (피할 피, 바람 풍, 같을 여, 피할 피, 화살 전)

바람을 피하는 것을 화살 피하듯이 하라. 바람을 맞는 것이 건강에 좋지 않다는 의미이다.

莫喫空心茶 (말 막, 마실 끽, 빌 공, 마음 심, 차 다)

莫喫(막끽)은 마시지 말라. 空心(공심)은 빈 속[空腹]을 의미. 빈 속에 차를 마셔서는 안 된다.

少食中夜飯(적을 소, 먹을 식, 가운데 중, 밤 야, 밥 반)

중야(中夜)는 한밤중. 한밤중에는 적게 먹어라.

『夷堅志(이견지)』에서 말하였다.

“異性(이성) 피하기를 원수 피하듯이 하고, 바람 피하기를 화살 피하는 것 같이 하며, 빈속에 차를 마시지 말고, 밤중에 밥을 적게 먹어라.”

荀子曰 “無用之辯과 不急之察을 棄而勿治하라.” 『荀子』「天論」

순자 왈 무용지변 불급지찰 기이물치

荀子曰(풀이름 순, 선생 자, 말할 왈)

荀子(순자)가 말하길. 순자(기원전 313?~238)는 전국시대 말기 조(趙)나라 사람. 성은 순(荀)씨고, 이름은 황(況)이다. 순경(荀卿) 또는 손경자(孫卿子) 등으로 존칭된다. 『사기』에 전기가 전하는데 정확성이 없지만, 50살(일설에는 15살) 무렵에 제(齊)나라에 유학하고, 진(秦)나라와 조나라에서 유세했다. 제나라의 왕건(王建) 때 다시 제나라로 돌아가 직하(稷下)의 학사 중 최장로(最長老)로 존경받았다. 뒷날 그곳을 떠나 초(楚)나라 춘신군(春申君)의 천거로 난릉(蘭陵)의 수령이 되었다. 기원전 238년 춘신군이 암살되자 벼슬에서 물러나 그곳에서 문인교육과 저술에 전념하며 여생을 마쳤다. 예의로써 사람의 성질을 교정할 것을 주장하고 맹자의 성선설에 대하여 성악설을 제창하였다. 현존하는 『순자』 20권 32편은 유향(劉向)이 당시 있었던 32편을 편집하여 『손경신서(孫卿新書)』 32편으로 편찬한 것을, 당나라 양량(楊倞)이 순서를 바꾸고 주를 붙여 『손경자(孫卿子)』라 했고, 나중에 간단히 『순자』라 불리게 되었다.

無用之辯 (없을 무, 쓸 용, 어조사 지, 말잘할 변)

쓸 데 없는 논변[논쟁]. 辯(변)과 유사한 모양으로 변(辨:분별할) 판(辦:힘쓸)이 있다.

不急之察 (아니 불, 급할 급, 어조사 지, 살필 찰)

급하지 않는 살핌. 여기서 살핌은 일을 의미한다. 급하지 않는 일에 몰두하는 것.

棄而勿治 (버릴 기, 말이을 이, 말 물, 다스릴 치)

버리고서 다스리지 말라. 나서서 해결하려 들지 말라.

荀子(순자)가 말하였다.

"쓸 데 없는 논쟁이나 급하지 않은 일은 버려두고 해결하려 들지 말라."

子曰(자왈) "衆(중)이 好之(호지)라도 必察焉(필찰언)하며 衆(중)이 惡之(오지)라도 必察焉(필찰언)하라.

酒中不語(주중불어)는 眞君子(진군자)요 財上分明(재상분명)은 大丈夫(대장부)니라.

萬事從寬(만사종관)이면 其福自厚(기복자후)니라."

『論語』「衛靈公」

子曰 (선생 자, 말할 왈)

孔子(공자)께서 말씀하셨다.

衆好之必察焉 (무리 중, 좋아할 호, 어조사 지, 반드시 필, 살필 찰, 어조사 언)

衆好之(중호지), 여러 사람들이 그것을 좋아하더라도 必察焉(필찰언), 반드시 직접 살펴봐야 하고. 焉(언)은 종결사.

衆惡之必察焉 (무리 중, 미워할 오, 어조사 지, 반드시 필, 살필 찰, 어조사 언)

여러 사람들이 그것을 싫어하더라도 반드시 직접 살펴봐야 한다.

酒中不語眞君子(술 주, 가운데 중, 아니 불, 말 어, 참 진, 임금 군, 선생님 자)

술 속에서 말을 하지 않는 것은 참된 군자이다. 酒中(주중)은 술 속에 든 것이니 술에 취한 상태이고, 不語(불어)는 쓸 데 없는 말을 하지 않는다는 의미.

財上分明大丈夫(재물 재, 위 상, 나눌 분, 밝을 명, 큰 대, 어른 장, 사내 부)

財上(재상)은 재산 상의. 분명한 사람은 大丈夫(대장부)이다. 돈 관계가 분명한 사람이 대장부라는 의미.

萬事從寬其福自厚(온갖 만, 일 사, 따를 종, 너그러울 관, 그 기, 복 복, 스스로 자, 두터울 후)

萬事從寬(만사종관), 온갖 일에 너그러움을 따르면, 너그럽게 대하면. 其福自厚(기복자후), 그 (사람의) 복이 저절로 두터워질 것이다. 모든 일에 너그럽게 대하면 복이 저절로 온다는 의미.

孔子(공자)께서 말씀하셨다.

"여러 사람이 좋아하더라도 반드시 직접 살펴야 하며, 여러 사람이 미워하더라도 반드시 직접 살펴야 한다. 술 취한 가운데서도 쓸데없는 말은 하지 않는 것이 참다운 군자요, 재물에 있어서도 분명하면 대장부이다. 모든 일에 너그럽게 대하면 그 복이 저절로 찾아올 것이다."

太公曰 "欲量他人인대 **先須自量**하라.
태공 왈 욕량타인 선수자량

傷人之語는 **還是自傷**이니 **含血噴人**이면 **先汚其口**니라.
상인지어 환시자상 함혈분인 선오기구

凡戱는 **無益**이요, **惟勤**이 **有功**이니라."
범희 무익 유근 유공

太公曰(클 태, 벼슬 공, 말할 왈)

姜太公(강태공)이 말하였다.

欲量他人(하고자할 욕, 헤아릴 양, 남 타, 남 인)

다른 사람을 헤아리고자 한다면. 다른 사람이 어떤 사람인지 판단하거나 평가하고자 한다면.

先須自量(먼저 선, 모름지기 수, 스스로 자, 헤아릴 양)

先須(선수), 우선 ~해야 한다. 우선 자신을 먼저 헤아려야 한다. 자신을 되돌아봐야 한다.

傷人之語(상할 상, 남 인, 어조사 지, 말 어)

남을 상하게 하는 말은.

還是自傷(도리어 환, 이 시, 스스로 자, 상할 상)

還是(환시), 도리어 ~이다. 도리어 자신을 상하게 한다.

含血噴人(머금을 함, 피 혈, 뿜을 분, 남 인)

含血(함혈), 피를 머금고. 噴人(분인), 남에게 뿜으면.

先汚其口(먼저 선, 더러울 오, 그 기, 입 구)

먼저 그 자신의 입이 더러워진다.

凡戲無益(무릇 범, 놀 희, 없을 무, 이익 익)

무릇 노는 것, 遊戲(유희)는 이익이 없고. 놀기만 하면 아무런 이득이 없고.

惟勤有功(오직 유, 부지런할 근, 있을 유, 공 공)

오직 부지런함만이 功(공)이 있다.

太公(태공)이 말하였다.

"남을 헤아리고자 한다면 먼저 스스로를 반드시 헤아려야 한다. 남에게 상처

를 주는 말은 도리어 스스로를 해치는 것이니, 피를 머금어 남에게 뿜으면 먼저 자기의 입이 더러워진다. 모든 遊戱(유희)는 무익하고, 오직 근면만이 功(공)이 있다.

太公曰 "瓜田에 不納履하고 李下에 不整冠이니라."
태공 왈 과전 불납리 이하 부정관

太公曰 (클 태, 벼슬 공, 말할 왈)

姜太公(강태공)이 말하였다.

瓜田不納履 (오이 과, 밭 전, 아니 불, 들일 납, 신 리)

오이밭에는 신을 들이지 말며. 오이밭에는 들어가지도 말라.

李下不整冠 (오얏 리, 아래 하, 아니 불, 가지런히할 정, 갓 관)

오얏나무 아래에서는 관을 가지런히 고쳐 쓰지 말라. 여기서 李(리)는 자두[紫桃], 즉 자두나무의 열매를 말한다. 모양은 복숭아와 비슷한데 조금 작고 신맛이 있다. 가경자(嘉慶子) 또는 자리(紫李)라고도 한다. 특히 대한제국이 들어서면서 오얏꽃은 왕실을 대표하는 문장(紋章)으로 사용하기도 하였다.

太公(태공)이 말하였다.

"남의 오이 밭에는 들어가지도 말고, 남의 오얏나무 아래에선 관을 고쳐 쓰지 말라."

景行錄曰 "心可逸이언정 形不可不勞요,
경행록 왈 심 가일 형 불가불 로

道可樂이언정 身不可不憂니 形不勞則怠惰易弊하고
도 가락 신 불가불 우 형 불로즉 태타이폐

身不憂則荒淫不定이라. 故로 逸生於勞而常休하고
신 불우즉 황음부정 고 일 생어로이 상휴

樂生於憂而無厭하나니 逸樂者는 憂勞를 其可忘乎아.
락 생어우이 무염 일락자 우로 기가망호

景行錄曰 (햇빛 경, 다닐 행, 기록할 록, 말할 왈)

『景行錄(경행록)』에서 말하였다.

心可逸形不可不勞 (마음 심, 가할 가, 편안할 일, 몸 형, 아닐 불, 수로고울 로)

心可逸(심가일), 마음이 편안할 수 있어도. 形不可不勞(형불가불로), 몸은 수고롭지 않을 수 없다. 不可不(불가불)은 ~하지 않을 수 없다. 꼭 그렇게 해야 한다. 마음은 편안할지언정 몸은 수고롭게 애써 움직여야 한다.

道可樂身不可不憂 (도 도, 가할 가, 즐길 락, 몸 신, 아닐 불, 근심 우)

도는 즐길 수 있어도, 몸은 근심하지 않을 수 없다. 도는 즐길지언정 마음에서는 항상 걱정하고 준비해야 한다.

形不勞則怠惰易弊 (몸 형, 아니 불, 수고로울 로, 곧 즉, 게으를 태, 게으를 타, 쉬울 이, 무너질 폐)

몸이 수고롭지 않으면, 게을러져서 쉽게 허물어지고.

身不憂則荒淫不定 (몸 신, 아니 불, 근심 우, 곧 즉, 거칠 황, 음란할 음, 아니 불, 정할 정)

몸이 근심하지 않으면, 거칠고 음란해져 안정되지 못한다.

故逸生於勞而常休 (까닭 고, 편안할 일, 날 생, 어조사 어, 수고로울 로, 말이을 이, 항상 상,

기쁠 휴)

그러므로 편안함은 수고로움에서 생기니 항상 기쁘게 생각하고. 삶의 편안함은 몸의 수고로움에서 생긴다.

樂生於憂而無厭(즐길 락, 날 생, 어조사 어, 근심 우, 말이을 이, 없을 무, 싫을 염)

즐거움은 근심에서 생겨나니 싫어하지 말라. 삶의 즐거움은 근심하고 걱정하여 대비하는 데에서 생겨난다.

逸樂者(편안할 일, 즐길 락, 사람 자)

편안하고 즐거운 사람이.

憂勞其可忘乎(근심 우, 수고로울 로, 그 기, 가할 가, 잊을 망, 어조사 호)

可忘乎(가망호), 잊을 수 있겠는가? 걱정과 수고로움을 어찌 잊을 수 있겠는가?

耳不聞人之非하고 目不視人之短하고 口不言人之過라야
이 불문 인지비 목 불시 인지단 구 불언 인지과

庶幾君子니라."
서기군자

耳不聞人之非(귀 이, 아니 불, 들을 문, 남 인, 어조사 지, 아닐 비)

귀로는 듣지 않는다. 人之非(인지비), 남의 잘못을.

目不視人之短(눈 목, 아니 불, 볼 시, 남 인, 어조사 지, 부족할 단)

눈으로는 보지 않는다. 人之短(인지단), 남의 단점을.

口不言人之過(입 구, 아니 불, 말 언, 남 인, 어조사 지, 허물 과)

입으로는 말하지 않는다. 人之過(인지과), 남의 허물을.

庶幾君子(거의 서, 기미 기, 임금 군, 선생 자)

서기(庶幾)는 '거의 ~에 가깝다'는 의미. 거의 군자에 가깝다. 이 정도면 군자라 할 수 있다.

『景行錄(경행록)』에서 말하였다.

"마음은 편안할지언정 몸은 수고로워야 되고, 도는 즐길지언정 마음은 걱정해야 한다. 몸이 수고롭지 않으면 게을러서 허물어지기 쉽고, 마음으로 걱정하지 않으면 음란해져서 안정되지 못한다. 그러므로 편안함은 수고로움에서 생기니 항상 기쁘고, 즐거움은 근심에서 생기니 싫증이 없나니, 편안하고 즐거운 사람이 근심과 수고로움을 어찌 잊을 수 있겠는가? 귀로는 남의 잘못을 듣지 말고, 눈으로는 남의 부족한 점을 보지 말고, 입으로는 남의 허물을 말하지 않으면 거의 군자에 가깝다."

蔡伯喈曰 "喜怒는 在心하고 言出於口하나니
채백개 왈 희노 재심 언 출어구

不可不愼이니라."
불가불 신

蔡伯喈曰(거북 채, 맏 백, 새소리 개, 말할 왈)

蔡伯喈(채백개)가 말하길. 채백개(133~192)는 중국 후한 때의 문인이자 서예가로 자는 伯喈(백개), 이름은 邕(옹)이다. 그는 후한 말기 진류(陳留) 어현(圉縣) 사람. 젊어서부터 박학하기로 이름이 높았고 문장과 수술(數術), 천문, 음률에 뛰어났다. 영자필법(永字筆法)을 고안하였다. 영제(靈帝) 때 사도(司徒) 교현(橋玄)에게 불려 건녕(建寧) 3년(170) 낭중(郎中)이 되고, 동관(東觀)에서 교정에 종사한 뒤 의랑(議郎)으로 옮겼다. 희평(熹平) 4년(175) 당계전(堂溪典) 등과 육경(六經)의 문자평정(文字平定)을 주청하여 스스로 비(碑)에 써서 새긴 뒤 태학(太學)의 문 밖에 세웠다. 이것이 '희평석경(熹平石經)'이다. 나중에 글을 올려 조정의 득실을 논하다가 중상시(中常侍)

정황(程璜)의 모함에 빠져 해를 당하고 북방으로 쫓겨났다. 사면을 받은 뒤에도 다시 환관들의 핍박을 받아 강해(江海)에서 10여 년 동안 칩거했다. 중평(中平) 6년(189) 동탁(董卓)이 집권하자 발탁되어 좨주(祭酒)가 되고, 상서(尙書)를 거쳐 좌중랑장(左中郞將)까지 승진해 고양향후(高陽鄕侯)에 봉해졌다. 동탁이 죽임을 당한 뒤 사도(司徒) 왕윤(王允)에게 체포되었는데, 자청하여 경형(黥刑)과 월형(刖刑)을 받아 『한사(漢史)』를 마칠 것을 요청했지만 불허되고 옥사했다. 저서에 조정의 제도와 칭호에 대하여 기록한 『독단(獨斷)』과 시문집 『채중랑집(蔡中郞集)』이 있다. 비자체(飛字體)를 창시했다.

喜怒在心 (기쁠 희, 성낼 노, 있을 재, 마음 심)

기쁨과 성냄이 모두 마음에 달려 있다.

言出於口 (말 언, 날 출, 어조사 어, 입 구)

말은 입에서 나오고.

不可不愼 (아니 불, 가할 가, 삼갈 신)

삼가지 않을 수 없다.

蔡伯喈(채백개)가 말하였다.

"기뻐하고 성내는 것은 마음에 달려 있고, 말은 입 밖으로 나가는 것이니 삼가지 않을 수 없다."

宰予(재여) 晝寢(주침)이어늘 子曰(자왈) 朽木(후목)은 不可雕也(불가조야)요

糞土之墻(분토지장)은 不可杇也(불가오야)니라

『論語』「公冶長」

宰予晝寢 (재상 재, 나 여, 낮 주, 잠잘 침)

宰予(재여)가 낮잠을 자고 있었다. 재여(기원전 522~458)는 춘추시대 말기 노(魯)나라 사람. 자는 자아(子我) 또는 재아(宰我)라 했다. 공자(孔子)의 제자로, 언어에 뛰어났다. 일찍이 제(齊)나라에서 벼슬하여 임치대부(臨淄大夫)가 되었다. 공자가 3년상을 지내도록 한 것에 대해 이의(異議)를 제기해 공자로부터 불인(不仁)하다는 비난을 들었다.

子曰 (선생 자, 말할 왈)

그러자 孔子(공자)께서 말씀하셨다.

朽木不可雕也 (썩을 후, 나무 목, 아니 불, 가할 가, 새길 조, 어조사 야)

썩은 나무는 조각을 할 수 없고.

糞土之墻不可圬也 (똥 분, 흙 토, 어조사 지, 담 장, 아니 불, 가할 가, 흙손 오, 어조사 야)

糞土之墻(분토지장), 썩은 똥을 섞은 흙으로 만든 담장. 썩은 흙으로 만든 담장은 흙손질을 할 수 없다.

宰予(재여)가 낮잠을 자고 있었다. 孔子(공자)께서 말씀하셨다.
"썩은 나무는 조각할 수 없고, 썩은 흙으로 만든 담은 흙손질을 할 수 없다."

紫虛元君誠諭心文曰 福生於清儉하고 **德生於卑退**하고
자허원군 성유심문 왈 복 생어청검 덕 생어비퇴

道生於安靜하고 **命生於和暢**하고 **患生於多慾**하고
도 생어안정 명 생어화창 환 생어다욕

禍生於多貪하고 **過生於輕慢**하고 **罪生於不仁**이니라.
화 생어다탐 과 생어경만 죄 생어불인

紫虛元君誠諭心文曰 (자주빛 자, 빌 허, 으뜸 원, 임금 군, 정성 성, 깨우칠 유, 마음 심, 글월 문, 말할 왈)

紫虛元君(자허원군)이 「誠諭心文(성유심문)」에서 이르길. 자허원군은 도교와 관련된 사람으로 보이나 누구인지 알 수는 없다. 성유심문은 정성으로 마음을 깨우쳐주는 글이라는 의미.

福生於清儉(복 복, 날 생, 어조사 어, 맑을 청, 검소할 검)

복은 淸儉(청검), 즉 맑고 검소한 데에서 생겨나고. 於(어)는 처소격 조사로 '~에서'란 의미.

德生於卑退(덕 덕, 낮을 비, 물러날 퇴)

덕은 卑退(비퇴), 즉 낮고 물러서는 데에서 생겨나고. 스스로를 낮추고 겸손한 데에서 생겨난다.

道生於安靜(도 도, 편안할 안, 고요할 정)

도는 安靜(안정), 즉, 편안하고 고요한 데에서 생겨난다.

命生於和暢(목숨 명, 화목할 화, 펼 창)

생명은 和暢(화창), 즉 온화하고 맑은 데에서 생겨난다.

患生於多慾(근심 환, 많을 다, 욕심 욕)

근심은 多慾(다욕), 즉 지나친 욕심에서 생겨나고.

禍生於多貪(재앙 화, 탐할 탐)

재양은 多貪(다탐), 즉 지나친 탐욕에서 생겨나고.

過生於輕慢(허물 과, 가벼울 경, 오만할 만)

허물은 輕慢(경만), 즉 가볍고 오만한 데에서 생겨나고.

罪生於不仁(죄 죄, 아니 불, 어질 인)

죄는 어질지 않은 데에서 생겨난다.

戒眼하여 莫看他非하고 戒口하여 莫談他短하고
계안 막간타비 계구 막담타단

戒心하여 莫自貪嗔하고 戒身하여 莫隨惡伴하며
계심 막자탐진 계신 막수악반

無益之言을 莫妄說하고 不干己事를 莫妄爲하며
무익지언 막망설 불간기사 막망위

尊君王孝父母하고 敬尊長奉有德하고 別賢愚恕無識하며
존군왕 효부모 경존장 봉유덕 별현우 서무식

物順來而勿拒하고 物旣去而勿追하며 身未遇而勿望하고
물 순래이 물거 물 기거이 물추 신 미우이 물망

事已過而勿使하라
사 이과이 물사

戒眼莫看他非(삼갈 계, 눈 안, 말 막, 볼 간, 남 타, 잘못 비)

戒眼(계안), 눈을 경계하여. 莫看(막간)은 보지 말라. 남의 잘못을 보지 말며.

戒口莫談他短(입 구, 말 말, 말씀 담, 남 타, 부족할 단)

입을 경계하여 남의 단점을 말하지 말며.

戒心莫自貪嗔(마음 심, 말 막, 스스로 자, 탐할 탐, 성낼 진)

마음을 경계하여 스스로 탐내고 성내지 말며.

戒身莫隨惡伴(삼갈 계, 몸 신, 말 막, 따를 수, 악할 악, 짝 반)

몸을 경계하여 악한 짝을 따르지 말며. 나쁜 친구와 함께 하지 말라.

無益之言莫妄說(없을 무, 이익 익, 어조사 지, 말 언, 말 막, 함부로 망, 말할 설)

무익한 말은. 莫妄說(막망설), 함부로 말하지 말며.

不干己事莫妄爲(아니 불, 간여할 간, 자기 기, 일 사, 말 막, 함부로 망, 할 위)

不干己事(불간기사), 자기와 관계없는 일은. 干(간)은 관여되다. 함부로 하지 말며.

尊君王孝父母(높일 존, 임금 군, 임금 왕, 효도 효, 아버지 부, 어머니 모)

군왕을 존중하고 부모에게 효도하며.

敬尊長奉有德(공경할 경, 높일 존, 어른 장, 받들 봉, 있을 유, 덕 덕)

尊長(존장)을 공경하고 덕 있는 사람을 받들며. 존장은 일가친척이 아닌 사람으로서 자기보다 나이가 많은 사람, 즉 웃어른이다.

別賢愚恕無識(분별할 별, 어질 현, 어리석을 우, 용서할 서, 없을 무, 알 식)

어진 사람과 어리석은 사람을 분별하고 무식한 사람을 용서하며. 恕無識(서무식)은 몰라서 저지른 잘못은 용서하라는 의미.

物順來而勿拒(만물 물, 따를 순, 올 래, 말이을 이, 말 물, 거부할 거)

만물이 순리대로 왔으면 거부하지 말며. 순리대로 온 일이라면 순순히 맞이하고.

物旣去而勿追(만물 물, 이미 기, 갈 거, 말이을 이, 말 물, 쫓을 추)

만물이 이미 갔으면 뒤쫓지 말며. 이미 끝난 일에 대해서는 연연하지 말라는 의미.

身未遇而勿望(몸 신, 아닐 미, 만날 우, 말이을 이, 말 물, 바랄 망)

身未遇(신미우), 나 자신이 운때를 만나지 않았거든. 勿望(물망), 바라지 말며. 미련을 갖지 말며.

事已過而勿思(일 사, 이미 이, 지날 과, 말이을 이, 말 물, 생각 사)

일이 이미 지나갔거든 생각하지 말라.

聰明도 多暗昧요 算計도 失便宜니라 損人終自失이요
총명 다 암매 산계 실 편의 손인 종 자실

依勢禍相隨라 戒之在心하고 守之在氣라
의세 화 상수 계지재심 수지재기

爲不節而亡家하고 因不廉而失位니라
위 부절이 망가 인 불염이 실위

勸君自警於平生하노니 可歎可驚而可畏니라
권군 자 경어평생 가탄가경이 가외

上臨之以天鑑하고 下察之以地祇라 明有王法相繼하고
상 임지이 천감 하 찰지이 지기 명 유 왕법상계

暗有鬼神相隨라 惟正可守요 心不可欺니 戒之戒之하라
암 유 귀신상수 유정가수 심불가기 계지계지

聰明多暗昧 (귀밝을 총, 밝을 명, 많을 다, 어두울 암, 어두울 매)

총명한 사람도 暗昧(암매), 사리분별에 어두울 때가 많다.

算計失便宜 (셀 산, 셀 계, 잃을 실, 편할 편, 마땅할 의)

계산을 해도 便宜(편의)를 잃을 수 있다. 계획을 잘 세웠어도 불편하거나 마땅하지 않을 때가 있다.

損人終自失 (덜 손, 남 인, 끝날 종, 스스로 자, 잃을 실)

남에게 손해를 주면 끝내는 자기도 잃을 것이다.

依勢禍相隨 (의지할 의, 세력 세, 재앙 화, 서로 상, 따를 수)

권세에 의지하면 재앙이 서로 따를 것이다. 권력을 믿고 행동하면 재앙이 이를 것이다.

戒之在心 (경계할 계, 어조사 지, 있을 재, 마음 심)

경계할 것은. 之(지)는 주격 조사. 마음에 있다. 자신의 마음을 항상 경계하고.

守之在氣(지킬 수, 어조사 지, 있을 재, 기운 기)

지킬 것은 기운에 있다. 자신의 氣(기)를 잘 지켜야 한다. 지나치게 성을 내거나 욕심을 내서 기가 일시적으로 상하는 일을 줄여야 한다는 의미이다.

爲不節而亡家(할 위, 아니 불, 절약할 절, 말이을 이, 망할 망, 집 가)

절약하지 않으면 집안을 망친다.

因不廉而失位(원인 인, 아니 불, 청렴할 렴, 말이을 이, 잃을 실, 자리 위)

청렴하지 않음으로 인하여 지위를 잃는다. 청렴하지 않으면 자기 자리를 잃게 된다.

勸君自警於平生(권할 권, 임금 군, 스스로 자, 경계할 경, 어조사 어, 평평할 평, 날 생)

勸君(권군), 그대에게 권한다. 君(군)은 임금이 아니라 3인칭으로 '당신, 그대' 정도로 해석하면 된다. 평생 동안 스스로 경계하도록 하라.

可歎可驚而可畏(가할 가, 탄식할 탄, 놀랄 경, 말이을 이, 두려울 외)

탄식할 만하고 놀랄만 하고 두려워할 만하다.

上臨之以天鑑(위 상, 임할 임, 그 지, 써 이, 하늘 천, 거울 감)

上臨之(상임지), 위에서는 그대를 내려다보고 있다. 天鑑(천감), 하늘의 거울로써.

下察之以地祇(아래 하, 살필 찰, 그 지, 써 이, 땅 지, 토지신 기)

下察之(하찰지), 아래에서는 그대를 살피고 있다. 地祇(지기), 땅의 토지신들이.

明有王法相繼(밝을 명, 있을 유, 임금 왕, 법 법, 서로 상, 이을 계)

밝은 곳에는 王法(왕법)이 서로 이어져 있고. 여기서 왕법은 제왕의 법을 의미.

暗有鬼神相隨(어두울 암, 있을 유, 귀신 귀, 귀신 신, 서로 상, 따를 수)

어두운 곳에서는 귀신이 서로 따르고 있다.

惟正可守(오직 유, 바를 정, 가할 가, 지킬 수)

오직 바른 것을 지킬 수 있어야 하며.

心不可欺(마음 심, 아니 불, 가할 가, 속일 기)

마음을 속여서는 안 된다.

戒之戒之(경계할 계, 그것 지)

그것을 경계하고 경계하라.

紫虛元君(자허원군)이 「誠諭心文(성유심문)」에서 말하였다.

"복은 맑고 검소한 데서 생기고, 덕은 자기를 낮추고 물러서는 데서 생기며, 도는 편안하고 고요함에서 생기고, 생명은 화목하고 열린 데에서 생겨난다. 근심은 욕심이 많은 데서 생기고, 재앙은 탐욕이 많은 데서 생기며, 허물은 가볍고 오만한 데서 생기고, 죄악은 어질지 못한 데서 생긴다.

눈을 경계하여 남의 잘못을 보지 말고, 입을 경계하여 다른 사람의 부족한 점을 말하지 말고, 마음을 경계하여 스스로 탐내고 성내지 말고, 몸을 경계하여 나쁜 짝을 따르지 말며, 무익한 말은 함부로 하지 말고, 나에게 관계없는 일은 함부로 하지 말라. 임금을 높이고 부모에게 효도하며, 尊長(존장)을 공경하고 덕이 있는 사람을 받들며, 어진 사람과 어리석은 사람을 분별하고 무식한 사람을 용서하라. 일이 순리대로 오거든 물리치지 말고, 일이 이미 지나갔거든 뒤쫓지 말며, 자신이 아직 때를 만나지 않았거든 바라지 말고, 일이 이미 지나갔거든 연연해하지 마라.

총명한 사람도 어두운 때가 많고, 아무리 계산해도 편의를 잃는 수가 있다. 남에게 손해를 입히면 마침내 자기도 손실을 입을 것이요, 세력에 의존하면 재앙이 서로 따른다. 경계할 것은 마음에 있고, 지킬 것은 기운에 있다. 절약하지 않으면 집을 망치고, 청렴하지 않아서 지위를 잃는다.

그대에게 평생을 두고 스스로 경계할 것을 권고하노니, 탄식할 만하고 놀랄

만하고 두려워할 만하다. 위에서는 하늘의 거울로 그대를 굽어보고, 아래에서는 땅의 신령이 그대를 살피고 있다. 밝은 곳에는 王法(왕법)이 서로 이어져 있고, 어두운 곳에는 귀신이 서로 따르고 있다. 오직 바른 것을 지켜야 하고 마음을 속여서는 안 되느니라. 이 모든 것을 경계하고 경계하라."

제6장

安안 分분

景行錄云 "知足可樂이요 務貪則憂니라.
경행록 운 지족가락 무탐즉 우

知足者는 貧賤亦樂이요, 不知足者는 富貴亦憂니라."
지족자 빈천역락 부지족자 부귀역우

景行錄云 (햇빛 경, 다닐 행, 기록할 록, 이를 운)

『景行錄(경행록)』에서 말하였다.

知足可樂 (알 지, 만족 족, 가할 가, 즐길 락)

만족을 알면 즐거울 수 있고,

務貪則憂 (힘쓸 무, 탐할 탐, 곧 즉, 근심 우)

탐욕에 힘쓰면 곧 근심하게 된다. 욕심 때문에 더 갖지 못해서 걱정이다.

知足者貧賤亦樂 (알 지, 만족 족, 사람 자, 가난 빈, 천할 천, 또한 역, 즐길 락)

만족을 아는 사람은 가난하고 천해도 즐거울 수 있으며,

不知足者富貴亦憂 (아니 부, 알 지, 만족 족, 사람 자, 넉넉할 부, 귀할 귀, 또한 역, 근심 우)

만족을 모르는 사람은 넉넉하고 귀해도 근심하게 된다. 더 많은 부귀를 갖지 못해

서 걱정이고, 또 부귀를 잃을까 걱정이다.

『景行錄(경행록)』에서 말하였다.

"만족할 줄 알면 즐거울 수 있을 것이요, 탐욕에 힘쓰면 근심하게 된다. 만족할 줄 아는 사람은 가난하고 천하여도 즐거울 수 있으며, 만족할 줄 모르는 사람은 넉넉하고 귀하여도 근심하게 된다.

濫想은 徒傷神이요 妄動은 反致禍니라.
남상 도 상신 망동 반 치화

知足常足이면 終身不辱하고, 知止常止면 終身無恥니라.
지족상족 종신불욕 지지상지 종신무치

濫想徒傷神(넘칠 람, 생각 상, 한갓 도, 상할 상, 정신 신)

濫想(남상), 넘치는 생각은. 한갓 정신을 상하게 하고. 지나친 생각은 정신을 상하게 할 뿐이다.

妄動反致禍(함부로 망, 움직일 동, 도리어 반, 이를 치, 재앙 화)

함부로 행동하면 도리어 재앙이 이른다. 치(致)는 '~에 이르다'가 본뜻이지만, 의미가 확장되어 '~을 이루다, ~이 되다'는 뜻도 된다. 위에서도 '致禍(치화)'의 1차적인 의미는 '재앙이 이른다'는 뜻이지만, 결국 '재앙을 이룬다, 재앙이 찾아온다'는 뜻이다.

知足常足(알 지, 만족 족, 항상 항, 만족 족)

만족할 줄 알아서 항상 만족하면.

終身不辱(마칠 종, 몸 신, 아니 불, 욕될 욕)

終身(종신)토록, 죽을 때까지 욕되지 않고. 욕을 보지 않는다.

知止常止(알 지, 그칠 지, 항상 항, 그칠지)

멈출 바를 알아 항상 멈추면.

終身無恥(마칠 종, 몸 신, 없을 무, 부끄러울 치)

죽을 때까지 부끄러움이 없을 것이다.

지나친 생각은 한갓 정신을 상하게 할 뿐이요, 함부로 행동하면 도리어 재앙이 이른다. 만족할 줄 알아 늘 만족스러워 하면 죽을 때까지 욕되지 않고, 멈출 바를 알아 항상 멈추면 죽을 때까지 부끄러움이 없을 것이다.

書曰 "滿招損하고 謙受益이니라." 『書經』「大禹謨」
서왈 만 초손 겸 수익

書曰(책 서, 말할 왈)

『書經(서경)』에서 이르길. 『서경』은 공자가 편찬한 것으로, 중국 고대의 政事(정사)에 관한 내용을 담고 있다. 『시경』과 더불어 가장 일찍 동양의 경서로 정착된 문헌이자 最古(최고)의 산문집이다. 先秦(선진) 때는 단지 서(書)라고 칭하다가 한나라 때부터 『상서(尙書)』라 칭하기도 했다. 요(堯) · 순(舜)부터 시작하여 진(秦)의 목공(穆公)까지 기록 대상으로 삼았다. 우서(虞書) · 하서(夏書) · 상서(尙書) · 주서(周書)로 분류된다. 원래는 100편이었으나 58편이 현재 남아 있다. 그 중 33편은 한나라 초기에 복생(伏生)이 쓴 금문상서(今文尙書)이고, 나머지 25편은 전한(前漢) 시대에 공씨(孔氏)의 벽(壁)에서 나온 고문상서(古文尙書)인데, 이와 공안국(孔安國)의 전(傳)은 진인(晋人)의 위작(僞作)이라고 한다. 이 서경을 흔히 상서(尙書)이라고 한다.

滿招損(가득찰 만, 부를 초, 덜 손)

가득 찬 것은 손실을 부른다. 가득차고 나면 반드시 덜어지기 마련이다.

謙受益 (겸손할 겸, 받을 수, 더할 익)

겸손하면 이익을 받는다. 자신을 낮추면 더해지는 이익이 있다.

『書經(서경)』에서 말하였다.

"가득 차면 손실을 부르고, 겸손하면 이익을 받는다."

安分吟曰 "安分身無辱이요 知幾心自閑이니
안분음 왈 안분 신무욕 지기 심자한

雖居人世上이나 却是出人間이니라."
수거 인세상 각시 출인간

安分吟曰 (편안 안, 분수 분, 읊을 음, 말할 왈)

安分吟(안분음)에서 말하길. 송나라 때의 「安分詩(안분시)」를 말하는데, 작가는 미상이다. 청주본(淸州本)에는 「격양시(擊壤詩)」로 되어 있다.

安分身無辱 (편안 안, 분수 분, 몸 신, 없을 무, 욕될 욕)

安分(안분)하면, 자기 분수를 편안히 여기면. 몸에 욕됨이 없다.

知幾心自閑 (알 지, 기미 기, 마음 심, 스스로 자, 한가할 한)

知機(지기), 기미를 알면. 기미는 일의 조짐을 말한다. 마음이 저절로 한가롭다.

雖居人世上 (비록 수, 살 거, 사람 인, 세상 세, 위 상)

비록 인간 세상에 살더라도.

却是出人間 (도리어 각, 이 시, 날 출, 사람 인, 사이 간)

却是(각시)는 '도리어 ~이다'는 뜻. 도리어 인간 세상을 벗어난다. 속세의 한계로부터 벗어날 수 있다.

「安分吟(안분음)」에서 말하였다.

"자기 분수를 편안히 여기면 자기 몸에 욕됨이 없을 것이요, 기미를 알면 마음이 저절로 한가할 것이다. 비록 인간 세상에 살더라도 도리어 인간 세상을 벗어나는 것이다."

子曰 "不在其位하여는 不謀其政이니라." 『論語』「泰伯」
자왈 부재기위 불모기정

子曰 (선생 자, 말할 왈)

孔子(공자)께서 말씀하셨다.

不在其位 (아니 불, 있을 재, 그 기, 자리 위)

그 지위에 있지 않으면. 일을 맡아서 처리할 자리에 있지 않을 때는.

不謀其政 (아니 불, 꾀할 모, 그 기, 정사 정)

그 정사를 도모하지 않는다. 政事(정사)는 오늘날 정치의 좁은 범위를 넘어서는 관리가 행하는 행정적인 일처리 모두를 가리킨다.

孔子(공자)께서 말씀하셨다.

"그 지위에 있지 않으면, 그 政事(정사)를 도모하지 않는다."

제7장

存존 心심

景行錄云 "坐密室을 如通衢하고 馭寸心을 如六馬면
경행록 운 좌 밀실 여 통구 어 촌심 여 육마

可免過니라."
가 면과

景行錄云 (햇빛 경, 다닐 행, 기록할 록, 이를 운)

『景行錄(경행록)』에서 말하였다.

坐密室如通衢 (앉을 좌, 깊숙할 밀, 방 실, 같을 여, 통할 통, 거리 구)

坐密室(좌밀실), 밀실에 앉아 있어도. 마치 사방으로 통하는 네거리에 앉아있는 것과 같다.

馭寸心如六馬 (말몰 어, 치 촌, 마음 심, 같을 여, 여섯 육, 말 마)

馭寸心(어촌심), 한 치밖에 되지 않는 마음을 모는 것이. 마음을 쓰는 것이 마치 여섯 말이 끄는 마차와 같다.

可免過 (가할 가, 면할 면, 허물 과)

허물을 면할 수 있다. 앞 두 구절처럼 행동하면 잘못을 저지르지 않게 된다.

『景行錄(경행록)』에서 말하였다.

"깊은 방에 앉아 있어도 마치 사방으로 통하는 네거리에 앉은 것처럼 여기고, 작은 마음을 쓰기를 마치 여섯 필의 말을 부리듯 하면 허물을 면할 수 있다."

擊壤詩云 "富貴를 如將智力求인대 仲尼도 年少合封侯라
격양시 운 부귀 여 장지력구 중니 연소 합 봉후

世人은 不解青天意하고 空使身心半夜愁니라."
세인 불해 청천의 공사 신심 반야수

擊壤詩云 (두드릴 격, 흙 양, 시 시, 말할 운)

『擊壤詩(격양시)』에서 이르기를. 이 격양시는 송나라 소강절(邵康節)이 엮은 『이천 격양집(伊川擊壤集)』을 말한다. 요임금 때 늙은 농부가 태평시대를 즐거워하며 땅바닥을 치면서 부른 노래가 격양가(擊壤歌)인데, 여기서 시집의 이름을 빌려왔다.

富貴如將智力求 (넉넉할 부, 귀할 귀, 같을 여, 장차 장, 지혜 지, 힘 력, 구할 구)

부귀를 넉넉하고 귀한 것을. 如(여)는 ①만약 ~한다면(=若), ②~와 같다(=若)의 뜻이 있다. 여기서는 ①의 뜻이 좀 더 자연스럽다. 부귀를 만일 지혜와 힘으로 장차 구할 수 있다면.

仲尼年少合封侯 (버금 중, 산이름 니, 나이 년, 적을 소, 마땅할 합, 봉할 봉, 제후 후)

仲尼(중니)는 孔子(공자)의 자. 공자는 젊었을 때 진즉 諸侯(제후)로 봉해졌을 것이다.

世人不解青天意 (세상 세, 사람 인, 아니 불, 풀 해, 푸를 청, 하늘 천, 뜻 의)

세상 사람들이 푸른 하늘의 뜻을 이해하지 못하고. 解(해)는 '~을 깨닫다. ~을 이해하다'는 의미.

空使身心半夜愁(헛되이 공, 하여금 사, 몸 신, 마음 심, 한창 반, 밤 야, 근심 수)

부질없이 몸과 마음으로 하여금. 空(공)은 부사로 '헛되이, 부질없이, 공연히'란 의미. 半夜愁(반야수), 한밤중에 근심하게 한다.

「擊壤詩(격양시)」에서 말하였다.

"부귀를 만약 지혜와 힘으로 구할 수 있다면, 孔子(공자)도 젊은 나이에 제후에 봉해졌을 것이다. 세상 사람들은 푸른 하늘의 뜻을 알지 못하고, 부질없이 몸과 마음으로 하여금 한밤중까지 근심하게 한다."

范忠宣公(범충선공)이 戒(계)子弟(자제)曰(왈) "人雖至愚(인수지우)나 責人則(책인즉)明(명)하고,

雖有聰明(수유총명)이나 恕己則(서기즉)昏(혼)이니 爾曹(이조)는

但(단)常以(상이)責人之心(책인지심)으로 責己(책기)하고 恕己之心(서기지심)으로 恕人(서인)이면

則(즉)不患不到(불환부도)聖賢地位也(성현지위야)니라."

范忠宣公戒子弟曰(성 범, 충성 충, 베풀 선, 벼슬 공, 경계 계, 자식 자, 아우 제, 말하 왈)

范忠宣公(범충선공)이 子弟(자제)들을 경계하여 말하기를. 범충선공(1027~1101)은 북송 때의 재상으로 이름을 순인(純仁), 자는 여부(堯夫), 시호를 충선공이라 하였다. 북송 소주(蘇州) 오현(吳縣, 강소성 蘇州市) 사람. 북송 대표적인 정치가였던 범중엄(范仲淹)의 둘째 아들이다. 인종(仁宗) 황우(皇祐) 원년(1049) 진사가 되었다. 아버지가 돌아가신 뒤 출사(出仕)하여 양성지현(襄城知縣)이 되었다. 이후 시어사(侍御史)와 동지간원(同知諫院)을 지냈다. 왕안석(王安石) 변법(變法)의 부당성에 대해 격렬하게 비판하다가 하중부지주(河中府知州)로 좇겨났다. 성도로전운사(成都路轉運使)로 옮겼는데, 신법(新法)이 불편하다 하여 주현(州縣)이 급격하게 시행하지 못하도록 경계했다. 철종(哲宗) 때 급사중(給事中)이 되었다. 원우(元祐) 원년(1086) 동지추밀원사

(同知樞密院事)에 올랐다. 나중에 재상이 되었지만, 철종이 친정(親政)하자 영주안치(永州安置)로 폄적되었다. 휘종(徽宗)이 즉위한 뒤 관문전대학사(觀文殿大學士)에 임명되어 즉시 입궐하여 뵈라고 재촉했지만 눈병 때문에 귀향을 청했다. 가학(家學)을 이어받고 호원(胡瑗), 손복(孫復)의 학문을 계승했다. 학문은 충신(忠信)을 체(體)로 삼고 육경(六經)을 공(功)으로 삼았고, 충서(忠恕)를 중시했다. 시호는 충선(忠宣)이다. 저서에 『범충선문집(范忠宣文集)』이 있다.

人雖至愚責人則明 (사람 인, 비록 수, 지극할 지, 어리석을 우, 꾸짖을 책, 남 인, 곧 즉, 밝을 명)

사람이 비록 至愚(지우), 지극히 어리석어도. 至(지)는 술어로는 '~에 이르다'의 뜻이지만, 이와 같이 한정어로 쓰일 때는 (至가 명사나 서술어 앞에 쓰일 때는) '매우, 지극히'의 뜻이 된다. 責人則明(책인즉명), 남을 꾸짖는 데는 밝고.

雖有聰明恕己則昏 (비록 수, 있을 유, 귀밝을 총, 밝을 명, 용서할 서, 자기 기, 곧 즉, 어두울 혼)

비록 총명함이 있어도 자기를 용서하는 데는 어둡다. 인간은 아무리 똑똑해도 자기 합리화를 통해 자기 잘못을 인정하지 않으려는 경향이 있음을 비판하는 말이다. 진정으로 자신의 잘못을 용서하는 것은 다시는 그렇게 하지 않는 것이다. 그냥 합리화하면서 넘어가는 것은 진정한 용서가 아니다.

爾曹 (너 이, 무리 조)

너희들.

但常以責人之心責己 (단지 단, 항상 항, 써 이, 꾸짖을 책, 남 인, 어조사 지, 마음 심, 자기 기)

단지 항상 責人之心(책인지심)으로, 즉 남을 꾸짖는 마음으로. 責己(책기), 자기를 꾸짖고. 責(책)은 '꾸짖을 책, 조를 책, 구할 책' 등으로 쓰이는데, 단순히 꾸짖는 것만으로 그치는 것이 아니라 좋은 길을 가도록 요구하고 조른다는 뜻도 내포되어 있다.

恕己之心恕人 (용서할 서, 자기 기, 어조사 지, 마음 심, 남 인)

자기를 용서하는 마음으로 남을 용서하라. 본능적으로 자신을 용서하기는 쉽다.

그런 마음으로 다른 사람의 잘못도 쉽게 용서하라는 말이다.

則不患不到聖賢地位也(곧 즉, 아니 불, 근심 환, 이를 도, 성인 성, 어질 현, 땅 지, 자리 위, 어조사 야)

곧 不患(불환), 걱정하지 말라. 성인과 현인의 지위에 오르지 않을까 걱정할 것이 없다. 앞에 언급된 바대로만 하면 聖賢(성현)의 위치에 오를 것이라는 말이다.

范忠宣公(범충선공)이 자제를 경계하여 말하였다.

"사람이 비록 매우 어리석어도 남을 꾸짖는 데엔 밝고, 비록 총명해도 자기를 용서하는 데엔 어둡다. 너희들은 항상 남을 꾸짖는 마음으로써 자기를 꾸짖고, 자기를 용서하는 마음으로써 남을 용서한다면, 聖賢(성현)의 경지에 이르지 못함을 걱정할 것이 없다."

子曰(자왈) "聰明思睿(총명사예)라도 守之以愚(수지이우)하고,

功被天下(공피천하)라도 守之以讓(수지이양)하고, 勇力振世(용력진세)라도 守之以怯(수지이겁)하고,

富有四海(부유사해)라도 守之以謙(수지이겸)이니라."

子曰(선생 자, 말할 왈)

孔子(공자)께서 말씀하셨다.

聰明思睿守之以愚(귀밝을 총, 밝을 명, 생각 사, 밝을 예, 지킬 수, 그것 지, 써 이, 어리석을 우)

총명하고 思睿(사예), 생각이 슬기로와도. 睿(예)는 叡(예)와 동자(同字)로 '슬기롭다'는 뜻이다. 守之以愚(수지이우), 어리석음으로 그것을 지켜야 하고. 어리석은 듯 자기의 총명과 슬기를 내세우지 말아야 한다.

功被天下守之以讓(공로 공, 덮을 피, 하늘 천, 아래 하, 지킬 수, 그것 지, 써 이, 사양 양)

功被天下(공피천하), 공로가 천하를 덮어도. 守之以讓(수지이양), 사양으로 그것을 지켜야 하고. 자신의 공을 사양하고.

勇力振世守之以怯(날쌜 용, 힘 력, 떨칠 진, 세상 세, 지킬 수, 그것 지, 써 이, 겁낼 겁)

勇力振世(용력진세), 용맹과 힘이 세상을 떨쳐도. 守之以怯(수지이겁), 겁냄으로써 그것을 지켜야 하고. 자신의 용력을 믿고 함부로 행동하지 말고 늘 두려운 듯 조심하면서.

富有四海守之以謙(넉넉할 부, 있을 유, 넉 사, 바다 해, 지킬 수, 그것 지, 써 이, 겸손 겸)

넉넉하여 사해를 가졌어도. 守之以謙(수지이겸), 겸손으로 그것을 지켜야 한다. 천하를 소유할 만큼의 재산을 가졌다고 하더라도 항상 겸손하고.

孔子(공자)께서 말씀하셨다.

"총명하고 생각이 슬기롭더라도 어리석은 듯 자신을 내세우지 말고, 공로가 천하를 덮을 만하더라도 사양하여 자신을 지키고, 용맹과 힘이 세상에 떨칠지라도 두려운 듯 자신을 지키고, 부유하기가 온 세상을 차지할 정도라도 겸손하여 자신을 지켜야 하느니라."

素書云 "薄施厚望者는 不報하고, 貴而忘賤者는 不久니라.
소서 운 박시후망자 불보 귀이망천자 불구

施恩이어든 勿求報하고, 與人이어든 勿追悔하라."
시은 물구보 여인 물추회

素書云(바탕 소, 책 서, 말할 운)

『素書(소서)』에서 이르길. 『소서』는 秦(진)나라 말기 황석공(黃石公)이 지은 책으로, 1권 6장으로 되어있는 병법서(兵法書)이다. 민간에서는 기서(奇書) 또는 천서(天

書)로 본다. 『소서』는 도리를 종지(宗旨)로 삼는 동시에, 도(道)·덕(德)·인(仁)·의(義)·예(禮)를 입신치국(立身治國)의 근본으로 삼고, 우주 만물 자연의 운화(運化)를 추측하는 이수(理數)로 삼고 있다. 이를 통해 사물의 본질을 인식하고자 한다. 전설에 의하면, 황석공이 장량(張良)을 세 번 시험한 뒤 이 책을 그에게 주었다고 한다. 장량은 이 책에 의지하여 유방(劉邦)을 도와 천하를 평정했다.

薄施厚望者不報(엷을 박, 베풀 시, 두터울 후, 바랄 망, 사람 자, 아니 불, 갚을 보)

薄施厚望者(박시후망자), 엷게 베풀고 두터운 것을 바라는 사람은. 조금 베풀고 후한 보상을 바라는 사람은 보답을 받지 못한다.

貴而忘賤者不久(귀할 귀, 말이을 이, 잊을 망, 천할 천, 사람 자, 아니 불, 오랠 구)

貴而忘賤者(귀이망천자), 귀하게 되고서. 而(이)는 ~하고서 순접. 이전의 천할 때를 잊은 사람은 그 귀함은 오래 가지 못한다.

施恩勿求報(베풀 시, 은혜 은, 말 물, 구할 구, 갚을 보)

은혜를 베풀되 보답을 구하지 말고.

與人勿追悔(줄 여, 남 인, 말 물, 쫓을 추, 후회 회)

남에게 주고서 나중에 후회하지 말라. 追(추)는 '쫓다'이니 '나중'이란 의미.

『素書(소서)』에서 말하였다.

"조금 베풀고서 후하게 바라는 사람에게는 보답이 없고, 귀하게 되어 천했던 때를 잊은 자는 오래가지 못한다. 은혜를 베풀었다면 보답을 구하지 말고, 남에게 주었거든 후회하지 말라."

孫思邈曰 "膽欲大而心欲小하고 知欲圓而行欲方이니라.
손사막 왈 담욕대이 심욕소 지욕원이 행욕방

念念要如臨戰日하고 心心常似過橋時니라.
염념 요여 임전일 심심 상사 과교시

懼法朝朝樂이요 欺公日日憂니라."
구법 조조락 기공 일일우

孫思邈曰 (손자 손, 생각 사, 멀 막, 말할 왈)

孫思邈(손사막)이 말하길.

膽欲大而心欲小 (담력 담, 하고자할 욕, 큰 대, 말이을 이, 마음 심, 작을 소)

담력은 크게 가지고자 하되 마음가짐은 작게 가지고자 하고. 膽(담)은 과단성, 의지 등을 비유한 말이다. 뜻은 크게 갖고자 하나, 마음은 작게 하여 항상 삼가고 경계한다는 뜻이다.

知欲圓而行欲方 (알 지, 하고자할 욕, 둥글 원, 말이을 이, 행동 행, 방정할 방)

知欲圓(지욕원), 지혜는 둥글고자 하되. 막힘없이 두루두루 잘 안다는 뜻이다. 行欲方(행욕방), 행동은 방정하고자 한다. 반듯하게 행동한다는 뜻이다.

念念要如臨戰日 (생각 념, 요구할 요, 같을 여, 임할 임, 싸움 전, 날 일)

명사를 중첩해서 쓰면 '모든~, ~마다'의 뜻이다. 그러니 念念(염념)은 '모든 생각에, 생각마다'의 뜻이다. 如臨戰日(여임전일), 전쟁에 임하는 날처럼 할 것이 요구된다. 생각은 언제나 전쟁터에 나가는 날처럼 신중해야 한다.

心心常似過橋時 (마음 심, 항상 상, 같을 사, 지날 과, 다리 교, 때 시)

마음마다 항상 다리를 지나갈 때처럼 해야 한다. 옛날 다리는 요즘처럼 크고 안정적이지 못했기에 건널 때에는 조심해서 지나야 했다.

懼法朝朝樂 (두려울 구, 법 법, 아침 조, 즐길 락)

懼法(懼法), 법을 두려워하면. 아침마다 즐거울 것이요.

欺公日日憂 (속일 기, 공공 공, 날 일, 근심 우)

欺公(기공), 公共(공공)의 일을 속이면. 公共(공공)이란 여러 사람이 모여 힘을 함께 하는 것으로 공적인 일을 말한다. 날마다 걱정될 것이다.

孫思邈(손사막)이 말하였다.

"담력은 크고자 하되 마음가짐은 삼가고자 하고, 지혜는 두루 잘 알고자 하되 행동은 반듯하고자 하라. 생각마다 싸움터에 나아가는 날처럼 신중해야 하고, 마음마다 늘 다리를 건널 때와 같이 해야 하느니라. 법을 두려워하면 아침마다 즐거울 것이요, 公的(공적)인 일을 속이면 날마다 근심한다."

朱文公曰 "守口如甁하고 防意如城하라. 心不負人이면 面無慙色이니라. 人無百歲人이나 枉作千年計니라."

주문공 왈 수구여병 방의여성 심 불부인 면무참색 인 무 백세인 왕작 천년계

朱文公曰 (성 주, 글월 문, 벼슬 공, 말할 왈)

朱文公(주문공)이 말하길. 주문공은 주희(朱熹, 1130~1200)를 말한다. 文(문)은 시호이고 公(공)은 존칭이다. 주희는 송나라 휘주(徽州) 무원(婺源) 사람. 자는 원회(元晦) 또는 중회(仲晦)고, 호는 회암(晦庵)과 회옹(晦翁), 운곡산인(雲谷山人), 창주병수(滄洲病叟), 둔옹(遯翁) 등을 썼다. 존칭하여 주자(朱子)라 한다. 주송(朱松)의 아들이다. 선조는 대대로 휘주 무원의 호족으로 아버지는 관직에 있다가 당시의 재상 진회(秦檜)와의 의견충돌로 퇴직하고 우계(牛溪)에 우거했다. 이곳에서 14살 때 아버지가 죽자 유언에 따라 호적계(胡籍溪)와 유백수(劉白水), 유병산(劉屏山)에게 사사했다. 불교와 노자의 학문에도 흥미를 가졌지만, 24살 때 이동(李侗)을 만나 사숙하면서

유학에 복귀하여 그의 정통을 계승하게 되었다. 고종(高宗) 소흥(紹興) 18년(1148) 진사시험에 급제하여 동안주부(同安主簿)가 되었다. 효종(孝宗) 순희(淳熙) 연간에 남강군(南康軍)을 맡았고, 제거절동다염공사(提擧浙東茶鹽公事)로 옮겼다. 당시 절동(浙東) 지역에 큰 기근이 들자 수레를 타고 관내를 다니면서 구조하는 한편 폐단을 혁파했다. 광종(光宗) 때 장주지주(漳州知州)를 거쳐 비각수찬(秘閣修撰) 등을 지냈다. 영종(寧宗) 초에 환장각대제(煥章閣待制)로 남경(南京) 홍경궁(鴻慶宮)을 관리했다. 경원(慶元) 2년(1196) 낙직(落職)하고 귀향했다. 정호(程顥)와 정이(程頤)의 학문을 계승하고 주돈이(周敦頤)와 장재(張載) 등의 학설을 차용하여 북송 이래 이학을 집대성했다. 백록동서원(白鹿洞書院)과 악록서원(岳麓書院)에서 50여 년 동안 강학(講學)했는데, 제자가 아주 많았다. 그 학파를 일러 민학(閩學) 또는 고정학파(考亭學派), 정주학파(程朱學派)라 부른다. 한 때 한탁주(韓侂冑)에 의해 위학(僞學)이라 하여 금지 처분을 받기도 했다. 70살에 생애를 마칠 때까지 여러 관직을 거쳤지만, 9년 정도만 현직에 근무했을 뿐 나머지 관직은 학자에 대한 일종의 예우로 반드시 현지에 부임할 필요가 없는 명목상의 관직이었기 때문에 학문에 전념할 수 있었다. 방대한 저술을 남겼는데, 저서에 일찍이 『사서장구집주(四書章句集注)』와 『이락연원록(伊洛淵源錄)』, 『명신언행록(名臣言行錄)』, 『자치통감강목(資治通鑑綱目)』, 『시집전(詩集傳)』, 『초사집주(楚辭集注)』 등이 있다. 후세 학자들이 편찬한 『주자어류(朱子語類)』와 『주문공문집(朱文公文集)』이 있다.

守口如甁(지킬 수, 입 구, 같을 여, 병 병)

守口(수구), 입을 지키기를, 말을 삼가기를, 병과 같이 하고, 뚜껑이 닫힌 병처럼 말조심을 하라. 또는 입을 삼가 하여 함부로 말하지 않는 것을 깨지기 쉬운 병을 지키듯 하라.

防意如城(막을 방, 뜻 의, 같을 여, 성 성)

뜻을 막기를 성과 같이 하라. 나쁜 생각이나 의지가 드는 것을 성을 굳건히 지키듯이 하라.

心不負人(마음 심, 아니 불, 질 부, 남 인)

마음으로 남을 저버리지 않으면. 배반하지 않으면.

面無慙色(낯 면, 없을 무, 부끄러울 참, 빛 색)

얼굴에 부끄러운 빛이 없게 된다. 떳떳하다.

人無百歲人(사람 인, 없을 무, 일백 백, 나이 세, 사람 인)

백 년을 사는 사람이 없으면서. 백년도 살지 못하면서.

枉作千年計(헛되이 왕, 지을 작, 일천 천, 해 년, 셀 계)

부질없이 천 년의 계획을 세운다.

朱文公(주문공)이 말하였다.

"말조심을 병처럼 하고, 나쁜 생각을 성 지키는 것처럼 하라. 마음으로 남을 저버리지 않았으면 얼굴에 부끄러운 빛이 없다. 사람은 백 살도 살지 못하건만 부질없이 천 년의 계획을 세운다."

寇萊公六悔銘云 "官行私曲失時悔요, 富不儉用貧時悔요,
구래공 육회명 운 관행사곡 실시회 부불검용 빈시회

藝不少學過時悔요, 見事不學用時悔요, 醉後狂言醒時悔
예불소학 과시회 견사불학 용시회 취후광언 성시회

요, 安不將息病時悔니라."
안부장식 병시회

寇萊公六悔銘云(도적 구, 명아주 래, 벼슬 공, 여섯 육, 후회 회, 새길 명, 말할 운)

寇萊公(구래공)이 「六悔銘(육회명)」에서 이르길. 구래공(962~1023)은 북송 眞宗(진종) 때의 재상. 성은 구이고, 이름은 準(준)이었으며, 자는 平仲(평중). 내국공에 봉해졌기 때문에 구래공이라 불리었다. 북송 초기 화주(華州) 하규(下邽) 사람. 자는 평중(平仲)이다. 태종 태평흥국(太平興國) 5년(980) 진사에 급제했다. 대리평사(大理評事)와 파동지현(巴東知縣)을 지냈다. 운주통판(鄆州通判)을 거쳐 추밀원직학사(樞密院直學士)와 판이부전(判吏部銓)에 발탁되었다. 자주 직언을 해 태종에게 위징(魏徵)에 비유되었다. 순화(淳化) 초에 밀직부사(密直副使)가 되었다가 일에 연좌되어 청주지주(青州知州)로 쫓겨났다. 5년(994) 참지정사에 임명되고 급사중이 더해졌지만, 다시 일에 연좌되어 등주지주(鄧州知州)로 쫓겨났다. 이렇게 태종의 두터운 신임을 받았지만 지나치게 강직해 자주 지방으로 좌천되었다. 진종(眞宗)이 즉위하자 개봉부(開封府)를 맡아 다스리면서 삼사사(三司使)가 되었다. 경덕(景德) 원년(1004) 재상이 되었다. 당시 요(遼)나라 군대가 대대적으로 쳐들어와 다들 공포에 떨었는데, 그가 중론을 과감하게 물리치고 황제의 친정(親征)을 요청했다. 이에 황제가 전주(澶州)까지 이르러 화의를 하고 돌아왔다. 왕흠약(王欽若)의 참언을 받아 파직되어 섬주지주(陝州知州)로 나갔다. 천희(天禧) 3년(1019) 다시 재상이 되었는데, 진종이 병이 들자 비밀리에 태자에게 국정을 맡길 것을 건의했는데, 일이 새어나가 파직되고 내국공(萊國公)에 봉해졌다. 그래서 구래공(寇萊公)이라고도 부른다. 정위(丁謂)가 이 틈을 타 모함하여 뇌주사마참군(雷州司馬參軍)으로 유배가고, 유배지에서 죽었다. 인종(仁宗) 때 충민(忠愍)이라 추시(追諡)되었다. 시인으로서 당시 고관들 사이에서 유행하던 서곤체(西崑體)와는 약간 다른 시풍을 보여주었고, 자연의 애수를 읊은 시가 많았다. 저서에 『구충민공시집(寇忠愍公詩集)』과 『구래공집(寇萊公集)』이 있다.

官行私曲失時悔(벼슬 관, 갈 행, 사사로울 사, 굽을 곡, 잃을 실, 때 시, 후회 회)

官行(관행), 관리가 공직을 수행하며. 私曲(사곡), 사사로이 바르지 않게 처리하면. 失時悔(실시회), 벼슬을 잃었을 때 후회한다. 관직에서 쫓겨난 뒤에 후회하게 된다.

富不儉用貧時悔(넉넉할 부, 아니 불, 검소할 검, 쓸 용, 가난 빈)

부자가 不儉用(불검용), 검소하게 쓰지 않으면 가난하게 되었을 때 후회한다.

藝不少學過時悔(재주 예, 아니 불, 젊을 소, 배울 학, 지날 과)

재주는 不少學(불소학), 젊었을 때 배우지 않으면, 시간이 지나가고 나서야 후회한다.

見事不學用時悔(볼 견, 일 사, 아니 불, 배울 학, 쓸 용)

일을 보고 배우지 않으면 필요해서 써야 할 때 후회한다.

醉後狂言醒時悔(취할 취, 뒤 후, 미칠 광, 말 언, 깰 성)

술에 취한 뒤 狂言(광언), 미친 소리를 하면. 함부로 말하면. 깨었을 때 후회한다. 깨고서 후회한다. 이건 더 설명하지 않아도 잘 아리라 본다.

安不將息病時悔(편안 안, 아니 불, 장차 장, 쉴 식, 병 병)

편안할(건강할) 때 장차 쉬지 않으면, 병들었을 때 후회한다. 건강은 건강할 때 지킨다는 말이다.

寇萊公(구래공)이 「六悔銘(육회명)」에서 말하였다.

"관리가 관직을 사사롭고 바르지 않게 수행하면 벼슬을 잃고서 뉘우치고, 부자가 검소하지 않으면 가난해지고서 뉘우치고, 재주는 어렸을 때 배우지 않으면 때를 놓치고서 뉘우치고, 일을 보고 배워두지 않으면 필요할 때 뉘우치고, 취한 뒤에 함부로 말하면 술이 깨고서 뉘우치고, 몸이 편안할 때 조심하지 않으면 병이 들고서 뉘우칠 것이다."

益智書云 "寧無事而家貧이언정 莫有事而家富요,
익지서 운 녕 무사이가빈 막 유사이가부

寧無事而住茅屋이언정 不有事而住金屋이요,
녕 무사이주모옥 불유사이주금옥

寧無病而食麤飯이언정 不有病而服良藥이니라.
녕 무병이식추반 불유병이복량약

心安이면 茅屋穩이요, 性定이면 菜羹香이니라."
심안 모옥온 성정 채갱향

益智書云(더할 익, 지혜 지, 글 서, 말할 운)

『益智書(익지서)』에 이르길.

寧無事而家貧(차라리 녕, 없을 무, 일 사, 말이을 이, 집 가, 가난할 빈)

차라리 無事(무사)하면서 집이 가난할지언정. 事(사)는 변고나 사고를 의미. '寧A, 莫B'는 A할지언정 B하지 않는다. B하느니 차라리 A한다.

莫有事而家富(말 막, 있을 유, 넉넉할 부)

변고가 있으면서 집이 넉넉하지 말 것이오. 집안 살림은 넉넉할지라도 우환이 있는 것은 좋지 않다.

寧無事而住茅屋(차라리 녕, 살 주, 띠풀 모, 집 옥)

차라리 무사하면서 띠풀집에 살지언정.

不有事而住金屋(아니 불, 있을 유, 살 주, 황금 금, 집 옥)

변고가 있으면서 황금 저택에 살지 말 것이오.

寧無病而食麤飯(차라리 녕, 없을 무, 병 병, 먹을 식, 거칠 추, 밥 반)

차라리 無病(무병)하면서 거친 밥을 먹을지언정.

不有病而服良藥(아니 불, 있을 유, 병 병, 복용할 복, 좋을 양, 약 약)

병들어 좋을 약을 복용하지 말 것이오.

心安茅屋穩(마음 심, 편안 안, 띠풀 모, 집 옥, 평온할 온)

마음이 편안하면 茅屋(모옥), 띠풀집 초가도 평온하고.

性定菜羹香(성품 성, 정할 정, 나물 채, 국 갱, 향기 향)

性定(성정), 성품이 안정되면. 나물국도 향기롭다.

『益智書(익지서)』에서 말하였다.

"차라리 사고 없이 가난하게 살지언정 변고가 있으면서 집이 부유하지 말 것이요, 차라리 사고 없이 초가집에서 살지언정 변고가 있으면서 좋은 집에 살지 말 것이요, 차라리 병이 없이 거친 밥을 먹을지언정 병들어 좋은 약을 먹지 말 것이다. 마음이 안정되면 초가집도 편안하고, 성품이 안정되면 나물국도 향기롭다."

景行錄云 "責人者는 不全交요, 自恕者는 不改過니라.
경행록 운 책인자 부전교 자서자 불개과

夙興夜寐하여 所思忠孝者는 人不知나 天必知之요,
숙흥야매 소사 충효자 인 부지 천필지지

飽食暖衣하여 怡然自衛者는 身雖安이나 其如子孫에 何오."
포식난의 이연 자위자 신 수안 기여자손 하

景行錄云 (햇빛 경, 다닐 행, 기록할 록, 이를 운)

『景行錄(경행록)』에서 말하였다.

責人者不全交 (꾸짖을 책, 남 인, 사람 자, 아니 불, 온전 전, 사귈 교)

남을 꾸짖는 사람은 不全交(부전교), 남들과 온전히 사귈 수 없고. 다른 사람의 단점이나 약점을 찾아서 비판만 하는 사람은 온전한 교유를 하기 어렵다는 말이다.

自恕者不改過 (스스로 자, 용서 자, 사람 자, 아니 불, 고칠 개, 허물 과)

自恕者(자서자), 스스로 용서하는 사람은 자신의 허물을 고칠 수 없다. 자신의 잘못은 쉽게 용서하는 것이 인간의 본성이다. 하지만 그것은 재발을 막기가 어렵다. 그러니 자신의 허물도 고쳐지지가 않는 것이다.

夙興夜寐 (일찍 숙, 일어날 흥, 밤 야, 잘 매)

일찍 일어나고 밤에 늦게 자서.

所思忠孝者人不知(바 소, 생각 사, 충성 충, 효도 효, 사람 자, 남 인, 아니 불, 알지)

충효를 생각하는 사람은 남들은 알지 못해도.

天必知之(하늘 천, 반드시 필, 알 지, 그것 지)

하늘은 반드시 그것을 알 것이다.

飽食煖衣(물릴 포, 먹을 식, 따뜻할 난, 입을 의)

배불리 먹고 따뜻하게 입고서.

怡然自衛者身雖安(기쁠 이, 그럴 연, 스스로 자, 지킬 위, 사람 자, 몸 신, 비록 수, 편안 안)

怡然(이연)은 '안락하게, 기쁘게 지내다'란 의미. 연(然)은 형용사나 동사 뒤에 붙어서 그 모양을 나타낸다. 예를 들어, 태연(泰然), 초연(超然), 공연(空然), 완연(完然), 확연(確然), 엄연(嚴然), 우연(偶然), 결연(決然), 공공연(公公然) 등으로 문장 내에서는 주로 그 문장의 술어를 한정하는 부사로 쓰이며, 때에 따라서는 명사 또는 술어로도 쓰인다. 안락하게 自衛者(자위자), 자신만을 지키기는 사람은 몸은 비록 편안하지만.

其如子孫何(그 기, 같을 여, 자식 자, 자손 손, 어찌 하)

그 자손들은 어떻겠는가? '如~何'의 구조는 '~은 어떻겠는가?'로 해석하면 된다.

『景行錄(경행록)』에서 말하였다.

"남을 꾸짖기만 하는 자는 남과 온전하게 사귈 수 없고, 자기를 쉽게 용서하는 사람은 자기의 허물을 고치지 못한다. 아침 일찍 일어나고 밤늦게 자도록 충성과 효도를 생각하는 사람들은 남이 알아주지 않더라도 하늘이 반드시 알아줄 것이요, 배부르게 먹고 따뜻하게 입어 안락하게 제 몸만 지키는 사람은 몸은 비록 편안하겠지만 그 자손은 어떻게 할 것인가?

"以愛妻子之心으로 事親이면 則曲盡其孝요,
이애 처자지심 사친 즉 곡진기효

以保富貴之心으로 奉君이면 則無往不忠이요,
이보 부귀지심 봉군 즉 무왕불충

以責人之心으로 責己면 則寡過요,
이 책인지심 책기 즉 과과

以恕己之心으로 恕人이면 則全交니라."
이 서기지심 서인 즉 전교

以愛妻子之心事親(써 이, 사랑 애, 아내 처, 자식 자, 어조사 지, 마음 심, 섬길 사, 어버이 친)

以愛妻子之心(이애처자지심), 자기의 처자식을 사랑하는 마음으로써 事親(사친), 부모님을 섬기면.

則曲盡其孝(곧 즉, 굽을 곡, 다할 진, 그 기, 효도 효)

그 효를 曲盡(곡진)히 할 것이요. 曲盡(곡진)은 '극진하다'는 의미.

以保富貴之心奉君(써 이, 보존할 보, 넉넉할 부, 귀할 귀, 어조사 지, 마음 심, 받들 봉, 임금 군)

자신의 富貴(부귀)를 보존하려는 마음으로써 임금을 받들면.

則無往不忠(곧 즉, 없을 무, 갈 왕, 아니 불, 충성 충)

어디로 간들 충성스럽지 않음이 없을 것이다. '無往不+술어' 구문의 경우, '어디를 가더라도(어디에서라도) ~하지 않음이 없다'의 뜻으로 의역하자면 '언제라도 ~한다'의 뜻이다.

以責人之心責己則寡過(써 이, 꾸짖을 책, 남 인, 어조사 지, 마음 심, 자기 기, 곧 즉, 적을 과, 허물 과)

남을 꾸짖는 마음으로 자기를 꾸짖으면 허물이 적고.

以恕己之心恕人則全交(써 이, 용서 서, 자기 기, 어조사 지, 마음 심, 남 인, 곧 즉, 온전 전,

사귈 교)

자기를 용서하는 마음으로 남을 용서하면 사귐이 온전해 진다. 온전한 사귐을 할 수 있다. 남들과 잘 사귈 수 있다.

처자식을 사랑하는 마음으로 부모님을 섬긴다면 그 효도가 극진할 것이요, 부귀를 보전하려는 마음으로 임금을 받든다면 어느 곳에 가더라도 충성스러울 것이요, 남을 책망하는 마음으로 자기를 책망하면 허물이 적을 것이요, 자기를 용서하는 마음으로 남을 용서한다면 온전한 사귐을 가질 수 있을 것이다.

"爾謀不臧이면 悔之何及이며, 爾見不長이면 教之何益이리오.
이모 부장 회지하급 이견 부장 교지하익

利心專則背道요 私意確則滅公이니라. 生事事生이요,
이심 전즉 배도 사의 확즉 멸공 생사사생

省事事省이니라."
성사사성

爾謀不臧(너 이, 꾀 모, 아니 불, 좋을 장)

너의 꾀가 좋지 않으면. 너의 생각이 올바르지 않으면.

悔之何及(뉘우칠 회, 어조사 지, 어찌 하, 미칠 급)

그것을 후회한들 어찌 미칠 것이며. 후회하더라도 별 수 없다. 이때 悔之(회지)와 教之(교지)에서 사용된 之(지)는 대명사가 아니라, 다만 그 앞에 붙은 글자를 술어답게 만들어 주는 어감을 주기 위한 語氣助詞(어기조사)이다.

爾見不長(너 이, 볼 견, 아니 불, 훌륭할 장)

너의 소견이 훌륭하지 않으면. 見(견)은 견해.

教之何益 (가르칠 교, 어조사 지, 어찌 하, 이익 익)

그것을 가르친들 무슨 이익이 있겠는가?

利心專則背道 (이로울 이, 마음 심, 온전 전, 곧 즉, 저버릴 배, 도 도)

利心專(이심전), 이익을 생각하는 마음을 전일하게 하면. 마음속으로 오로지 이익만 생각하면. 背道(배도), 도와 어긋나고.

私意確則滅公 (사사로울 사, 뜻 의, 굳을 확, 곧 즉, 멸할 멸, 공공 공)

私意確(사의확), 사사로운 생각을 확고히 하면. 너무 개인적인 생각만 가지고 있다면. 공공이 사라진다.

生事事生 (낳을 생, 일 사)

일을 만들면 일이 생기고.

省事事省 (줄일 생, 일 사)

일을 줄이면 일이 준다.

너의 꾀가 좋지 못하면 후회한들 어찌 미치겠으며, 너의 소견이 좋지 못하면 가르친들 무엇이 이로우리요? 자기 이익만 생각하면 도와 어긋나고, 사사로운 뜻이 굳으면 공공이 사라지게 된다. 일을 만들면 일이 생기고, 일을 덜면 일이 줄어든다.

제8장

戒계 性성

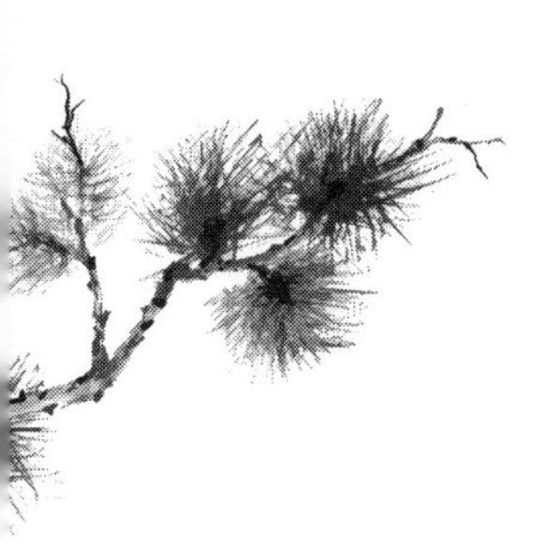

景行錄云 "人性이 如水하여 水一傾則不可復이요,
경행록 운 인성 여수 수 일경즉 불가복

性一縱則不可反이니 制水者는 必以堤防하고,
성 일종즉 불가반 제수자 필이제방

制性者는 必以禮法이니라."
제성자 필이예법

景行錄云 (햇빛 경, 다닐 행, 기록할 록, 이를 운)

『景行錄(경행록)』에서 말하였다.

人性如水 (사람 인, 성품 성, 같을 여, 물 수)

사람의 성품은 물과 같아서.

水一傾則不可復 (물 수, 한 일, 기울 경, 곧 즉, 아니 불, 가할 가, 되돌릴 복)

물이 한번 기울어지면 되돌릴 수 없고. 한번 쏟은 물은 주워 담을 수 없고.

性一縱則不可反 (성품 성, 한 일, 방종할 종, 곧 즉, 돌이킬 반)

성품이 한번 방종해지면 돌이킬 수 없다. 한번 나빠진 성품은 회복하기 어렵다.

制水者必以堤防(제어할 제, 것 자, 반드시 필, 써 이, 둑 제, 막을 방)

물을 제어하는 것은 반드시 제방으로써 하고. 者(자)는 의존명사로서 '~것'으로 보아야 한다. 制(제)는 원래 '잡다, 누르다'의 뜻인데, 여기서는 파생되어 '統制(통제)하다, 制御(제어)하다, 抑制(억제)하다' 등으로 사용되고 있다. 물을 제어하는 방법으로 제방이 가장 좋다.

制性者必以禮法(제어할 제, 성품 성, 것 자, 예도 예, 법 법)

성품을 제어하는 것은 반드시 예법으로써 해야 한다. 성품을 제어하는 방법으로 예법이 가장 좋다.

『景行錄(경행록)』에서 말하였다.

"사람의 성품은 물과 같아서 물이 한 번 기울어지면 되돌릴 수 없고, 성품이 한 번 방종해지면 바로 돌이킬 수 없을 것이다. 물을 제어하는 것은 반드시 堤防(제방)으로써 하고, 성품을 제어하는 것은 반드시 예법으로써 하여야 한다."

"忍一時之忿이면 免百日之憂니라.
(인 일시지분 / 면 백일지우)

得忍且忍이요 得戒且戒하라. 不忍不戒면 小事成大니라."
(득인차인 / 득계차계 / 불인불계 / 소사성대)

忍一時之忿(참을 인, 때 시, 어조사 지, 성낼 분)

一時之忿(일시지분), 한 때의 일시적인 분함. 그것을 참으면.

免百日之憂(면할 면, 일백 백, 근심 우)

百日之憂(백일지우), 백 일의 근심을 면한다.

得忍且忍(얻을 득, 참을 인, 또 차)

참고 또 참을 수 있다. 得(득)은 다음 두 가지 용법이 있다. ①得+명사(구): ~을 얻다. ②得+술어:~할 수 있다. 이때 득(得)은 '가능'의 뜻으로 조동사가 된다. 여기서는 ②의 경우에 해당한다.

得戒且戒 (얻을 득, 경계할 계)

경계하고 또 경계하다.

不忍不戒 (아니 불, 참을 인, 경계할 계)

참지도 않고 경계하지도 않으면.

小事成大 (작을 소, 일 사, 이룰 성, 큰 대)

작은 일이 크게 된다.

한 때의 분함을 참으면 백 일의 근심을 면한다. 참고 또 참으며, 경계하고 또 경계하라. 참지도 않고 경계하지도 않으면 작은 일이 크게 된다.

"愚濁生嗔怒(우탁생진노)는 皆(개)因理不通(인리불통)이라. 休(휴)添(첨)心上火(심상화)하고, 只作(지작)耳邊風(이변풍)하라. 長短(장단)은 家家有(가가유)요, 炎涼(염량)은 處處同(처처동)이라. 是非(시비)無實相(무실상)하여 究竟(구경)摠成空(총성공)이니라."

愚濁生嗔怒 (어리석을 우, 흐릴 탁, 날 생, 성낼 진, 성낼 노)

어리석고 흐리멍덩한 사람이 성내고 성내는 것은. 生(생)은 ~을 내다.

皆因理不通 (모두 개, 원인 인, 이치 리, 아니 불, 통할 통)

모두 이치가 통하지 않은 것에서 원인한다. 이치가 통하지 않았기 때문이다.

休添心上火(그칠 휴, 더할 첨, 마음 심, 위 상, 불 화)

休(휴)는 '~하지 말라'는 금지사이다. 心上火(심상화), 마음 위에 불길을 休添(휴첨), 더하지 말라.

只作耳邊風(다만 지, 지을 작, 귀 이, 가 변, 바람 풍)

只作(지작)은 '다만 ~여겨라'. 다만 귓가의 바람으로 여겨라. 귓가를 스쳐지나는 바람처럼 대수롭지 않게 여겨라.

長短家家有(잘할 장, 부족할 단, 집 가, 있을 유)

장점과 단점은 집집마다 있고. 이때 집[家]은 사람이란 의미도 내포하고 있다. 사람마다 장단점이 있다.

炎涼處處同(더울 염, 서늘 량, 곳 처, 같을 동)

따뜻함과 서늘함은 곳곳마다 같다. 어디든 따뜻하고 서늘함이 다 있다.

是非無實相(옳을 시, 아닐 비, 없을 무, 참 실, 형상 상)

是非(시비), 옳고 그름은 실상이 없어서.

究竟摠成空(궁리할 궁, 마칠 경, 모두 총, 이룰 성, 빌 공)

究竟(구경)은 '마침내, 결국'이란 뜻. 摠(총)은 '모두'란 뜻으로 總(총)과 같은 글자이다. 결국 모두가 空(공)을 이루고 있다. 모두가 헛것이다.

어리석고 흐리멍덩한 자가 성을 내는 것은 모두 이치를 알지 못하기 때문이다. 마음 위에 화를 더하지 말고 다만 귓전을 스치는 바람결로 여겨라. 장점과 단점은 사람마다 있고, 따뜻하고 서늘한 것은 곳곳마다 같다. 是非(시비)란 본래 실상이 없어서 마침내는 모두가 다 헛것이 된다.

子張이 欲行에 辭於夫子할새 "願賜一言爲修身之美하노이
자장 욕행 사어 부자 원사일언 위수신지미

다." 子曰 "百行之本이 忍之爲上이니라."
자왈 백행지본 인지위상

子張曰 "何爲忍之닛고." 子曰 "天子忍之면 國無害하고,
자장 왈 하위인지 자왈 천자인지 국 무해

諸侯忍之면 成其大하고, 官吏忍之면 進其位하고,
제후인지 성 기대 관리인지 진 기위

兄弟忍之면 家富貴하고, 夫妻忍之면 終欺世하고,
형제인지 가 부귀 부처인지 종 기세

朋友忍之면 名不廢하고, 自身忍之면 無禍害니라."
붕우인지 명 불폐 자신인지 무화해

子張欲行辭於夫子 (선생님 자, 베풀 장, 하고자할 욕, 행할 행, 하직할 사, 어조사 어, 남편 부, 선생 자)

子張(자장)이 길을 떠나면서 스승인 공자(孔子)에게 인사를 하였다. 欲行(욕행)은 길을 떠나고자 하다. 辭(사)는 인사를 하는 것이고, 於(어)는 ~에게. 여기서 자장(기원전 503~?)은 孔子(공자)의 제자이다. 『論語(논어)』「爲政篇(위정편)」에도 자장이 공자에게 벼슬을 구하는 방법에 대해 묻는 대목이 보인다. 자장은 춘추시대 말기 진(陳)나라 사람. 이름은 전손사(顓孫師)고, 자가 자장이다. 공자(孔子)보다 48살 연하다. 『논어』에 공자가 그를 다른 제자들과 견주면서 독특한 성격을 말하는 것으로 볼 때 특수한 위치에 있었음을 알 수 있다. 공자가 죽은 뒤 공문(孔門)은 8개 유파로 갈렸는데, 자장을 중심으로 한 학파는 다른 유가 학파보다 의협(義俠)의 성격을 크게 띠어 맹자(孟子) 이후부터는 정통학파와는 거리가 멀어지게 되었다.

願賜一言爲修身之美 (원할 원, 줄 사, 말 언, 삼을 위, 닦을 수, 몸 신, 어조사 지, 아름다울 미)

願賜一言(원사일언), 원하옵건대 한마디 말씀을 내려 주셔서. 修身之美(수신지미), 몸을 닦는 아름다움으로 삼게 해 주소서. 수신을 위한 소중한 말씀으로 삼겠습니다.

子曰 (선생 자, 말할 왈)

孔子(공자)께서 말씀하셨다.

百行之本 忍之爲上 (모든 백, 행실 행, 어조사 지, 근본 본, 참을 인, 어조사 지, 될 위, 위 상)

모든 행실의 근본 중에서 忍之爲上(인지위상), 忍(인)이 으뜸이 된다. 위(爲)는 ①될 위, ②할 위, ③위할 위('이유'의 뜻도 포함), ④~으로 삼다, 여기다, 생각하다. 등으로 다양하게 사용된다. 앞 문장의 "爲修身之美"에서 爲(위)는 ④의 뜻이다. "忍之爲上"에서는 ①의 뜻이다. 아래 문장의 "何爲忍之"에서 爲(위)는 ③의 뜻이다.

子張曰 (선생 자, 베풀 장, 말할 왈)

子張(자장)이 말하길,

何爲忍之 (어찌 하, 할 위, 참을 인, 그것 지)

무엇을 위해 참는 것입니까? 何謂(하위)는 자주 쓰이는 관용구로서, 직역하면 '무엇을 위하여?'이고 이유를 나타내는 의문문이다. 즉, '무엇 때문에? 왜?'의 뜻이다.

子曰 (선생 자, 말할 왈)

孔子(공자)께서 말씀하셨다.

天子忍之 國無害 (하늘 천, 선생님 자, 참을 인, 그것 지, 나라 국, 없을 무, 해로울 해)

천자가 참으면 나라에 해가 없고.

諸侯忍之 成其大 (모두 제, 제후 후, 이룰 성, 그 기, 큰 대)

제후가 참으면 큰 나라를 이루고. 나라를 크게 만들 수 있고.

官吏忍之 進其位 (벼슬 관, 아전 리, 나아갈 진, 그 기, 자리 위)

관리가 참으면 그 지위가 올라갈 것이고.

兄弟忍之 家富貴 (형 형, 아우 제, 집 가, 넉넉할 부, 귀할 귀)

형제가 참으면 집안이 부귀해지고.

夫妻忍之 終其世 (남편 부, 아내 처, 마칠 종, 그 기, 세상 세)

부부가 참으면 그 세상을 함께 마치고. 부부가 참으면 해로(偕老)할 수 있다는 말이다.

朋友忍之 名不廢(벗 붕, 벗 우, 이름 명, 아니 불, 폐할 폐)
친구들이 참으면 명예를 잃지 않고.

自身忍之 無禍害(스스로 자, 몸 신, 없을 무, 재앙 화, 피해 해)
자신이 참으면 재앙과 피해가 없어진다.

子張(자장)이 길을 떠나면서 孔子(공자)에게 인사를 올리며 말했다. "몸을 닦는데 아름다운 것으로 삼을 한마디 말씀을 해주십시오."

孔子(공자)가 대답하시길, "모든 행실의 근본은 참는 것이 으뜸이다." 하셨다.

子張(자장)이 "무엇을 위하여 참습니까?"라고 묻자, 孔子(공자)께서 대답하셨다.

"천자가 참으면 나라에 害(해)가 없고, 제후가 참으면 큰 나라를 이룩하고, 벼슬아치가 참으면 그 지위가 올라가고, 형제들이 참으면 집안이 부귀해지고, 부부가 참으면 일생을 함께 마칠 수 있고, 친구끼리 참으면 명예가 없어지지 않고, 자신이 참으면 재앙과 피해가 없어질 것이다."

子張曰 "不忍則如何닛고." 子曰 "天子不忍이면 國空虛하고,
자장 왈 불인즉 여하 자왈 천자불인 국 공허

諸侯不忍이면 喪其軀하고, 官吏不忍이면 刑法誅하고,
제후불인 상 기구 관리불인 형법 주

兄弟不忍이면 各分居하고, 夫妻不忍이면 令子孤하고,
형제불인 각 분거 부처불인 령 자고

朋友不忍이면 情意疎하고, 自身不忍이면 患不除니라."
붕우불인 정의소 자신불인 환 부제

子張曰 "善哉善哉라. 難忍難忍이여.
자장 왈 선재선재 난인난인

非人不忍이요, 不忍非人이로다."
비인불인 불인비인

子張曰 (선생님 자, 베풀 장, 말할 왈)

子張(자장)이 이르기를.

不忍則如何 (아니 불, 참을 인, 곧 즉, 어찌 여, 어찌 하)

참지 않으면 어떻게 됩니까? 如何(여하)는 "어떻게 됩니까?"란 관용구.

子曰 (선생 자, 말할 왈)

孔子(공자)께서 말씀하셨다.

天子不忍 國空虛 (하늘 천, 선생님 자, 아니 불, 참을 인, 나라 국, 빌 공, 빌 허)

천자가 참지 않으면 나라가 공허해지고.

諸侯不忍 喪其軀 (모두 제, 제후 후, 죽을 상, 그 기, 몸 구)

제후가 참지 않으면 그 몸을 잃고. 죽는다는 뜻이다.

官吏不忍 刑法誅 (벼슬 관, 아전 리, 형벌 형, 법 법, 벨 주)

관리가 참지 않으면 형법에 의해 죽게 된다.

兄弟不忍 各分居(형 형, 아우 제, 각각 각, 나눌 분, 살 거)

형제가 참지 않으면 각각 떨어져 살게 된다.

夫妻不忍 令子孤(남편 부, 아내 처, 하여금 영, 자식 자, 외로울 고)

부부가 참지 않으면 자식들이 고아가 된다. 자식으로 하여금 외롭게 만든다. 令(령)은 사역동사로 使(사)와 쓰임새가 같다. 즉, '令+A+술어'는 A로 하여금 ~하게 하다.

朋友不忍 情意疎(벗 붕, 벗 우, 뜻 정, 뜻 의, 성길 소)

벗들이 참지 않으면 감정과 의지가 소원해진다. 굳이 情意(정의)를 감정과 의지로 나눌 필요가 없이 감정으로 보아도 된다.

自身不忍 患不除(스스로 자, 몸 신, 근심 환, 아니 불, 버릴 제)

자신이 참지 않으면 근심이 없어지지 않는다.

子張曰(선생님 자, 베풀 장, 말할 왈)

子張(자장)이 이르기를.

善哉善哉 難忍難忍(좋을 선, 어조사 재, 어려울 난, 참을 인)

좋은 말씀입니다. 참는 것이 어렵군요. 哉(재)는 감탄형 종결 어조사로 쓰인다.

非人不忍 不忍非人(아닐 비, 사람 인, 아니 불, 참을 인)

非人不忍(비인불인), 사람이 아니라면 참지 못할 것이요. 사람이니까 참을 수 있고. 不忍非人(불인비인), 참지 않으면 사람이 아니다.

자장이 "참지 않으면 어떻게 됩니까?"라고 묻자, 孔子(공자)께서 대답하셨다. "天子(천자)가 참지 않으면 나라가 공허하게 되고, 諸侯(제후)가 참지 않으면 그 몸을 잃고, 벼슬아치가 참지 않으면 형법에 의하여 죽게 되고, 형제가 참지 않으면 각각 헤어져서 따로 살게 되고, 부부가 참지 않으면 자식을 외롭게 하고,

친구끼리 참지 않으면 情義(정의)가 소원해지고, 자신이 참지 않으면 근심이 덜어지지 않는다."

자장이 말하였다. "참으로 훌륭한 말씀입니다. 훌륭한 말씀입니다. 참는 것이 어렵군요, 참는 것이 어렵군요. 사람이 아니면 참지 못할 것이요, 참지 못하면 사람이 아닙니다."

景行錄云 "屈己者는 能處重하고, 好勝者는 必遇敵이니라.
경행록 운 굴기자 능 처중 호승자 필 우적

惡人이 罵善人커든 善人은 摠不對하라. 不對는 心淸閑이요,
악인 매 선인 선인 총 부대 부대 심 청한

罵者는 口熱沸니라. 正如人唾天하여 還從己身墜니라."
매자 구 열비 정여 인타천 환 종기신추

景行錄云 (햇빛 경, 다닐 행, 기록할 록, 이를 운)

『景行錄(경행록)』에서 말하였다.

屈己者 能處重 (굽힐 굴, 자기 기, 사람 자, 능할 능, 처할 처, 중요할 중)

자기를 굽힐 줄 아는 자는 능히 중요한 자리에 처할 수 있고, 중요한 자리도 맡을 수 있고.

好勝者 必遇敵 (좋아할 호, 이길 승, 사람 자, 반드시 필, 만날 우, 대적할 적)

남 이기기를 좋아하는 사람은 반드시 적을 만난다. 싸워서 이기는 것을 좋아한다면 매사를 승부처럼 대할 것이다. 그러니 만나는 사람마다 싸워야 하는 적으로 여겨질 것이다.

惡人罵善人 (악할 악, 사람 인, 꾸짖을 매, 선할 선, 사람 인)

악한 사람이 착한 사람을 꾸짖으면, 욕을 한다면.

善人摠不對(선할 선, 사람 인, 모두 총, 아니 불, 대할 대)

착한 사람은 모두 응대하지 말라. 상대하지 말라는 말이다.

不對心淸閑(아니 불, 대할 대, 마음 심, 맑을 청, 한가로울 한)

응대하지 않으면, 그냥 무시해버리면 마음이 맑고 한가로와지고.

罵者口熱沸(꾸짖을 매, 사람 자, 입 구, 뜨거울 열, 끓을 비)

도리어 꾸짖는 사람은 입이 뜨겁게 끓어오른다. 혼자서 제 입만 아플 뿐이다.

正如人唾天(바를 정, 같을 여, 사람 인, 침 타, 하늘 천)

正(정)은 이 문장에서처럼 부사로도 많이 쓰인다. '바로'의 뜻이다. 正如(정여)는 '바로(꼭) ~과 같다'는 뜻이다. 이 문장에서 如(여)는 문장의 끝까지 다 걸린다. 마치 사람이 하늘을 향해 침을 뱉는 것과 같다.

還從己身墜(도리어 환, 따를 종, 자기 기, 몸 신, 떨어질 추)

還(환)은 이 문장에서 술어로 쓰인 것이 아니라 부사로 쓰였다. 環(환)은 부사로 자주 쓰인다. '도로, 도리어, 다시'의 뜻이다. 도로 자기 몸을 따라 떨어지다. 제 몸에 그 침이 떨어진다.

『景行錄(경행록)』에서 말하였다.

"자기를 굽힐 줄 아는 자는 중요한 지위에 처할 수 있고, 이기기를 좋아하는 사람은 반드시 적을 만난다. 악한 사람이 착한 사람을 욕을 하거든 착한 사람은 일절 대꾸하지 마라. 대꾸하지 않는 사람은 마음이 맑고 한가롭지만, 욕하는 자는 입에 불이 붙은 것처럼 뜨겁게 끓는다. 마치 사람이 하늘에 침을 뱉으면 도로 자기 몸에 떨어지는 것과 같다."

"我若被人罵라도 佯聾不分說하라. 譬如火燒空하여
아약 피인매 양롱 불분설 비여 화소공

不救自然滅이라. 我心은 等虛空이어늘 摠爾飜脣舌이니라.
불구 자연멸 아심 등 허공 총이번순설

凡事에 留人情이면 後來에 好相見이니라."
범사 유 인정 후래 호 상견

我若被人罵 (나 아, 만약 약, 입을 피, 남 인, 꾸짖을 매)

若(약)은 ①만약 ~한다면(if~), 만약 할지라도(even if~), ②~와 같다 등으로 쓰인다. 如(여)와 쓰임새가 같다. 내가 만약 남에게 꾸짖음을 당한다면. 다른 사람에게 야단을 맞거나 비판을 받는다면.

佯聾不分說 (거짓 양, 귀머거리 롱, 아니 불, 분별할 분, 말할 설)

佯聾(반롱), 거짓으로 귀머거리인 것처럼 하고. 시비를 가려 말하지 말라. 억울한 마음에 따지며 자기변호를 하지 말라는 말이다.

譬如火燒空 (비유할 비, 같을 여, 불 화, 태울 소, 공중 공)

譬如(비여), 비유컨대. 불이 허공에서 타는 것과 같으니.

不救自然滅 (아니 불, 구할 구, 스스로 자, 그럴 연, 멸할 멸)

구하지 않아도. 끄지 않아도. 자연스럽게 사라질 것이다.

我心等虛空 (나 아, 마음 심, 같을 등, 빌 허, 공중 공)

내 마음은 허공과 같으니.

摠爾飜脣舌 (모두 총, 너희 이, 나부낄 번, 입술 순, 혀 설)

너희들은 모두 飜脣舌(번순설), 입술과 혀만 나불거릴 뿐이다. 허공을 향해 혼자 떠들다 끝나버린다.

凡事留人情(모든 범, 일 사, 머물 류, 사람 인, 정 정)

모든 일에 인정을 남겨두면.

後來好相見(뒤 후, 올 래, 좋아할 호, 서로 상, 볼 견)

뒷날 서로 좋은 만남이 있다.

내가 만약 남에게 욕설을 듣더라도 거짓으로 귀먹은 체하여 시비를 가리려 하지 마라. 비유컨대 불이 허공에서 타다가 끄지 않아도 저절로 꺼지는 것과 같다. 내 마음은 허공과 같거늘 다 너의 입술과 혀만 나불거리는 것이다. 모든 일에 人情(인정)을 남기면 뒷날 서로 좋게 만나게 된다.

제9장

勤근 學학

子夏曰 "博學而篤志하고 切問而近思면 仁在其中矣니라."
자하 왈 박학이 독지 절문이 근사 인재기중의

『論語』「子張」

子夏曰 (선생님 자, 여름 하, 말할 왈)

子夏(자하)가 말하기를. 자하(기원전 507~기원전 420?)는 전국시대 위(衛)나라 사람. 진(晉)나라 온(溫) 사람이라고도 한다. 성명은 복상(卜商)이다. 공자(孔子)의 제자로, 공자보다 44살 연하였다. 공문십철(孔門十哲)의 한 사람으로, 문학에 뛰어난 재주를 지녔다고 한다. 공자가 죽은 뒤에 위나라 문후(文侯)에게 초빙되어 스승이 되었지만 공자의 죽음을 슬퍼하여 실명(失明)했다고 한다.(또는 아들의 죽음 때문에 슬피 울어 실명했다고도 한다.) 서하(西河)에서 강학(講學)했다. 이극(李克)과 오기(吳起), 전자방(田子方), 단간목(段干木) 등이 모두 그의 문하에서 배웠다. 위문후(魏文侯)가 그를 스승으로 섬겨 예(藝)를 배웠다. 학문은 시와 예에 통했고, 공자의 『춘추(春秋)』를 전공하여 『공양전(公羊傳)』과 『곡량전(穀梁傳)』의 원류를 이루었다. 주관적 내면성을 존중하는 증자(曾子) 등과 달리 예(禮)의 객관적 형식을 존중하는 것이 특색이다. 『논어(論語)』에 그의 말이 적지 않게 실려 있는 것으로 보아 그 무렵 공문(孔門)에서의 위치가 어떠했는지 짐작할 수 있다. 『시서(詩序)』를 썼다고 전한다. 송나라 진종(眞宗) 대중상부(大中祥符) 2년(1009) 동아공(東阿公)에 추증되었다.

博學而篤志(넓을 박, 배울 학, 말이을 이, 도타울 독, 뜻 지)

널리 배우고 뜻을 돈독히 하며. 공부를 넓게 하고 독실한 뜻을 갖추다.

切問而近思(간절할 절, 물을 문, 가까울 근, 생각 사)

간절하게 묻고 가까운 것부터 실천하기를 생각하면. 절실하게 질문을 하면 답을 찾기가 쉬울 것이고, 일상의 가까운 곳으로부터 구체적으로 사유하면.

仁在其中矣(어질 인, 있을 재, 그 기, 가운데 중, 어조사 의)

仁(인)이 그 속에 있게 된다.

子夏(자하)가 말하였다.

"널리 배우고 뜻을 독실하게 하고, 간절하게 묻고 가까운 것부터 생각해 나가면 仁(인)이 그 가운데 있다."

莊子曰 "人之不學은 如登天而無術하고, 學而智遠이면
장자 왈 인지불학 여 등천이 무술 학이지원

如披祥雲而覩靑天하고, 登高山而望四海니라."
여 피상운이 도청천 등고산이 망사해

莊子曰(풀우거질 장, 선생 자, 말할 왈)

莊子(장자)가 말하였다.

人之不學(사람 인, 어조사 지, 아니 불, 배울 학)

사람이 배우지 않으면. 之(지)는 주격조사로 '~이'.

如登天而無術(같을 여, 오를 등, 하늘 천, 말이을 이, 없을 무, 재주 술)

마치 하늘을 오르려는데 재주가 없는 것과 같다.

學而智遠(배울 학, 말이을 이, 지혜 지, 멀 원)

배워서 지혜가 원대해지는 것은.

如披祥雲而覩青天(같을 여, 헤칠 피, 상서로울 상, 구름 운, 볼 도, 푸를 청, 하늘 천)

마치 상서로운 구름을 헤치고 푸른 하늘을 보는 것과 같다.

登高山而望四海(오를 등, 높을 고, 뫼 산, 바라볼 망, 넉 사, 바다 해)

높은 산에 올라 사해를 바라보는 것과 같다.

莊子(장자)가 말하였다.

"사람이 배우지 않으면 하늘에 오르려는데 재주가 없는 것과 같고, 배워서 지혜가 원대해지면 祥瑞(상서)로운 구름을 헤치고 푸른 하늘을 보며 산에 올라 사해를 바라보는 것과 같다."

禮記曰 "玉不琢이면 不成器하고, 人不學이면 不知道니라."

예기 왈 옥 불탁 불성기 인 불학 부지도

『禮記』「學記」

禮記曰(예도 예, 기록할 기, 말할 왈)

『禮記(예기)』에 이르기를.

玉不琢 不成器(옥 옥, 아니 불, 쪼을 탁, 이룰 성, 그릇 기)

옥은 쪼지 않으면 그릇을 이룰 수 없고. 아무리 옥이라 할지라도 쪼아서 다듬지 않으면 그릇이 되지 않고.

人不學 不知道(사람 인, 아니 불, 배울 학, 알 지, 도리 도)

사람은 배우지 않으면 도리를 알지 못한다.

『禮記(예기)』에서 말하였다.

"옥은 다듬지 않으면 그릇이 되지 않고, 사람은 배우지 않으면 도리를 알지 못한다."

太公曰 "人生不學이면 冥冥如夜行이니라."
태공 왈 인생불학 명명여 야행

太公曰 (클 태, 벼슬 공, 말할 왈)

太公(태공)이 말하였다.

人生不學 (사람 인, 날 생, 아니 불, 배울 학)

사람이 태어나서 배우지 않으면.

冥冥如夜行 (어두울 명, 같을 여, 밤 야, 다닐 행)

冥冥(명명)은 어둡고 어둡다. 어둡고 어두운 밤길을 가는 것과 같다.

太公(태공)이 말하였다.

"사람이 배우지 않으면 어둡고 어두운 밤길을 가는 것과 같으니라."

韓文公曰 "人不通古今이면 馬牛而襟裾니라."
한문공 왈 인 불통고금 마우이금거

韓文公曰 (나라 한, 글월 문, 벼슬 공, 말할 왈)

韓文公(한문공)이 말하기를. 韓愈(한유:768~824)은 고문운동의 선구자로 당나라 이후 산문 형식을 정립하는 데 가장 결정적인 공을 세웠다. 당나라 하남(河南) 하양

(河陽) 사람. 자는 퇴지(退之)고, 창려선생(昌黎先生)으로도 불린다. 덕종(德宗) 정원(貞元) 8년(792) 진사가 되었다. 어릴 때 고아가 되어 형수의 손에 길러졌다. 장성해서 『육경(六經)』을 다 암송하고 백가(百家)의 학문을 배웠다. 시문에 뛰어나 일가를 이루었다. 그의 손길을 거친 사람은 모두 한문제자(韓門弟子)로 불렸다. 동진(董晉)이 선무(宣武)에 있을 때 불러 순관(巡官)이 되었다. 사문박사(四門博士)를 거쳐 19년(803) 감찰어사(監察御史)가 되었다. 이때 수도의 장관을 탄핵했다가 덕종(德宗)의 노여움을 사 양산령(陽山令)으로 좌천되었다. 국자박사(國子博士)와 중서사인(中書舍人)을 거쳐 원화(元和) 12년(817) 오원제(吳元濟)의 반란 평정에 공을 세워 형부시랑(刑部侍郎)이 되었지만, 14년(819) 헌종(憲宗)이 불골(佛骨)을 모신 것을 간하다가 조주자사(潮州刺史)로 좌천되었다. 원주(袁州)로 옮기고, 이듬해 소환되어 국자좨주(國子祭酒)에 임명되고, 병부시랑(兵符侍郎)을 거쳐 나중에 이부시랑(吏部侍郎)과 경조윤(京兆尹)까지 올랐다. 시호가 문(文)이라, 한문공(韓文公)으로 불린다. 유가의 사상을 존중하고 도교와 불교를 배격했으며, 송나라 이후의 도학(道學)의 선구자가 되었다. 저서에 『창려선생집(昌黎先生集)』 40권과 『외집(外集)』 10권, 『유문(遺文)』 1권 등이 있다. '당송팔대가(唐宋八大家)' 가운데 한 사람이다.

人不通古今 (사람 인, 아니 불, 통할 통, 옛 고, 이제 금)

사람이 고금을 통하지 않으면. 고금(古今)은 고금의 성인의 가르침을 말한다.

馬牛而襟裾 (말 마, 소 우, 말이을 이, 옷깃 금, 옷자락 거)

말과 소가 옷을 입고 있는 것이다. 사람이 옷을 입은 가축과 같다는 말이다.

韓文公(한문공)이 말하였다.

"사람이 고금의 가르침에 통달하지 못하면 소나 말에게 옷을 입혀 놓은 것과 같다."

朱文公曰 "家若貧이라도 不可因貧而廢學이요,
주문공 왈 가 약빈 불가 인빈이폐학

家若富라도 不可恃富而怠學이니,
가 약부 불가 시부이태학

貧若勤學이면 可以立身이요, 富若勤學이면 名乃光榮이니라.
빈약근학 가이입신 부약근학 명내광영

惟見學者顯達이요 不見學者無成이니라.
유견 학자현달 불견 학자무성

學者는 乃身之寶요, 學者는 乃世之珍이니라.
학자 내 신지보 학자 내 세지진

是故로 學則乃爲君子요, 不學則爲小人이니,
시고 학즉 내위군자 불학즉 위소인

後之學者는 宜各勉之하라."
후지학자 의각면지

朱文公曰 (성 주, 글월 문, 벼슬 공, 말할 왈)

주자(朱子)가 말하길.

家若貧 不可因貧而廢學 (집 가, 만약 약, 가난할 빈, 원인 인, 그만둘 폐, 배울 학)

집안이 만약 가난하더라도 가난으로 인해 배움을 그만두어서는 안 된다.

家若富 不可恃富而怠學 (넉넉할 부, 믿을 시, 게으를 태)

집안이 만약 넉넉하더라도 넉넉함을 믿고 배움을 게을리해서는 안 된다.

貧若勤學 可以立身 (부지런할 근, 설 립, 몸 신)

가난한 사람이 만약 부지런히 배운다면 몸을 세울 수 있고, 그것을 기반으로 출세할 수 있다.

富若勤學 名乃光榮 (이름 명, 이에 내, 빛 광, 빛날 영)

넉넉한 사람이 만약 부지런히 배우다면 명성이 이에 더욱 빛날 것이다.

惟見學者顯達(오직 유, 볼 견, 사람 자, 드러날 현, 통달할 달)

오직 배운 사람이 顯達(현달)하는 것은 보았어도. 현달은 벼슬·명성·덕망이 높아서 이름이 세상에 드러남을 말한다. 그런데 한 가지 짚고 넘어갈 것은 見學(견학)의 해석이다. 견학을 한 단어로 보아 "오직 보고 배우는 사람만이 현달해진다."라는 해석은 잘못된 해석이다. '惟見A, 不見B'는 "A하는 것은 보았으되, B하는 것은 보지 못했다"는 뜻으로 흔히 쓰이는 대구(對句)이다. 따라서 見學(견학)을 붙여서 해석하면 안 된다.

不見學者無成(없을 무, 이룰 성)

배운 사람이 이루지 못하는 것은 보지 못했다.

學者 乃身之寶(것 자, 이에 내, 몸 신, 어조사 지, 보배 보)

배우는 것은 곧 나 자신의 보배요.

學者 乃世之珍(사람 자, 세상 세, 어조사 지, 보배 진)

배우는 사람은 곧 세상의 보배이다.

是故 學則乃爲君子 不學則爲小人(이 시, 연유 고, 곧 즉, 이에 내, 될 위, 임금 군, 선생님 자)

是故(시고)로 이런 까닭으로 배우면 곧 이에 군자가 되고, 배우지 않으면 곧 소인이 된다.

後之學者 宜各勉之(뒤 후, 어조사 지, 사람 자, 마땅할 의, 각각 각, 힘쓸 면, 그것 지)

뒤에 배우는 사람들은 마땅히 각각 그것에 힘써야 할 것이다.

朱子(주자)가 말하였다.

"집안이 만약 가난하더라도 가난 때문에 배우는 것을 그만 두지 말 것이요, 집안이 만약 넉넉하더라도 넉넉함을 믿고 배우는 것을 게을리 해선 안 된다. 가난한 자가 만약 부지런히 배운다면 立身(입신)할 수 있을 것이요, 넉넉한 자가 만약 부지런히 배운다면 이름이 더욱 빛날 것이니라. 오직 배운 사람이 훌륭해지는 것을 보았으며, 배운 사람으로서 성취하지 못하는 것은 보지 못했다. 배움이란 것은 곧 나의 보배요, 배운 사람은 곧 세상의 보배이다. 이 때문에 배우면 君子(군자)가 되고 배우지 않으면 小人(소인)이 될 것이니, 후에 배우는 자는 마땅히 각기 힘써야 한다."

徽宗皇帝曰 "學者는 如禾如稻하고,
휘종황제 왈 학자 여화여도

不學者는 如蒿如草로다. 如禾如稻兮여.
불학자 여호여초 여화여도혜

國之精糧이요, 世之大寶로다. 如蒿如草兮여.
국지정량 세지대보 여호여초혜

耕者憎嫌하고, 鋤者煩惱니라. 他日面墻에 悔之已老로다."
경자증혐 서자번뇌 타일면장 회지이노

徽宗皇帝曰 (아름다울 휘, 마루 종, 임금 황, 임금 제, 말할 왈)

徽宗皇帝(휘종황제)가 말하길. 휘종황제(재위 1100~1125)는 중국 북송의 제8대 황제이다. 도교를 숭배하여 스스로 교주 도군(道君) 황제라 칭하였으나, 정치를 돌보지 않아 반란이 일어났다. 1125년에 금나라가 침입하자 흠종에게 양위하고 근왕(勤王)의 군사를 모집하였으나 실패함으로써 북송은 멸망하였다. 시문과 서화에 능하였으며, 고금(古今)의 서화를 모아 『선화전화보(宣化電畫譜)』를 만들었다.

學者 如禾如稻 (배울 학, 사람 자, 같을 여, 벼 화, 벼 도)

배우는 사람은 낟알이나 벼와 같고. 禾(화)는 낟알이고, 稻(도)는 벼를 말한다.

不學者 如蒿如草 (쑥 호, 풀 초)

배우지 않는 사람은 쑥이나 잡초와 같다. 여기서 蒿草(호초)는 잡초로 봐야 한다.

如禾如稻兮(같을 여, 벼 화, 벼 도, 어조사 혜)

곡식과 같고 벼와 같음이여! 兮(혜)는 감탄조사.

國之精糧 世之大寶(나라 국, 어조사 지, 뛰어날 정, 양식 양, 세상 세, 보배 보)

나의 좋은 양식이요, 세상의 큰 보배이다.

如蒿如草兮(같을 여, 쑥 호, 풀 초, 어조사 혜)

쑥과 같고 잡풀과 같음이여!

耕者憎嫌 鋤者煩惱(밭갈 경, 사람 자, 미워할 증, 싫어할 혐, 호미 서, 사람 자, 괴로울 번, 괴로울 뇌)

밭가는 사람이 미워하며, 김매는 사람이 괴로워하도다. 골칫덩어리다.

他日面墻 悔之已老(다를 타, 날 일, 낯 면, 담 장, 후회할 회, 그것 지, 이미 이, 늙을 로)

다른 날. 먼 훗날. 담장을 마주하고 있는 듯 답답하여, 그것을 뉘우쳐도 이미 늙어버렸다. 面墻(면장)은 "담벽을 보고 선다"는 말로 무식함을 비유한 말이다. 즉, 담을 보고 서면 앞으로 나아갈 수도 없으며 보이는 것도 없게 된다.

徽宗皇帝(휘종황제)가 말하였다.

"배운 사람은 낟알 같고 벼 같지만, 배우지 않은 사람은 잡풀과 같도다. 낟알 같고 벼 같음이여! 나라의 좋은 양식이요, 온 세상의 보배로다. 잡풀과 같음이여! 밭을 가는 자가 미워하고 김매는 자가 걱정스러워 한다. 먼 훗날 담장에 얼굴을 대한 듯 답답할 적에 배우지 않은 것을 뉘우친들 이미 늙었도다."

論語曰 "學如不及이요, 猶恐失之니라."
논어 왈 학여불급 유공실지

『論語』「泰伯」

論語曰 (논할 논, 말 어, 말할 왈)

『論語(논어)』에서 말하길.

學如不及 (배울 학, 같을 여, 아니 불, 미칠 급)

배움은 미치지 못하는 것처럼 하고. 마치 따라가지 못할 것처럼 여겨 더욱 분발하고.

猶恐失之 (오히려 유, 두려울 공, 잃을 실, 그것 지)

오히려 그것을 잃을까 두려워하라. 이미 배운 것을 잃어버릴까 항상 염두에 두고 노력하라. 또는 공부할 때를 잃을까 걱정해서 서둘러 하라는 의미로도 읽힐 수 있다.

『論語(논어)』에서 말하였다.

"배우기를 미치지 못할 것처럼 하고, 오히려 잃을까 두려워할지니라."

제10장

訓훈 子자

景行錄云 "賓客不來면 門戶俗하고 詩書無敎면 子孫愚니라."
경행록 운 빈객불래 문호속 시서무교 자손우

景行錄云 (햇빛 경, 다닐 행, 기록할 록, 이를 운)

『景行錄(경행록)』에서 말하였다.

賓客不來 門戶俗 (손님 빈, 손님 객, 아니 불, 올 래, 문 문, 문 호, 속될 속)

손님들이 오지 않으면 門戶(문호)가 저속해지고. 門戶(문호)는 집안이나 가문을 뜻한다. 戶(호)는 '지게 호'라는 뜻으로, 지게는 마루에서 방으로 드나드는 곳에 안팎을 두꺼운 종이로 바른 외짝문을 뜻한다. 門(문)은 집으로 들어서는 대문이나 집안 내에서 드나드는 나무짝 문들을 가리키고, 戶(호)는 방문들을 가리키는 것으로서 비유적으로 집안을 뜻한다.

詩書無敎 子孫愚 (시경 시, 서경 서, 없을 무, 가르칠 교, 자식 자, 자손 손, 어리석을 우)

시와 서를 가르치지 않으면, 자손들이 어리석어진다. 詩(시)는 詩經(시경)을, 書(서)는 書經(서경)을 뜻한다.

『景行錄(경행록)』에서 말하였다.

"손님이 오지 않으면 집안이 卑俗(비속)해지고, 詩(시)와 書(서)를 가르치지 않으면 자손이 어리석어진다."

莊子曰 "事雖小나 不作이면 不成이요
장자 왈 사 수소 부작 불성

子雖賢이나 不教면 不明이니라."
자 수현 불교 불명

莊子曰 (풀성할 장, 선생 자, 말할 왈)

莊子(장자)가 말하였다.

事雖小 不作 不成 (일 사, 비록 수, 작을 소, 아닐 부, 지을 작, 이룰 성)

일이 비록 작아도 하지 않으면 이루지 못하고. 성취하지 못하고.

子雖賢 不教 不明 (자식 자, 어질 현, 가르칠 교, 밝을 명)

자손이 비록 어질어도 가르치지 않으면 현명하지 못하게 된다.

莊子(장자)가 말하였다.

"일이 비록 작더라도 하지 않으면 이루지 못할 것이요, 자식이 비록 어질지라도 가르치지 않으면 현명하지 못하게 된다."

漢書云 "黃金滿籯이 不如敎子一經이요,
한서 운　황금만영　불여　교자일경

賜子千金이 不如敎子一藝니라."
사자천금　불여　교자일예

漢書云 (한나라 한, 책 서, 말할 운)

『漢書(한서)』에 이르길. 한서는 중국 전한(前漢)의 역사서. 이십오사의 하나로, 고조에서 왕망까지 229년간의 역사를 기록하였다. 반표(班彪)가 시작한 것을 후한의 반고가 대성하고 누이동생 반소가 보수하였다. 기전체로 제기(帝紀) 12권, 표(表) 8권, 지(志) 10권, 열전(列傳) 70권으로 되어 있다.

黃金滿籯 不如敎子一經 (누를 황, 금 금, 찰 만, 바구니 영, 아니 불, 같을 여, 가르칠 교, 자식 자, 경서 경)

황금이 바구니에 가득 차 있어도 자식에게 한 권의 경전을 가르치는 것만 못하고. 'A不如B'는 'A는 B만 못하다'.

賜子千金 不如敎子一藝 (줄 사, 자식 자, 돈 금, 재주 예)

자식에게 천금을 주는 것은 자식에게 재주 하나를 가르치는 것만 못하다.

『漢書(한서)』에서 말하였다.

"황금이 상자에 가득 차 있어도 자식에게 經書(경서) 하나를 가르치는 것만 같지 못하고, 자식에게 천금을 물려주는 것이 기술 한 가지를 가르치는 것만 못하다.

至樂은 莫如讀書요, 至要는 莫如敎子니라."
지락 막여독서 지요 막여교자

至樂 莫如讀書 (지극한 지, 즐길 락, 말 막, 같을 여, 읽을 독, 책 서)

지극한 즐거움은 독서만한 것이 없고. 莫如(막여)와 不如(불여)는 거의 동일한 의미를 가지고 있는 관용구이다. 다만 莫如(막여)가 주로 뒤에 짧은 명사구가 와서 "~와 같은 것이 없다"는 뜻이 강한 반면, 不如(불여)는 뒤에 명사구 또는 서술문이 와서 "~만 못하다, ~하는 것만 못하다"는 의미를 가진다.

至要 莫如敎子 (요긴할 요, 가르칠 교, 자식 자)

지극히 요긴한 것은 자식을 가르치는 것 만한 것이 없다. 자식을 가르치는 것만큼 중요한 것이 없다.

지극한 즐거움은 글을 읽는 것 만한 것이 없고, 지극히 요긴한 것은 자식을 가르치는 것 만한 것이 없다."

呂滎公曰 "內無賢父兄하고 外無嚴師友요
여형공 왈 내 무 현부형 외 무 엄사우

而能有成者 鮮矣니라."
이능 유성자 선의

呂滎公曰 (음률 려, 실개천 형, 벼슬 공, 말할 왈)

呂滎公(여형공)이 말하길. 여형공은 북송의 학자이다.

內無賢父兄 (안 내, 없을 무, 어질 현, 아버지 부, 형 형)

안으로 어진 아버지와 형이 없으며. 집 안에.

外無嚴師友(바깥 외, 엄할 엄, 스승 사, 벗 우)

밖으로 엄한 스승과 벗이 없으면서. 집 밖에.

而能有成者 鮮矣(말이을 이, 능할 능, 있을 유, 이룰 성, 사람 자, 드물 선, 어조사 의)

능히 성공한 사람이 드물다. 矣(의)는 종결사로 ~이다.

呂滎公(여형공)이 말하였다.

"안으로는 어진 부형이 없고, 밖으로 엄한 스승과 벗이 없으면서 성공하는 자는 드물다."

太公曰 "男子失教면 長必頑愚하고,
태공 왈 남자실교 장필 완우

女子失教면 長必麤疎니라."
여자실교 장필 추소

太公曰(클 태, 벼슬 공, 말할 왈)

姜太公(강태공)이 말하길.

男子失教 長必頑愚(사내 남, 선생님 자, 잃을 실, 가르칠 교, 자랄 장, 반드시 필, 완고할 완, 어리석을 우)

남자가 가르침을 잃게 되면, 배우지 않으면 자라서 반드시 완고하고 어리석어지며.

女子失教 長必麤疎(여자 여, 거칠 추, 성길 소)

여자가 가르침을 잃게 되면 자라서 반드시 거칠고 솜씨가 없게 된다.

太公(태공)이 말하였다.

"남자아이가 교육의 기회를 놓치면 자라서 반드시 완고하고 어리석으며, 여자

아이가 교육의 기회를 놓치면 자라서 반드시 거칠고 솜씨가 없게 된다."

男年長大어든 莫習樂酒하고, 女年長大어든 莫令遊走하라.
남년장대 막습 악주 여년장대 막령 유주

男年長大 莫習樂酒(남자 남, 해 년, 길 장, 큰 대, 말 막, 익을 습, 풍류 악, 술 주)

남자의 나이가 長大(장대) 크고 튼튼해지면 술과 풍류를 익히지 말게 하며.

女年長大 莫令遊走(여자 여, 하여금 령, 놀 유, 달릴 주)

여자의 나이가 장대해지면 놀러 다니지 못하게 하라. 요즘 개념으로는 이해할 수 없는 봉건적 사고방식이다.

남자가 자라나거든 풍악이나 술을 익히지 말도록 하고, 여자가 자라나거든 너무 놀러 다니지 말도록 하라.

嚴父는 出孝子요, 嚴母는 出孝女니라.
엄부 출 효자 엄모 출 효녀

憐兒어든 多與棒하고 憎兒어든 多與食하라.
연아 다여봉 증아 다여식

嚴父 出孝子(엄할 엄, 아버지 부, 날 출, 효도 효, 선생님 자)

엄한 아버지는 효자를 길러내고. 出(출)은 타동사로 ①(장소)~를 나가다. 예)出所(출소), 出監(출감), 出家(출가). ②~을 내다. 예)出産(출산), 出兵(출병), 出師(출사:師(사)는 '군대'라는 뜻이다). 여기서는 ②의 뜻이다.

嚴母 出孝女(어머니 모, 여자 여)

엄한 어머니는 효녀를 길러낸다.

憐兒 多與棒(어여삐 여길 연, 아이 아, 많을 다, 줄 여, 몽둥이 봉)

아이를 어여삐 여기거든 몽둥이를 많이 때려주고. 엄하게 키워라.

憎兒 多與食(미워할 증, 밥 식)

아이를 미워하면 밥을 많이 줘라. 달래서 키워라. 아이가 원하는 대로 오냐오냐 하면서 키우면 잘못 성장할 가능성이 크기 때문이다.

엄한 아버지는 효자를 길러내고, 엄한 어머니는 효녀를 길러낸다. 아이를 사랑하거든 매를 많이 때려주고, 아이를 미워하거든 먹을 것을 많이 주라.

人皆愛珠玉이나 我愛子孫賢이니라.
인 개애 주옥 아애 자손현

人皆愛珠玉(사람 인, 모두 개, 사랑 애, 구슬 주, 옥 옥)

사람이 모두 珠玉(주옥)을 사랑하지만. 주옥은 구슬과 옥으로 보석을 뜻한다.

我愛子孫賢(나 아, 사랑 애, 자식 자, 자손 손, 어질 현)

나는 자손들이 어짐을 사랑한다.

사람들은 모두 珠玉(주옥)을 사랑하지만, 나는 자손이 어진 것을 사랑할지니라.

제11장

省성 心심 上상

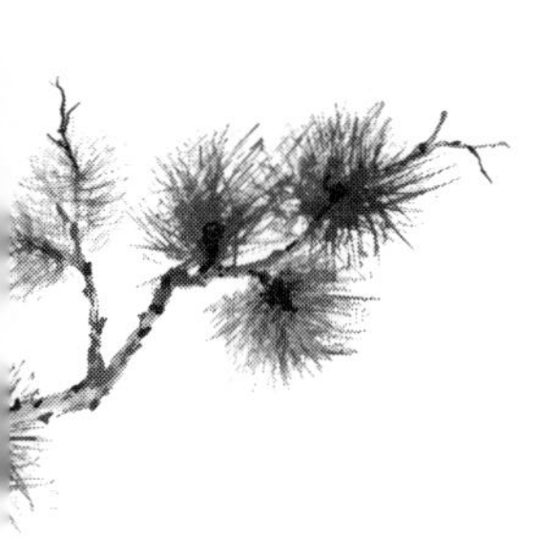

景行錄云 "寶貨는 用之有盡이요, 忠孝는 享之無窮이니라."
경행록 운 보화 용지유진 충효 향지무궁

景行錄云 (햇빛 경, 다닐 행, 기록할 록, 이를 운)

『景行錄(경행록)』에서 말하였다.

寶貨 用之有盡 (보배 보, 돈 화, 쓸 용, 그것 지, 있을 유, 다할 진)

보물과 돈은 그것을 쓰면 다함이 있고, 쓰다 보면 바닥이 나고,

忠孝 享之無窮 (충성 충, 효도 효, 누릴 향, 없을 무, 다할 궁)

충효는 누려도 무궁하다.

『景行錄(경행록)』에서 말하였다.

"寶貨(보화)는 쓰면 다함이 있지만, 忠孝(충효)는 누려도 다함이 없다."

家和면 貧也好어니와 不義富는 如何오. 但存一子孝니
가화 빈야호 불의부 여하 단존 일자효

何用子孫多리오.
하용 자손다

家和貧也好(집 가, 화목할 화, 가난 빈, 어조사 야, 좋을 호)

집안이 화목하면 가난해도 좋거니와. 也(야)는 ~해도.

不義富如何(아니 불, 의로울 의, 넉넉할 부, 같을 여, 어찌 하)

의롭지 않다면 넉넉한들 무엇하랴? 如何(여하)는 자주 쓰이는 관용구로, '무엇과 같은가?, 어떠한가?'의 뜻이다. 何如(하여)로도 쓴다. 정의롭지 않은 방법으로 축적한 부는 반드시 다른 부작용을 낳기 마련이니 무엇하겠는가라는 뜻으로도 해석해 볼 수 있다.

但存一子孝(단지 단, 있을 존, 자식 자, 효도 효)

단지 하나라도 효도하는 자식이 있다면. 예전에는 자식을 여럿 두었기에 이런 말이 가능하다.

何用子孫多(어찌 하, 쓸 용, 자식 자, 자손 손, 많을 다)

자손이 많은들 어디다 쓰겠는가? 何用(하용)은 '~이 무슨 소용인가?, ~을 어디에 쓰랴?'의 뜻이다.

집안이 화목하면 가난해도 좋거니와 의롭지 않다면 부유한들 무엇하랴. 다만 한 자식이라도 효도하는 자를 둘 것이니 자손이 많은들 어디에 쓰리오?"

父不憂心因子孝요 夫無煩惱是妻賢이라.
부 불우심 인자효 부 무번뇌 시처현

言多語失皆因酒요 義斷親疎只爲錢이니라.
언다어실 개 인주 의단친소 지 위전

父不憂心因子孝(아버지 부, 아니 불, 걱정 우, 마음 심, 원인 인, 자식 자, 효도 효)

아버지가 마음으로 걱정하지 않는 것은. 憂心(우심)은 근심하다. 아버지가 근심이 없는 것은. 자식이 효자이기 때문이고.

夫無煩惱是妻賢(남편 부, 없을 무, 괴로울 번, 괴로울 뇌, 이 시, 아내 처, 어질 현)

남편이 괴로움이 없는 것은 바로 아내가 어질기 때문이다. 현명한 아내를 두었기에 고민거리가 있어도 함께 해결할 수 있기 때문이다.

言多語失皆因酒(말 언, 많을 다, 말 어, 잃을 실, 모두 개, 원인 인, 술 주)

말이 많고 말을 실수하는 것은 모두 술 때문이요. 원래 言(언)은 문자를, 語(어)는 말을 의미하는 것이지만 여기서는 그냥 말이 많고 실수하는 것은.

義斷親疎只爲錢(의리 의, 끊을 단, 친할 친, 성길 소, 단지 지, 위할 위, 돈 전)

의리가 끊어지고 친한 사람과 멀어지는 것은 단지 돈 때문이다.

아버지가 마음에 걱정하지 않는 것은 자식이 효도하기 때문이요, 남편이 번뇌가 없는 것은 아내가 어질기 때문이다. 말이 많아지고 말을 실수함은 술 때문이요, 의리가 끊어지고 친한 사람이 소원해짐은 단지 돈 때문이다.

既取非常樂이어든 須防不測憂니라.
기취 비상락 수방 불측우

既取非常樂 (이미 기, 취할 취, 아닐 비, 항상 상, 즐길 락)

이미 非常(비상)한 즐거움을 취했으면. 이미 과도한 큰 즐거움을 즐겼다면.

須防不測憂 (모름지기 수, 막을 방, 아니 불, 헤아릴 측, 근심 우)

모름지기 不測(불측)한 근심을 막아야 한다. 예측할 수 없는 걱정거리를 미리 막아야 한다.

이미 과도한 즐거움을 누렸거든 모름지기 헤아리지 못하는 근심을 방비해야 한다.

得寵思辱하고 居安慮危니라. 榮輕辱淺하고 利重害深이니라.
득총 사욕 거안 려위 영경 욕천 이중 해심

得寵思辱 (얻을 득, 총애 총, 생각 사, 욕될 욕)

寵愛(총애), 즉 남다른 사랑을 얻거든 욕됨을 생각하고.

居安慮危 (살 거, 편안 안, 생각 려, 위태 위)

편안하게 살 때는 위태로움을 생각하라.

榮輕辱淺 (영화 영, 가벼울 경, 욕될 욕, 얕을 천)

영화가 가벼우면 욕됨도 얕고. 명예가 높으면 잃을 것도 많은 법이다.

利重害深 (이익 이, 무거울 중, 해로울 해, 깊을 심)

이익이 무거우면 해가 깊다. 고위험 고수익.

榮譽(영예)를 얻거든 욕됨을 생각하고, 편안하게 살 때는 위태로울 때를 생각하라. 영화가 가벼우면 욕됨이 얕고, 이익이 크면 해로움도 깊다.

甚愛必甚費요, **甚譽必甚毁**요, **甚喜必甚憂**요,
심애 필 심비 / 심예 필 심훼 / 심희 필 심우

甚藏必甚亡이라.
심장 필 심망

甚愛必甚費(심할 심, 아낄 애, 반드시 필, 쓸 비)

너무 아끼면 반드시 너무 쓸 일이 생기고, 낭비하게 되고, 아끼는 것이나 낭비하는 것이나 극단적인 것은 좋지 않다는 의미이다.

甚譽必甚毁(칭찬 예, 헐뜯을 예)

너무 칭찬하면 반드시 너무 헐뜯는 것이 있다. 칭찬을 하는 사람이 있으면 반드시 그것을 시기하여 헐뜯는 사람이 있기 마련이다.

甚喜必甚憂(기쁠 희, 근심 우)

너무 기뻐하면 반드시 큰 걱정거리가 생기고,

甚藏必甚亡(감출 장, 망할 망)

너무 감추다보면 반드시 망하게 된다. 잃게 된다.

너무 아끼면 반드시 크게 허비할 것이요, 너무 칭찬을 받으면 반드시 큰 헐뜯음을 받게 된다. 너무 기뻐하면 반드시 큰 걱정이 생기고, 寶貨(보화)를 너무 감추다가는 반드시 크게 잃는다.

子曰 "不觀高崖면 何以知顚墜之患이며, 不臨深泉이면
자왈 불관고애 하이지 전추지환 불임심천

何以知沒溺之患이며, 不觀巨海면 何以知風波之患이리오.
하이지 몰익지환 불관거해 하이지 풍파지환

欲知未來인대 先察已然이니라."
욕지미래 선찰이연

子曰 (선생 자, 말할 왈)

孔子(공자)께서 말씀하셨다.

不觀高崖 (아니 불, 볼 관, 높을 고, 벼랑 애)

높은 벼랑을 보지 않으면.

何以知顚墜之患 (어찌 하, 써 이, 알 지, 거꾸러질 전, 떨어질 추, 어조사 지, 근심 환)

어찌 顚墜(전추)하는 근심을 알겠는가? 전추는 거꾸로 굴러떨어진다는 의미.

不臨深泉 (아니 불, 임할 임, 깊을 심, 샘 천)

깊은 못에 임하지 않으면. 泉(천)은 샘 중에서 크고 깊은 못으로 보아야 한다. 임은 겪어보다.

何以知沒溺之患 (잠길 몰, 빠질 닉)

어찌 沒溺(몰닉)하는 근심을 알겠는가? 몰닉은 깊은 곳에 빠진다는 의미.

不觀巨海 (클 거, 바다 해)

큰 바다를 보지 않으면.

何以知風波之患 (바람 풍, 물결 파)

어찌 풍파의 근심을 알겠는가? 바람과 파도의 환란을 알겠는가?

欲知未來 (하고자할 욕, 알 지, 아닐 미, 올 래)

미래를 알고자 한다면.

先察已然(먼저 선, 살필 찰, 이미 이, 그럴 연)

먼저 이미 그러한 것을 살펴야 한다. 이미 지나간 일들.

孔子(공자)께서 말씀하셨다.

"높은 벼랑을 보지 않으면 어찌 거꾸로 떨어지는 환란을 알 것이며, 깊은 못을 겪어보지 않으면 어찌 깊은 곳에 빠져 죽는 환란을 알 것이며, 큰 바다를 보지 않으면 어찌 풍파의 환란을 알겠는가? 미래를 알고자 한다면, 먼저 지나간 일을 살필지니라.

子曰 "明鏡은 所以察形이요, 往者는 所以知今이니라.
자왈 명경 소이 찰형 왕자 소이 지금

過去事는 明如鏡이요, 未來事는 暗似漆이니라."
과거사 명 여경 미래사 암사칠

子曰(선생 자, 말할 왈)

孔子(공자)께서 말씀하셨다.

明鏡 所以察形(밝을 명, 거울 경, 바 소, 써 이, 살필 찰, 모양 형)

밝은 거울은 내 몸을 살필 수 있는 방법이며. 所以(소이)도 자주 쓰이는 관용구로, '所以+술어'에서는 '~하는 방법 또는 이유'로 해석한다. 形(형)은 몸 또는 거울에 비춰보는 실체로 봐야 한다.

往者 所以知今(지날 왕, 것 자, 알 지, 이제 금)

지나간 일은 지금을 알 수 있는 방법이다.

過去事 明如鏡(지날 과, 갈 거, 일 사, 밝을 명, 같을 여, 거울 경)

지나간 일은 밝기가 거울과 같고.

未來事 暗似漆(아닐 미, 올 래, 어두울 암, 같을 사, 옻 칠)

미래의 일은 어둡기가 칠흑과 같다.

孔子(공자)께서 말씀하셨다.

"밝은 거울은 몸을 살피는 수단이요, 지나간 일은 오늘을 아는 방법이다. 지나간 일은 밝기가 거울과 같고 미래의 일은 어둡기가 칠흑과 같다."

景行錄云 "明朝之事를 薄暮에 不可必이요,
경행록 운 명조지사 박모 불가필

薄暮之事를 晡時에 不可必이니라. 天有不測風雨하고
박모지사 포시 불가필 천유 불측풍우

人有朝夕禍福이니라. 未歸三尺土하여는 難保百年身이요,
인유 조석화복 미귀 삼척토 난보 백년신

已歸三尺土하여는 難保百年墳이니라."
이귀 삼척토 난보 백년분

景行錄云 (햇빛 경, 다닐 행, 기록할 록, 이를 운)

『景行錄(경행록)』에서 말하였다.

明朝之事 薄暮不可必 (밝을 명, 아침 조, 어조사 지, 일 사, 엷을 박, 저녁 모, 아니 불, 가할 가, 기필할 필)

밝은 아침의 일은 薄暮(박모)에 期必(기필)할 수 없고, 明朝(명조)는 '내일 아침'이란 뜻이다. 薄暮(박모)는 '땅거미가 질 무렵의 저녁 때'를 뜻한다. 기필한다는 말은 반드시 그럴 것이라고 기대하는 것이다.

薄暮之事 晡時不可必 (엷을 박, 저녁 모, 어조사 지, 일 사, 신시 포, 때 시)

저녁 무렵의 일은 晡時(포시)에 기필할 수 없다. 포시는 申時(신시), 즉 오후 3~5시 정도이다. 저녁의 일을 낮에 알 수 없다.

天有不測風雨(하늘 천, 있을 유, 아니 불, 헤아릴 측, 바람 풍, 비 우)

하늘은 헤아릴 수 없는 風雨(풍우)가 있고. 예측하지 못하는 비바람이 불고.

人有朝夕禍福(사람 인, 있을 유, 아침 조, 저녁 석, 재앙 화, 복 복)

사람은 朝夕(조석)으로 禍福(화복)이 있다. 아침저녁으로 재앙과 복이 달라진다.

未歸三尺土(아닐 미, 돌아갈 귀, 석 삼, 자 척, 흙 토)

석 자 되는 흙으로 돌아가지 않고서는. 매장하는 무덤을 의미한다.

難保百年身(어려울 난, 보존할 보, 일백 백, 해 년, 몸 신)

백 년의 몸을 보존하기 어렵고.

已歸三尺土(이미 이, 돌아갈 귀)

이미 석 자 되는 흙으로 돌아갔더라도.

難保百年墳(무덤 분)

백 년 동안 무덤을 보존하기는 어렵다.

『景行錄(경행록)』에서 말하였다.

내일 아침의 일을 저녁 때에 기필하지 못하고, 저녁 때의 일을 哺時(포시)에 기필하지 못한다. 하늘에는 예측 못하는 비바람이 있고, 사람은 아침저녁으로 禍福(화복)이 있다. 석 자 되는 흙 속(무덤)으로 돌아가지 아니하고서는 한 평생 몸을 보전하기 어렵고, 이미 석 자 되는 흙 속으로 돌아가서는 백 년 동안 무덤을 보전하기 어렵다.

景行錄云 "木有所養이면 則根本固而枝葉茂하여
경행록 운 목유소양 즉 근본고이 지엽무

棟樑之材成하고, 水有所養이면 則泉源壯而流派長하여
동량지재성 수유소양 즉 천원장이 유파장

灌漑之利博하고, 人有所養이면 則志氣大而識見明하여
관개지이박 인유소양 즉 지기대이 식견명

忠義之士出이니 可不養哉아."
충의지사출 가부양재

景行錄云 (햇빛 경, 다닐 행, 기록할 록, 이를 운)

『景行錄(경행록)』에서 말하였다.

木有所養 (나무 목, 있을 유, 바 소, 기를 양)

나무를 기르는 바가 있으면. 나무를 기르는 데에는.

則根本固而枝葉茂 (곧 즉, 뿌리 근, 근본 본, 굳을 고, 말이을 이, 가지 지, 잎 엽, 무성할 무)

곧 근본이 견고하면 가지와 잎이 무성하여.

棟樑之材成 (기둥 동, 들보 량, 어조사 지, 재목 재, 이룰 성)

기둥과 들보의 재목이 된다. 樑(량)은 들보 梁(량)과 같다.

水有所養 (물 수, 있을 유, 바 소, 기를 양)

물을 기르는 바가 있으면. 물을 관리하는 데에는.

則泉源壯而流派長 (곧 즉, 샘 천, 근원 원, 씩씩할 장, 말이을 이, 흐를 류, 물갈래 파, 긴 장)

곧 샘의 근원이 씩씩하고 물줄기의 흐름이 길어서. 근원이 씩씩하면 물줄기가 길게까지 흘러가.

灌漑之利博 (물댈 관, 물댈 개, 어조사 지, 이로울 이, 넓을 박)

灌漑(관개)는 논에 물을 대는 것이다. 관개의 이익이 넓다. 멀리까지 물을 대서 농사를 제대로 지을 수 있다.

人有所養(사람 인, 있을 유, 바 소, 기를 양)

사람을 기르는 바가 있다. 사람을 기르는 데에는.

則志氣大而識見明(곧 즉, 뜻 지, 기운 기, 큰 대, 말이을 이, 알 식, 볼 견, 밝을 명)

뜻과 기운을 크게 하고 식견을 밝게 하여야.

忠義之士出(충성 충, 의로울 의, 어조사 지, 선비 사, 날 출)

충성스럽고 의로운 선비가 나오니.

可不養哉(가할 가, 아니 불, 기를 양, 어조사 재)

기르지 않을 수 있겠는가? 哉(재)는 감탄형 어조사이다. 可不養哉(가불양재)를 직역하자면, "기르지 않는 것이 가하겠는가? 可當(가당)하겠는가"의 뜻이다. 이런 형식의 문구는 한문에서 흔히 쓰이는 표현이다.

『景行錄(경행록)』에서 말하였다.

"나무를 잘 기르는 바는 뿌리가 견고하면 가지와 잎이 무성하여져 기둥과 들보의 재목을 이루고, 물이 잘 관리하는 바는 샘의 근원이 세차면 물줄기가 길어서 灌漑(관개)의 이익이 넓어지고, 사람이 잘 기르는 바는 志氣(지기)가 커지고 식견이 밝아지면 忠義(충의)의 선비가 나오니, 기르지 않을 수 있겠는가?"

自信者는 人亦信之하여 吳越도 皆兄弟요,
자신자 인역 신지 오월 개 형제

自疑者는 人亦疑之하여 身外에 皆敵國이니라.
자의자 인역 의지 신외 개 적국

疑人莫用하고 用人勿疑니라.
의인막용 용인물의

自信者 人亦信之(스스로 자, 믿을 신, 사람 자, 남 인, 또한 역, 그것 지)

스스로를 믿는 사람은 남도 또한 그를 믿어주어.

吳越 皆兄弟(나라 오, 나라 월, 모두 개, 형 형, 아우 제)

오나라와 월나라도 모두 형제가 된다. 吳越(오월)은 중국의 춘추·전국 시대에 걸쳐 두 나라는 오랫동안 적대국으로 싸워왔다. 특히 오왕(吳王) 부차(夫差)와 월왕(越王) 구천(句踐)이 오랫동안 싸운 것을 두고 적의(敵意)를 품고 서로 미워한다는 뜻의 고사 오월동주(吳越同舟)가 유명하다. 그러니까 오월과 같은 원수도 모두 형제가 된다는 뜻이다.

自疑者 人亦疑之(스스로 자, 의심할 의, 사람 자, 남 인, 또한 역, 그것 지)

스스로를 의심하는 사람은 남들도 그를 의심하여.

身外 皆敵國(몸 신, 바깥 외, 모두 개, 적 적, 나라 국)

자신 외에는 모두 적국으로 여긴다.

疑人莫用 用人勿疑(의심할 의, 사람 인, 말 말, 쓸 용, 말 물)

사람을 의심하면 쓰지 말고, 사람을 쓴다면 의심하지 말라.

스스로를 믿는 사람은 남도 또한 자기를 믿어서 吳(오)나라와 越(월)나라와 같은 적국 사이라도 형제와 같이 될 수 있고, 스스로를 의심하는 자는 남도 또한 자기를 의심하여 자기 외에는 모두 敵國(적국)이 된다. 사람을 의심하거든 쓰지 말고, 사람을 쓰거든 의심하지 마라.

諷諫云 "水底魚天邊雁은 高可射兮低可釣어니와
풍간 운 수저어 천변안 고가사혜 저가조

惟有人心咫尺間에 咫尺人心不可料니라."
유유 인심지척간 지척인심 불가료

諷諫云 (풍자할 풍, 간할 간, 말할 운)

諷諫(풍간)에 이르길. 풍간은 풍자하고 간하는 글로 여기서의 정확한 출전은 알 수 없다.

水底魚天邊雁 (물 수, 밑 저, 물고기 어, 하늘 천, 가 변, 기러기 안)

물 밑의 물고기와 하늘가의 기러기는.

高可射兮低可釣 (높을 고, 가할 가, 쏠 사, 어조사 혜, 낚시 조)

높은 것은 활로 쏠 수 있고 낮은 것은 낚시질을 할 수 있거니와. 兮(혜)는 두 문장이 對句(대구)를 이룰 때 주로 쓰이는 감탄형 어조사이다. 하늘의 기러기는 높이 날기에 활로 쏠 수 있고, 물 아래 물고기는 낮게 있기에 낚시질로 잡을 수 있다.

惟有人心咫尺間 (오직 유, 있을 유, 사람 인, 마음 심, 길이 지, 자 척, 사이 간)

오직 사람의 마음은 咫尺(지척) 간에 있어도. 지척은 길이의 단위로 한 자(30cm) 남짓 되는 가까운 거리를 말한다.

咫尺人心不可料 (헤아릴 료)

지척인 사람의 마음은 헤아릴 수 없다.

『諷諫(풍간)』에서 말하였다.

"물 바닥의 고기와 하늘가의 기러기는 높이 하늘에 뜬 것은 쏘아 잡고, 낮게 물속에 있는 것은 낚아 잡을 수 있다. 그러나 오직 사람의 마음은 지척 간에 있음에도 이 지척 간에 있는 마음은 헤아릴 수 없다."

畵虎에 畵皮難畵骨이요, 知人에 知面不知心이니라.
화호 화피 난화골 지인 지면 부지심

對面共話하되 心隔千山이니라. 海枯終見底나
대면공화 심격천산 해고 종견저

人死不知心이니라.
인사 부지심

畵虎 畵皮難畵骨(그림 화, 범 호, 가죽 피, 어려울 난, 뼈 골)

범을 그림에 가죽은 그릴 수 있지만 뼈는 그리기 어렵고,

知人 知面不知心(알 지, 사람 인, 낯 면, 아니 불, 알 지, 마음 심)

사람을 알되 얼굴은 알아도 마음을 알기 어렵다.

對面共話(대할 대, 함께 공, 말 화)

얼굴을 대하고 함께 말을 해도,

心隔千山(사이 뜰 격, 일천 천, 뫼 산)

마음은 천산만큼이나 떨어져 있다. 千山(천산)은 수많은 산으로, 아주 먼 거리를 상징한다.

海枯終見底(바다 해, 마를 고, 마칠 종, 볼 견, 바닥 저)

바다가 마르면 끝내 바닥을 볼 수 있으나,

人死不知心(죽을 사)

사람은 죽어도 그 마음을 알 수 없다.

범을 그리되 껍데기는 그릴 수 있으나 뼈는 그리기 어렵고, 사람을 알되 얼굴은 알지만 마음은 알지 못한다. 얼굴을 맞대고 함께 이야기는 하지만, 마음은 千山(천산)만큼이나 떨어져 있다. 바다는 마르면 마침내 바닥을 볼 수 있으나, 사람은 죽어도 그 마음을 알지 못한다.

太公曰 "凡人은 不可逆相이요, 海水는 不可斗量이니라."
태공 왈 범인 불가 역상 해수 불가 두량

太公曰 (클 태, 벼슬 공, 말할 왈)

姜太公(강태공)이 말하였다.

凡人 不可逆相 (무릇 범, 사람 인, 아니 불, 가할 가, 거스를 역, 점칠 상)

무릇 사람은 거슬러서 점칠 수 없고. 앞으로 다가올 운명을 앞질러 미리 점칠 수 없다는 뜻이다.

海水 不可斗量 (바다 해, 물 수, 말 두, 헤아릴 양)

바닷물은 말[斗]로써 측정할 수 없다.

太公(태공)이 말하였다.

"무릇 사람은 앞질러 점칠 수 없고, 바닷물은 말[斗]로 헤아릴 수 없다."

景行錄云 "結怨於人을 謂之種禍요,
경행록 운 결원어인 위지 종화

捨善不爲를 謂之自賊이라."
사선불위 위지 자적

景行錄云 (햇빛 경, 다닐 행, 기록할 록, 이를 운)

『景行錄(경행록)』에서 말하였다.

結怨於人 謂之種禍 (맺을 결, 원한 원, 어조사 어, 남 인, 이를 위, 그것 지, 심을 종, 재앙 화)

남에게 원한을 맺는 것은. 於(어)는 ~에게, ~와. 이를 일러 재앙의 씨앗을 심는 것이라 하고. 之(지)는 語助辭(어조사)로서 謂(위)의 목적어 자리에 들어가서 어세를 고르게 해준다. 직역하자면 "그것을 일러"가 되지만, 그냥 謂之(위지)는 "~라고 말한다" 정도로 해석하는 것이 무난하다.

捨善不爲 謂之自賊 (버릴 사, 선할 선, 아니 불, 할 위, 스스로 자, 해칠 적)

捨善(사선)하고 不爲(불위)하는 것을. 선을 버리고 하지 않는 것은 스스로 해치는 것이라고 말한다.

『景行錄(경행록)』에서 말하였다.

"남과 원한을 맺는 것은 재앙의 씨를 심는 것이라 하고, 선한 것을 버리고 선한 일을 하지 않는 것은 스스로를 해치는 것이라 한다."

若聽一面說이면 便見相離別이니라. 飽暖엔 思淫慾하고,
약청 일면설 변견 상이별 포난 사 음욕

飢寒엔 發道心이니라.
기한 발도심

若聽一面說(만약 약, 들을 청, 한 일, 향할 면, 말할 설)

만약 한 편의 말만을 들으면.

便見相離別(곧 변, 볼 견, 서로 상, 헤어질 리, 떨어질 별)

곧 서로 이별함을 보게 된다. 便見(변견)은 곧 ~을 보다, 즉 갑자기 당하게 된다. 이별을 당하게 된다. 便(변)은 다양하게 쓰인다. ①편할 편. 便安(편안). ②이로울 편. 便利(편리). ③곧 변. 부사로 '문득, 곧, 별안간, 불현듯'의 뜻으로 한문에서는 무척 많이 쓰이는 글자이다. 여기서는 ③에 해당한다.

飽煖思淫慾(배부를 포, 따뜻할 난, 생각 사, 음란할 음, 욕심 욕)

배부르고 따뜻하면 음란한 욕구를 생각하고.

飢寒發道心(굶주릴 기, 찰 한, 일어날 발, 도 도, 마음 심)

굶주리고 추우면 道心(도심)이 일어난다.

만약 한 편의 말만 들으면 곧 서로 이별함을 당하게 된다. 배부르고 따뜻하면 음욕을 생각하고, 굶주리고 추우면 道心(도심)이 일어난다.

疏廣曰 "賢而多財則損其志하고 愚而多財則益其過니라. 人貧智短하고 福至心靈이니라."
(소광 왈 / 현이다재즉 / 손기지 / 우이다재즉 / 익기과 / 인빈지단 / 복지심령)

疏廣曰(성길 소, 넓을 광, 말할 왈)

疏廣(소광)이 말하길. 소광(?~?)은 중국 한나라 때의 학자로 자는 仲翁(중옹)이다. 전한 동해(東海) 난릉(蘭陵) 사람. 젊어서 학문을 좋아했고, 맹경(孟卿)에게 『춘추』를 배웠다. 박사태중대부(博士太中大夫)에 발탁되었다. 선제(宣帝) 지절(地節) 3년(기원전 67) 황태자(元帝)가 황제가 되자 소부(少傅)가 되고, 다시 태부(太傅)로 옮겼다. 5년 동안 황태자를 가르치다 병을 핑계로 사직을 청원해 물러났다. 하사받은 금을 친족들에게 나눠주면서 아래 문장의 말을 남겼다. 벼슬로 이름을 얻는 것을 후회하여 벼슬을 그만두자 많은 사람들이 칭찬했다. 저서에 『소씨춘추(疏氏春秋)』가 있다.

賢而多財則損其志(어질 현, 말이을 이, 많을 다, 재물 재, 곧 즉, 덜 손, 그 기, 뜻 지)

사람이 어진데 재물이 많으면 그 뜻을 손상시키고. 본래 품은 뜻이 손상될 수 있고.

愚而多財則益其過(어리석을 우, 더할 익, 허물 과)

사람이 어리석은데 재물이 많으면 그 허물이 더해진다.

人貧智短(사람 인, 가난할 빈, 지혜 지, 짧을 단)

사람이 가난하면 지혜가 짧아지고.

福至心靈(복 복, 이를 지, 마음 심, 신령 령)

복이 이르면. 복을 누리면 마음이 신령스러워진다. 영통(靈通)해진다.

疏廣(소광)이 말하였다.

"어진 사람이 재물이 많으면 그 뜻을 손상하고, 어리석은 사람이 재물이 많으면 허물을 더한다. 사람이 가난하면 지혜가 짧아지고, 복이 이르면 마음이 靈通(영통)해진다."

不經一事면 不長一智니라. 是非終日有라도
불경일사 부장일지 시비 종일유

不聽自然無니라. 來說是非者는 便時是非人이니라.
불청 자연무 내설시비자 변시 시비인

不經一事(아니 불, 경험 경, 한 일, 일 사)

한 가지 일을 경험하지 않으면. 經(경)은 지날 경, 즉 '~을 지나다. ~을 겪다. ~을 경험하다'의 뜻이다.

不長一智(자랄 장, 지혜 지)

한 가지 지혜가 자라지 못 한다. 경험에 의해서 삶의 지혜를 하나씩 깨우쳐간다는 의미다.

是非終日有(옳을 시, 그를 비, 끝날 종, 날 일, 있을 유)

是非(시비)가 종일토록 있을지라도.

不聽自然無(들을 청, 스스로 자, 그럴 연, 없을 무)

듣지 않으면 자연히 없어진다. 일일이 그 시시비비에 관여하지 않으면 저절로 사라진다는 의미다.

來說是非者(올 래, 말 설, 사람 자)

와서 시비를 말하는 사람이. 구태여 나를 찾아와 이러쿵저러쿵 시비를 말해주는 사람은.

便是是非人(문득 변, 이 시, 옳을 시, 그를 비)

곧 그 사람이 시비하는 사람이다. 일을 만드는 사람이니 조심해야 한다. 便是(변시)는 '곧(문득, 별안간, 불현듯) ~이다'의 뜻이다. 이때 是(시)는 '~이다'의 뜻이다. 是(시)가 이처럼 부사(또는 대명사)에 붙어서 같이 쓰이는 예가 많다. 예를 들면, 只是(지시)는 '단지 ~이다', 總是(총시)는 '모두 ~이다', 都是(도시)는 '모두 ~이다', 却是(각시)는 '도리어 ~이다', 還是(환시)는 '도로 ~이다' 등등.

한 가지 일을 겪지 않으면, 한 가지 지혜가 자라지 않는다. 시빗거리가 종일토록 있을지라도, 듣지 않으면 자연히 없어진다. 와서 시비를 말하는 자는 이 사람이야말로, 곧 시비하는 사람이니라.

擊壤詩云 "平生에 不作皺眉事하면 世上에 應無切齒人이라.
격양시 운 평생 부작 추미사 세상 응무 절치인

大名을 豈有鐫頑石가. 路上行人이 口勝碑니라."
대명 기유 전완석 노상행인 구승비

擊壤詩云 (부딪칠 격, 흙 양, 시 시, 이를 운)

「擊壤詩(격양시)」에 이르기를.

平生不作皺眉事 (평평할 평, 날 생, 아니 불, 지을 작, 주름 추, 눈썹 미, 일 사)

평생토록 눈썹 찡그릴 일을 하지 않으면. 인상 쓰는 일이 없다면.

世上應無切齒人 (세상 세, 위 상, 응당 응, 없을 무, 끊을 절, 치 이, 사람 인)

세상에 응당 이를 갈 사람이 없을 것이다. 切齒(절치)란 '몹시 분하여 이를 갈고 있다'는 뜻의 한 단어이다. 절치부심(切齒腐心).

大名豈有鐫頑石 (큰 대, 이름 명, 어찌 기, 있을 유, 새길 전, 완고할 완, 돌 석)

큰 이름을 어찌 딱딱한 돌에다 새길 것인가? 頑石(완석)은 딱딱한 돌, 쓸모 없는 잡석이란 의미이다.

路上行人口勝碑 (길 로, 위 상, 다닐 행, 사람 인, 입 구, 나을 승, 비석 비)

路上行人(노상행인)의 口(구)가 비석보다 낫다. 길가에 다니는 사람의 입이 비석보다 낫다. 사람들의 입으로 전해지는 평판이 잡석에 새긴 말보다 중요함을 의미한다.

「擊壤詩(격양시)」에서 말하였다.

"평소에 눈썹 찡그릴 일을 하지 않으면, 세상에 이를 갈 원수 같은 사람이 없을 것이다. 크게 난 이름을 어찌 딱딱한 돌에 새길 것인가? 길가는 사람의 입이 비석보다 낫다."

有麝自然香이니 何必當風立고 有福莫享盡하라.
유사 자연향 하필 당풍립 유복 막향진

福盡身貧窮이요, 有勢莫使盡하라. 勢盡寃相逢이니라.
복진 신빈궁 유세 막사진 세진 원상봉

福兮常自惜하고 勢兮常自恭하라. 人生驕與侈는
복혜 상자석 세혜 상자공 인생 교여치

有始多無終이니라.
유시 다무종

有麝自然香 (있을 유, 사향 사, 스스로 자, 그럴 연, 향기 향)

사향을 가졌으면 자연스럽게 향기가 나니. 麝香(사향)은 사슴에서 추출한 향료로 탁월한 향기를 가졌다. 옛날 사람들은 사향을 주머니에 담아 허리에 차고 다녔다. 요즘으로 치면 향수를 뿌리고 다닌 것이다.

何必當風立 (어찌 하, 반드시 필, 마땅 당, 바람 풍, 설 립)

어찌 반드시 바람을 맞고 서 있겠는가? 何必(하필)은 관용적인 표현으로 '어찌 반드시'의 뜻이다. 當風(당풍)은 바람을 맞다. 굳이 남들이 향기를 맡게끔 의도할 필요가 없다는 말이다.

有福莫享盡 (있을 유, 복 복, 말 막, 누릴 향, 다할 진)

복이 있더라도 다 누리지는 말고.

福盡身貧窮 (몸 신, 가난 빈, 다할 궁)

복이 다하면 몸이 빈궁해질 것이다.

有勢莫使盡 (세도 세, 부릴 사)

세도가 있더라도 다 사용하지 말라.

勢盡寃相逢 (원한 원, 서로 상, 만날 봉)

세도가 다하면 원한과 서로 만날 것이다.

福兮常自惜(어조사 혜, 항상 상, 아낄 석)

복이 있거든 항상 스스로 아끼고.

勢兮常自恭(권세 세, 공손할 공)

권세가 있거든 항상 스스로 공손하라. 兮(혜)는 '~하거든'의 접속사로 쓰이고 있다.

人生驕與侈(사람 인, 날 생, 교만할 교, 더불 여, 사치 치)

인생에서 교만과 사치는. 與(여)는 술어로는 ①~을 주다, ②~와 더불다(함께)로 쓰인다. 여기서는 ②의 '~와(and)'의 뜻이다.

有始多無終(시작 시, 많을 다, 없을 무, 끝 종)

시작은 있으나 대부분 끝은 없다. 시작은 좋으나 끝이 좋지 않다는 의미.

사향이 있으면 자연히 향기로울 것이니, 어찌 반드시 바람을 향하여 서겠는가? 복이 있어도 다 누리지 마라. 복이 다하면 몸이 빈궁해질 것이요, 권세가 있어도 다 부리지 마라. 권세가 다하면 원수와 서로 만난다. 복이 있거든 항상 스스로 아끼고, 권세가 있거든 항상 스스로 공손하라. 인생에 교만과 사치는 시작은 좋아도 대부분 끝은 좋지 않다.

王參政四留銘曰 "留有餘不盡之巧하여 以還造物하고
왕참정 사유명 왈 유유여 부진지교 이환조물

留有餘不盡之祿하여 以還朝廷하고 留有餘不盡之財하여
유유여 부진지록 이환조정 유유여 부진지재

以還百姓하고 留有餘不盡之福하여 以還子孫이니라."
이환백성 유유여 부진지복 이환자손

王參政四留銘曰(임금 왕, 참여할참, 정사 정, 넉 사, 머물 류, 새길 명, 말할 왈)

왕참정(王參政)의 「四留銘(사류명)」에서 말하길. 왕참정(957~1017)은 北宋(북송)

때의 名宰相(명재상)으로 이름은 旦(단)이다. 參政(참정)은 參知政事(참지정사)의 준말이다. 그는 송나라 대명(大名) 신현(莘縣) 사람. 자는 자명(子明)이고, 왕호(王祜)의 아들이다. 태종 태평흥국(太平興國) 5년(980) 진사(進士)가 되고, 저작랑(著作郞)으로 『문원영화(文苑英華)』 편찬에 참여했다. 진종(眞宗) 함평(咸平) 때 동지추밀원사(同知樞密院使)와 참지정사(參知政事)를 지냈다. 거란(契丹)이 침범하자 진종을 따라 전주(澶州)에 이르렀는데, 동경유수(東京留守) 옹왕(雍王)이 갑자기 병에 걸려 급히 돌아가자 유수의 직책을 대행했다. 경덕(景德) 3년(1006) 상(相)이 되어 『양조국사(兩朝國史)』를 감수했다. 일찍이 진종에게 조종(祖宗)의 법을 시행하고 개혁을 신중하게 하라고 권했다. 사람을 잘 보아 중용된 인사를 많이 천거했다. 천희(天禧) 원년(1017) 질병으로 상을 사직했다. 죽은 뒤 태사(太師)가 추증되고, 시호는 문정(文正)이다.

留有餘不盡之巧 以還造物(남길 유, 있을 유, 넉넉할 유, 아니 불, 다할 진, 어조사 지, 재주 교, 써 이, 되돌릴 환, 지을 조, 만물 물)

有餘不盡(유여부진), 여유를 두어 다 쓰지 않는. 巧(교), 재주를 남겨두었다가 조물주에게 되돌려주다. 타고난 재주를 다 쓰지 않고 죽으며.

留有餘不盡之祿 以還朝廷(녹봉 녹, 조정 조, 조정 정)

여유를 두어 다 쓰지 않은 녹봉을 조정에 돌려주다. 조정으로부터 받은 녹봉을 다 쓰지 않고 돌려주며.

留有餘不盡之財 以還百姓(재물 재, 모두 백, 성 성)

여유를 두어 다 쓰지 않은 재물을 백성들에게 돌려주다. 다 쓰지 않은 재산을 백성들에게 돌려주며.

留有餘不盡之福 以還子孫(복 복, 자식 자, 자손 손)

여유를 두어 다 쓰지 않은 복을 자손에게 돌려주다. 자신의 복을 다 쓰지 않고 자손들에게 나눠준다.

王參政(왕참정)이 『四留銘(사류명)』에서 말하였다.

"여유를 두어 다 쓰지 않은 재주를 남겼다가 조물주에게 돌려주고, 여유를 두어 다 쓰지 않은 俸祿(봉록)을 남겼다가 조정에 돌려주고, 여유를 두어 다 쓰지 않은 재물을 남겼다가 백성에게 돌려주며, 여유를 두어 다 쓰지 않은 복을 남겼다가 자손에게 돌려주라."

黃金千兩이 未爲貴요, 得人一語가 勝千金이니라.
황금천량 미위귀 득인일어 승 천금

黃金千兩 未爲貴(누를 황, 쇠 금, 일천 천, 냥 냥, 아닐 미, 될 위, 귀할 귀)

황금 천 냥이 귀한 것이 되지 않고. 천 냥의 황금은 지금 화폐기준으로 몇 백억이 될 것이다. 그것이 귀한 것이 아니라.

得人一語 勝千金(얻을 득, 사람 인, 한 일, 말 어, 나을 승, 일천 천, 돈 금)

사람의 좋은 한마디 말을 얻는 것이 천금보다 낫다. 피가 되고 살이 되는 말 한마디 듣는 것이 더 가치가 있다.

황금 천 냥이 귀한 것이 아니요, 사람의 좋은 말 한마디를 듣는 것이 천금보다 낫다.

巧者는 拙之奴요, 苦者는 樂之母니라. 小船은 難堪重載요
교자 졸지노 고자 낙지모 소선 난감중재

深逕은 不宜獨行이니라.
심경 불의독행

巧者 拙之奴(재주 교, 사람 자, 서툴 졸, 어조사 지, 종 노)

재주 있는 사람은 서툰, 재주 없는 사람의 종이고. 가인박명(佳人薄命)이라고 했다.

재주가 있는 것과 주인이 되어서 사는 것은 별개의 문제이다. 진정한 리더는 자신이 모든 것을 하는 것이 아니라 그런 능력을 가진 사람들을 적재적소에 배치하고, 그 능력의 최대치를 끌어낼 수 있는 사람이다.

苦者 樂之母(쓸 고, 즐길 락, 어미 모)

괴로움은 즐거움의 어머니이다.

小船 難堪重載(작을 소, 배 선, 어려울 난, 감당할 감, 무거울 중, 실을 재)

작은 배는 무거운 짐 싣기를 감당하기 어렵고. 難堪(난감)하다는 말 그대로다.

深逕 不宜獨行(깊을 심, 좁은길 경, 아니 불, 마땅할 의, 홀로 독, 갈 행)

깊고 좁은 길은 홀로 다니기에 마땅하지 않다. 참고로 크고 바른 길은 道(도)이고, 그 보다 작은 길은 路(로)이고, 길이라고 여길 수도 없는 샛길은 逕(경)이다. 따라서 흔히 비유적으로 道(도)는 군자가 행하여야 할 길이고, 逕(경)은 군자가 걸어서는 안 되는 길이란 의미로 자주 쓰이는 말이기도 하다. 逕(경)은 좁은 샛길이므로 '지름길'이란 뜻도 있다. 徑(경)과 통하는 글자이다. 宜(의)는 부사로서, '의당, 마땅히'의 뜻.

재주 있는 사람은 재주 없는 사람의 종이 되고, 괴로움은 즐거움의 어머니이다. 작은 배는 무거운 짐을 싣는 것을 감당하기 어렵고, 으슥하고 좁은 길은 혼자 다니기에 마땅치 못하다.

黃金이 未是貴요, 安樂이 値錢多니라.
황금 미시귀 안락 치전다

黃金 未是貴(누럴 황, 쇠 금, 아닐 미, 이 시, 귀할 귀)

황금은 귀한 것이 아니요. 시(是)는 '~이다'. 未是(미시)는 '~이 아니다'.

安樂 値錢多(편안 안, 즐길 락, 값 치, 돈 전, 많을 다)

安樂(안락)은 돈보다 값어치가 많다.

황금이 귀한 것이 아니요, 안락이 돈보다 값어치가 많다.

在家에 不會邀賓客이면 出外에 方知少主人이니라.
재가 불회 요빈객 출외 방지 소주인

在家 不會邀賓客(있을 재, 집 가, 아니 불, 만날 회, 맞을 요, 손 빈, 손 객)

집에 있으면서 손님들을 맞이하지 않는다면. 손님들을 제대로 대접하지 않는다면.

出外 方知少主人(나갈 출, 바깥 외, 비로소 방, 알 지, 적을 소, 주인 주, 사람 인)

밖에 나가서 비로소 주인이 적다는 사실을 알게 될 것이다. 자신이 밖에 나가 빈객이 되었을 때, 자기를 제대로 대접해주는 주인이 적다는 사실.

집에 있을 때 손님을 맞아 대접할 줄 모르면, 밖에 나가서야 바야흐로 자기를 대접해주는 주인이 적은 줄을 안다.

貧居鬧市無相識이요, 富住深山有遠親이니라.
빈거료시 무상식 부주심산 유원친

貧居鬧市無相識(가난 빈, 살 거, 시끄러울 뇨, 시장 시, 없을 무, 서로 상, 알 식)

가난하게 시끄러운 시장거리에 살면 서로 아는 사람이 없고.

富住深山有遠親(넉넉할 부, 살 주, 깊을 심, 뫼 산, 있을 유, 멀 원, 친할 친)

넉넉하게 깊은 산에 살면 멀리서 찾아오는 친한 이가 있다.

가난하면 번화한 시장거리에 살아도 서로 아는 사람이 없고, 부유하면 깊은 산 중에 살아도 먼 곳에서 찾아오는 친한 사람이 있다.

人義는 盡從貧處斷이요, 世情은 便向有錢家니라.
인의 진종 빈처단 세정 변향 유전가

人義 盡從貧處斷(사람 인, 의로울 의, 다 진, 따를 종, 가난 빈, 곳 처, 끊을 단)

사람의 의리는 모두 貧處(빈처), 가난한 처지를 좇아 끊어지고. 가난한 사람에게는 의리를 잘 지키지 않고.

世情 便向有錢家(세상 세, 뜻 정, 곧 변, 향할 향, 있을 유, 돈 전, 집 가)

세상의 인정은 곧 돈 있는 집을 향한다.

사람의 의리는 다 가난한 데서부터 끊어지고, 세상의 인정은 곧 돈 있는 집으로 향한다.

寧塞無底缸이언정 難塞鼻下橫이니라.
녕색 무저항 난색 비하횡

人情은 皆爲窘中疎니라.
인정 개위 군중소

寧塞無底缸(차라리 녕, 막을 색, 없을 무, 밑 저, 항아리 항)

차라리 無底缸(무저항), 밑이 없는 항아리는 막을 수 있을지언정.

難塞鼻下橫(어려울 난, 코 비, 아래 하, 가로 횡)

코 아래 가로 놓인 것[입]은 막기가 어렵다. 말조심을 당부하는 말.

人情 皆爲窘中疎(사람 인, 뜻 정, 모두 개, 될 위, 군색할 군, 가운데 중, 성길 소)

사람의 정은 모두 군색한 가운데 소원하게 된다. 군색하다는 말은 첫째, 필요한 것이 없거나 모자라서 딱하고 옹색하다. 둘째, 자연스럽거나 떳떳하지 못하고 거북하다는 뜻이다. 곳간에서 인심난다는 말과도 통한다고 볼 수 있다.

차라리 밑 빠진 항아리는 막을지언정, 코 아래 가로놓인 입은 막기 어렵다. 사람의 정은 다 군색한 가운데서 소원하게 된다.

史記曰"郊天禮廟는 非酒不享이요,
사기 왈 교천예묘 비주 불향

君臣朋友는 非酒不義요, 鬪爭相和는 非酒不勸이라.
군신붕우 비주 불의 투쟁상화 비주 불권

故로 酒有成敗而不可泛飮之니라."
고 주유성패이 불가범음지

史記曰(역사 사, 적을 기, 말할 왈)

『史記(사기)』에서 말하길. 『사기』는 사마천이 지은 중국 역사서. 이 책의 가장 큰 특색은 역대 중국 정사의 모범이 된 紀傳體(기전체)의 효시로서, 제왕의 연대기인 本紀(본기) 12편, 제후왕을 중심으로 한 세가 30편, 역대 제도 문물의 연혁에 관한 書(서) 8편, 연표인 表(표) 10편, 시대를 상징하는 뛰어난 개인의 활동을 다룬 전기 列傳(열전) 70편, 총 130편으로 구성되었다. 반면에 편년체(編年體)는 연대순으로 역사를 기술하는 방식을 말한다.

郊天禮廟 非酒不享(성밖 교, 하늘 천, 예도 예, 사당 묘, 아닐 비, 술 주, 아니 불, 누릴 향)

郊天(교천), 교외에서 하늘에 제사를 지내고. 禮廟(예묘), 사당에서 제례(祭禮)를 올릴 때에는 술이 아니면 흠향(歆饗)하지 못하고, 제사를 드릴 수 없다. 郊(교)는 지금은 주로 '들 교'의 뜻으로만 쓰이나[예:교외(郊外), 근교(近郊)], 옛날엔 성곽 밖의 들로 나가 하늘에 제사를 지낸다는 의미로도 쓰였다. 郊祭(교제:천자가 하늘과 땅에 올리던 제사의 이름) 물론 여기서도 술어로 쓰였다. 우리나라에서 제사에 술을 사용하게 된 것은 조선시대에 들어와서라고 한다. 그 이전에는 제사에 차를 올리기도 했다.

君臣朋友 非酒不義(임금 군, 신하 신, 벗 붕, 벗 우, 아닐 비, 술 주, 아니 불, 의로울 의)

임금과 신하와 벗들 사이에는 술이 아니면 의리가 두터워지지 않는다.

鬪爭相和 非酒不勸(싸울 투, 다툴 쟁, 서로 상, 화해 화, 권할 권)

싸우고 나서 서로 화해함에도 술이 아니며 권할 수 없다.

故酒有成敗而不可泛飮之(원인 고, 있을 유, 이룰 성, 패할 패, 말이을 이, 가할 가, 엎어질 범, 마실 음, 그것 지)

그러므로 술에는 성공과 실패가 있다. 그러나 엎어지도록 마셔서는 안 된다. 而(이)는 역접의 의미.

『史記(사기)』에서 말하였다.

"하늘에 제사를 지내고 사당에 제례 올림에도 술이 아니면 제사를 지내지 못할 것이요, 임금과 신하 그리고 벗과 벗 사이에도 술이 아니면 의리가 두터워지지 않을 것이요, 싸움을 하고 서로 화해함에도 술이 아니면 권하지 못할 것이다. 그러므로 술에 성공과 실패가 있다 그러나 함부로 마셔서는 안 된다."

子曰 "士志於道而恥惡衣惡食者는 未足與議也니라."
자왈 사 지어도이 치 악의악식자 미족 여의야

『論語』「里仁」

子曰 (선생 자, 말할 왈)

孔子(공자)께서 말씀하셨다.

士志於道而恥惡衣惡食者 (선비 사, 뜻 지, 어조사 어, 도리 도, 말이을 이, 부끄러울 치, 악할 악, 옷 의, 밥 식, 사람 자)

선비가 도에 뜻을 두고서 惡衣惡食(악의악식), 나쁜 옷과 음식을 부끄러워하는 사람은.

未足與議也 (아닐 미, 족할 족, 더불 여, 의논할 의, 어조사 야)

족히 함께 의논할 수 없다. 함께 도를 얘기할 수 없다.

孔子(공자)께서 말씀하셨다.
"선비가 도에 뜻을 두면서 나쁜 옷과 나쁜 음식을 부끄러워하는 사람과는 서로 함께 도를 의논할 수 없다."

荀子曰 "士有妬友則賢交不親하고
순자 왈 사 유투우즉 현교불친

君有妬臣則賢人不至니라."
군 유투신즉 현인부지

『荀子』「大略」

荀子曰 (풀이름 순, 선생 자, 말할 왈)

荀子(순자)가 말하길.

士有妬友則賢交不親(선비 사, 있을 유, 시샘 투, 벗 우, 곧 즉, 어질 현, 사귈 교, 아니 불, 친할 친)

선비에게 질투하는 벗이 있으면 어진 이와 친하지 못하고.

君有妬臣則賢人不至(임금 군, 신하 신, 사람 인, 이를지)

임금에게 질투하는 신하가 있으면 어진 사람이 이르지 않는다.

荀子(순자)가 말하였다.

"선비에게 질투하는 벗이 있으면 어진 이가 가까이 하지 않고, 임금에게 질투하는 신하가 있으면 어진 사람이 오지 않는다."

天不生無祿之人하고, **地不長無名之草**니라.
천 불생 무록지인 지 부장 무명지초

天不生無祿之人(하늘 천, 아니 불, 날 생, 없을 무, 녹봉 녹, 어조사 지, 사람 인)

하늘은 福祿(복록)이 없는 사람은 낳지 않는다. 복록이란 세상에 태어나서 자기 먹고 살 복을 말한다. 제 먹을 복을 모두 타고난다는 말과 같다.

地不長無名之草(땅 지, 기를 장, 이름 명, 풀 초)

땅은 이름 없는 풀은 기르지 않는다. 우리가 그 이름을 모를 뿐이지.

하늘은 복록 없는 사람을 낳지 않고, 땅은 이름 없는 풀을 기르지 않는다.

大富는 由天하고, 小富는 由勤이니라.
대부 유천 소부 유근

大富 由天(큰 대, 넉넉할 부, 말미암을 유, 하늘 천)

큰 부자는 하늘로 말미암고. 하늘에서 내리고.

小富 由勤(작을 소, 부지런할 근)

작은 부자는 근면으로 말미암는다. 부지런함으로 이룰 수 있다.

큰 부자는 하늘에 달려 있고, 작은 부자는 근면에 달려 있다.

成家之兒는 惜糞如金하고, 敗家之兒는 用金如糞이니라.
성가지아 석분 여금 패가지아 용금 여분

成家之兒(이룰 성, 집안 가, 어조사 지, 아이 아)

집안을 이루게 하는 아이는. 집안을 일으키는 자식은.

惜糞如金(아낄 석, 똥 분, 같을 여, 돈 금)

똥을 아끼기를 돈과 같이 하고. 거름이 되는 똥을 금덩어리처럼 아낄 줄 안다.

敗家之兒(망칠 패)

집안을 망치는 아이는.

用金如糞(쓸 용)

금을 똥처럼 쓴다.

집을 이룰 아이는 거름 아끼기를 금같이 하고, 집을 망칠 아이는 돈 쓰기를 거름 같이 한다.

康節邵先生曰 "閑居에 愼勿說無妨하라.
강절소선생 왈 한거 신 물설무방

纔說無妨便有妨이니라. 爽口物多能作疾이요,
재설무방 변 유방 상구물 다능작질

快心事過必有殃이라. 與其病後能服藥으론
쾌심사과 필 유앙 여기병후 능복약

不若病前能自防이니라."
불약 병전능자방

康節邵先生曰 (편안할 강, 마디 절, 고을이름 소, 먼저 선, 날 생, 말할 왈)

邵康節(소강절)선생이 이르기를.

閑居愼勿說無妨 (한가할 한, 살 거, 삼갈 신, 말 물, 말 설, 없을 무, 걱정할 방)

한가롭게 살 때 삼가 걱정할 것이 없다고 말하지 말라.

纔說無妨便有妨 (겨우 재, 곧 변, 있을 유)

겨우 막 걱정할 것이 없다고 말하자마자 곧, 걱정할 일이 생길 것이다. 입이 방정이다.

爽口物多能作疾 (상쾌할 상, 입 구, 물건 물, 많을 다, 능할 능, 지을 작, 병 질)

爽口物(상구물), 입에 상쾌한 음식, 입에 단 음식이라고 많이 먹으면 능히 병이 생길 것이요.

快心事過必有殃 (상쾌할 쾌, 마음 심, 일 사, 지나칠 과, 반드시 필, 재앙 앙)

快心事(쾌심사), 마음에 유쾌한 일이라고 지나치면 반드시 재앙이 있을 것이다.

與其病後能服藥(더불 여, 그 기, 병 병, 뒤 후, 복용할 복, 약 약)

'與其A不若B'는 'A하는 것보다는 B하는 것이 낫다'는 관용구이다. 병든 뒤에 능히 약을 복용하는 것보다는.

不若病前能自防(아니 불, 같을 약, 앞 전, 막을 방)

병들기 전에 능히 스스로 막는 것이 낫다.

康節(강절) 邵先生(소선생)이 말하였다.

"한가롭게 살 때 삼가 걱정할 것이 없다고 말하지 말라. 겨우 걱정이 없다고 말하자마자 문득 걱정이 생기리라. 입에 상쾌한 물건이라도 많이 먹으면 병을 일으킬 수 있고, 마음에 상쾌한 일도 지나치면 반드시 재앙이 있으리라. 병이 난 후에 약을 먹기보다는 병나기 전에 스스로 예방하는 것이 낫다."

梓潼帝君垂訓曰 "妙藥이 難醫冤債病이요,
재동제군 수훈 왈 묘약 난의 원채병

橫財는 不富命窮人이라. 生事事生을 君莫怨하고,
횡재 불부 명궁인 생사 사생 군 막원

害人人害를 汝休嗔하라. 天地自然皆有報하니
해인 인해 여 휴진 천지자연 개 유보

遠在兒孫 近在身이니라."
원재아손 근재신

梓潼帝君垂訓曰(가래나무 재, 강이름 동, 임금 제, 임금 군, 드리울 수, 가르칠 훈, 말할 왈)

梓潼帝君(재동제군)이 가르침을 내려 말하길. 재동제군은 도교에서 공명(功名)과 녹위(祿位)를 주재한다고 여겨 모시는 신이다. 『명사(明史)』 「예지(禮志)」와 『삼교원류수신대전(三敎源流搜神大全)』에 따르면, 그의 이름은 장아자(張亞子)이고 촉(蜀) 땅의 칠곡산(七曲山, 지금의 쓰촨성(四川省) 쯔퉁시앤(梓潼縣) 북쪽)에 살았다고 한다. 그는 진(晉)나라에서 벼슬살이를 하다가 전사했는데, 후세 사람들이 그를 위해 사당을 세워주었다. 당나라와 송나라 때 여러 차례 벼슬이 더해져서 '영현왕(英顯王)'에까지 봉해졌다. 도교에서는 그가 문창부(文昌府)의 일과 인간 세상의 벼슬살이를 관장한다고 여겼기 때문에, 원나라 인종(仁宗) 연우(延佑) 3년(1316)에는 '보원개화문창사록굉인제군(輔元開化文昌司祿宏仁帝君)'에 봉해져서 흔히 '문창제군(文昌帝君)'으로 불렸다.

妙藥難醫冤債病(묘할 묘, 약 약, 어려울 난, 치료할 의, 원통할 원, 빌릴 채, 병 병)

묘한 약이라도 冤債病(원채병), 원한에 사무친 병은 고치지 어렵고. 醫(의)는 치료하다는 뜻.

橫財不富命窮人(뜻밖 횡, 재물 재, 아니 불, 넉넉할 부, 명할 명, 궁색할 궁, 사람 인)

橫財(횡재), 뜻밖의 재물도 命窮人(명궁인), 운명적으로 궁색한 사람은 부자가 되게 할 수 없다.

生事事生君莫怨(낳을 생, 일 사, 그대 군, 말 막, 원망 원)

일을 만들고서 일이 생겼다고 그대는 원망하지 말고. 자기가 일을 만들어놓고서 공연히 일이 생겼다고 원망하지 말라는 뜻이다.

害人人害汝休嗔(해칠 해, 남 인, 너 여, 그칠 휴, 성낼 진)

남을 해치고서 남이 나를 해친다고 너는 성내지 말라. 자신이 남을 해칠 때는 가만 있다가 남이 자신을 해칠 때에는 참지 못하고 화를 내는 일을 하지 말라는 의미이다.

天地自然皆有報(하늘 천, 땅 지, 절로 자, 그럴 연, 모두 개, 있을 유, 갚을 보)

하늘과 땅 사이에 자연은 모두 갚음이 있다. 인과응보(因果應報).

遠在兒孫近在身(멀 원, 있을 재, 아이 아, 자손 손, 가까울 근, 있을 재, 몸 신)

그것[보답]이 멀리는 자손에게 있고 가깝게는 자신에게 있다. 보답이 굳이 자신에게 내리지 않더라도 후손에게 미칠 것이니 행동을 잘 해야 한다.

梓潼帝君(재동제군)의 가르침을 내려 말하였다.

"신묘한 약이라도 원한에 사무친 병은 치료하기 어렵고, 뜻밖에 생긴 재물은 운명이 궁한 사람을 부자로 만들지 못한다. 스스로 일을 만들고서 일이 생겼다고 원망하지 말고, 자기는 남을 해치고서 남이 나를 해칠 때 화내지 말라. 천지는 자연스레 모두 보답함이 있나니 (그 보답이) 멀게는 자손에게 있고 가깝게는 자기 몸에 있다."

花落花開 開又落하고 錦衣布衣 更換着이라.
화락화개 개우락 금의포의 갱 환착

豪家도 未必常富貴요, 貧家도 未必長寂寞이라.
호가 미필 상 부귀 빈가 미필 장 적막

扶人에 未必上青霄요, 推人에 未必塡溝壑이라.
부인 미필 상청소 추인 미필 전 구학

勸君凡事를 莫怨天하라. 天意於人에 無厚薄이니라.
권군 범사 막원천 천의어인 무후박

花落花開開又落 (꽃 화, 떨어질 락, 필 개, 또 우)

꽃이 떨어지고 꽃이 피고, 피었다 또 지고.

錦衣布衣更換着 (비단 금, 옷 의, 베 포, 다시 갱, 바꿀 환, 입을 착)

비단 옷과 베옷을. 更換着(갱환착), 다시 바꿔 입는다.

豪家未必常富貴 (클 호, 집 가, 아닐 미, 반드시 필, 항상 상, 넉넉할 부, 귀할 귀)

큰 집이 반드시 항상 富貴(부귀)한 것은 아니며.

貧家未必長寂寞 (가난한 빈, 오랠 장, 고요할 적, 쓸쓸할 막)

가난한 집이 반드시 오랫동안 적막한 것은 아니며.

扶人未必上青霄 (도울 부, 사람 인, 오를 상, 푸를 청, 하늘 소)

扶人(부인), 남을 도와줘도. 반드시 푸른 하늘에 오를 수 있는 것은 아니며.

推人未必塡溝壑(밀 추, 메울 전, 구렁 구, 골짝 학)

推人(추인), 남을 밀어도. 반드시 구렁이나 골짝에 떨어지는 것은 아니다.

勸君凡事莫怨天(권할 권, 그대 군, 모두 범, 일 사, 말 막, 원망할 원, 하늘 천)

勸君(권군), 그대에게 권하니. 모든 일에 하늘을 원망하지 말라.

天意於人無厚薄(뜻 의, 어조사 어, 없을 무, 두터울 후, 얇을 박)

하늘의 뜻은 사람에게 두터운 것도 박한 것도 없느니라. 누구에게도 공평하다.

꽃이 졌다 꽃이 피고 피었다 또 지며, 비단 옷도 다시 베옷으로 바꿔 입게 된다. 호화로운 집이라고 해서 반드시 언제나 富貴(부귀)한 것도 아니요, 가난한 집이라 해서 반드시 오랫동안 적적하고 쓸쓸한 것은 아니라. 사람을 부축하여도 반드시 하늘에 오르지는 못할 것이요, 사람을 밀어도 반드시 깊은 구렁에 떨어지진 않는다. 그대에게 권하노니, 모든 일에 하늘을 원망하지 말라. 하늘의 뜻은 사람에게 후하거나 박함이 없다.

堪歎人心毒似蛇라. 誰知天眼轉如車요
감탄 인심 독사사 수지 천안 전여거

去年妄取東隣物터니 今日還歸北舍家라.
거년 망취 동인물 금일 환귀 북사가

無義錢財는 湯潑雪이요, 儻來田地는 水推沙니라.
무의전재 탕발설 당래전지 수추사

若將狡譎爲生計면 恰似朝開暮落花니라.
약장 교휼위생계 흡사 조개모락화

堪歎人心毒似蛇(감당할 감, 탄식할 탄, 사람 인, 마음 심, 독할 독, 같을 사, 뱀 사)

堪歎(감탄), 탄식할만 하도다. 의역하면 '탄식해 마지않는다'가 적당하다. 사람의

마음이 독하기가 뱀과 같구나.

誰知天眼轉如車(누구 수, 알 지, 하늘 천, 눈 안, 구를 전, 같을 여, 수레 거)
누가 알랴. 하늘의 눈이 수레바퀴처럼 쉬지 않고 돌아가고 있다.

去年妄取東隣物(지날 거, 해 년, 망령될 망, 취할 취, 동녘 동, 이웃 인, 만물 물)
지난 해 망령되이 동쪽 이웃의 물건을 탐내어 가져 왔더니.

今日還歸北舍家(이제 금, 날 일, 다시 환, 돌아갈 귀, 북녘 북, 집 사, 집 가)
오늘은 북쪽 집으로 다시 돌아가는구나.

無義錢財湯潑雪(없을 무, 의로울 의, 돈 전, 재물 재, 끓을 탕, 물뿌릴 발, 눈 설)
의롭지 않은 돈과 재물은 끓는 물에 눈을 뿌리는 것이며.

儻來田地水推沙(문득 당, 올 래, 밭 전, 땅 지, 물 수, 밀 추, 모래 사)
문득 찾아온 田地(전지)는 물에 밀려 온 모래와 같다. 儻來(당래)는 '우연히 굴러 들어온다'는 뜻의 한 단어로 쓰이는 관용적인 표현이다. 우연히 찾아와 내 것이 된 땅은 물결이 밀어서 쌓인 모래와 같다는 말.

若將狡譎爲生計(만약 약, 장차 장, 교활할 교, 속일 교, 될 위, 살 생, 꾀 계)
만약 장차 교활하게 속이는 것을 나의 생계를 유지하는 방법으로 삼는다면.

恰似朝開暮落花(마치 흡, 같을 사, 아침 조, 열 개, 저녁 모, 떨어질 락, 꽃 화)
흡사 아침에 피었다가 저녁에 지는 꽃과 같도다.

사람의 마음이 독하기가 뱀 같음을 한탄할 만하다. 누가 하늘의 눈이 수레바퀴처럼 돌아가고 있음을 알겠는가? 지난해에 망령되이 동쪽 이웃의 물건을 취했더니 오늘은 다시 북쪽 집으로 돌아가는구나. 의리가 아닌 돈과 재물은 끓는 물에 눈을 뿌리는 것과 같이 없어질 것이요, 뜻밖에 오는 땅은 물이 모래를 미는 것과 같다. 만약 교활함과 속임수를 가지고 생계를 삼는다면 아침에 피었다 저녁에 지는 꽃과 흡사하다.

無藥可醫卿相壽요, 有錢難買子孫賢이니라.
무약가의 경상수 유전난매 자손현

無藥可醫卿相壽 (없을 무, 약 약, 가할 가, 고칠 의, 벼슬 경, 재상 상, 목숨 수)
약으로는 卿相(경상), 재상과 같이 귀한 목숨을 고칠 수 없고.

有錢難買子孫賢 (있을 유, 돈 전, 어려울 난, 살 매, 자식 자, 자손 손, 어질 현)
돈으로는 자손의 어짐을 사기가 어렵다.

약으로도 재상의 목숨을 고칠 수 없고, 돈으로도 자손의 어짊을 사기 어렵다.

一日淸閑이면 一日仙이니라.
일일청한 일일선

一日淸閑 一日仙 (한 일, 날 일, 맑을 청, 한가할 한, 신선 선)
하루 동안 맑고 한가하면 하루동안 신선인 것이다.

하루 동안 마음이 깨끗하고 한가로우면 하루 동안의 신선이다.

제11장

省성 心심 下하

眞宗皇帝御製曰 知危識險이면 終無羅網之門이요
진종황제 어제 왈 지위식험 종무 라망지문

擧善薦賢이면 自有安身之路라
거선천현 자유 안신지로

眞宗皇帝御製曰(참 진, 마루 종, 임금 황, 임금 제, 임금 어, 지을 제, 말할 왈)

眞宗皇帝(진종황제)가 御題詩(어제시)에서 말하길. 진종(968~1022)은 중국 송나라 3대 황제이다. 조항(趙恒). 태종의 셋째 아들. 처음에 한왕(韓王)과 양왕(襄王), 수왕(壽王)에 봉해졌다. 지도(至道) 원년(997) 황태자가 되었다. 3년(998) 태종이 죽자 즉위했다. 초기에는 정치에 의욕적이어서 각지에 전운사(轉運使)를 파견해 민생을 살피고 누락된 세금을 감해주었다. 경덕(景德) 원년(1004) 요나라 군대가 남하하자 재상 구준(寇準)의 건의에 따라 친정(親征)에 올라 전연(澶淵)에서 조약을 맺은 뒤 돌아왔다. 후기에는 왕흠약(王欽若)을 신임해 동쪽으로는 태산(泰山)에서 봉선(封禪)을 행하고 서쪽으로는 분음(汾陰)에서 제사를 올리는 한편 곳곳에 궁관(宮觀)을 건설해 백성들의 재물과 노동력을 고갈시켰다. 26년 동안 재위했다. 어제시는 임금이나 황제가 직접 지은 시를 말한다.

知危識險 終無羅網之門(알 지, 위태로울 위, 알 식, 위험 험, 끝 종, 없을 무, 그물 라, 그물 망, 어조사 지, 문 문)

위태로움을 알고 험한 것을 알면 끝내 그물의 문에 걸리는 일이 없을 것이오. 그물의 문은 죄를 지어 벌을 받는 것을 말한다.

擧善薦賢 自有安身之路(들 거, 착할 선, 천거할 천, 어질 현, 스스로 자, 있을 유, 편안 안, 몸 신, 길 로)

착한 이를 천거하고 어진 이를 추천하면 스스로 몸이 편안한 길이 있다.

眞宗皇帝(진종황제)가 御題詩(어제시)에서 말하였다.

"위태로움을 알고 험한 것을 알면 마침내 그물에 걸리는 일이 없을 것이요, 선한 사람을 들어 쓰고 어진 사람을 천거하면 몸을 편안히 하는 길이 저절로 있다.

施仁布德은 乃世代之榮昌이요 懷妬報寃은
시인포덕 내 세대지영창 회투보원

與子孫之危患이라 損人利己면 終無顯達雲仍이요
여 자손지위환 손인이기 종무 현달운잉

害衆成家면 豈有長久富貴리요 改名異體는
해중성가 기유 장구부귀 개명이체

皆因巧語而生이요 禍起傷身은 皆是不仁之召니라
개인 교어이생 화기상신 개시 불인지소

施仁布德 乃世代之榮昌(베풀 시, 어질 인, 베풀 포, 덕 덕, 이에 내, 세상 세, 세대 대, 영화 영, 번창할 창)

인을 베풀고 덕을 베풀면 이에 대대로 영화롭고 번창할 것이고.

懷妬報寃 與子孫之危患(품을 회, 시기 투, 갚을 보, 원한 원, 함께 여, 자식 자, 자손 손, 근심 환)

시기를 품고 원한을 갚으면. 질투와 시기의 마음을 갖고 원한을 그대로 갚아주는 것은 자손들에게 위태로움과 근심을 주는 것이다.

損人利己 終無顯達雲仍(덜 손, 남 인, 이로울 이, 자기 기, 끝날 종, 드러날 현, 달성할 달, 구름 운, 자손 잉)

남에게 손해를 끼치고 자기를 이롭게 하면, 끝내 먼 자손들이 현달하지 못할 것이요. 雲仍(운잉)은 먼 자손을 뜻한다.

害衆成家 豈有長久富貴(해로울 해, 무리 중, 이룰 성, 집 가, 어찌 기, 오랠 장, 오랠 구, 넉넉할 부, 귀할 귀)

여러 사람을 해롭게 하고 제 집안을 이룬다면, 어찌 장구한 부귀가 있으리오?

改名異體 皆因巧語而生(고칠 개, 이름 명, 다를 이, 몸 체, 모두 개, 인할 인, 교묘할 교, 말 어, 말이을 이, 낳을 생)

이름을 바꾸고 몸을 달리함은. 죄를 지어 이름을 바꾸고 벌을 받아 죽임을 당하는 것은 모두 교묘한 말로 인하여 생겨나는 것이고.

禍起傷身 皆是不仁之召(재앙 화, 일어날 기, 상할 상, 몸 신, 이 시, 어질 인, 부를 소)

재앙이 일어나고 몸을 상하게 하는 것은 모두 어질지 못함이 불러들인 것이다. 어질지 못해서 생긴 일이다.

仁(인)을 베풀고 德(덕)을 펴는 것은 곧 대대로 영화롭고 창성할 것이요, 시기하는 마음을 품고 원한에 보복하는 것은 자손에게 위태로움과 재앙을 끼쳐주는 것이다. 남을 해쳐 자기를 이롭게 하면 마침내 현달하는 자손이 없을 것이고, 뭇 사람을 해롭게 해서 집안을 이룬다면 어찌 장구한 부귀가 있겠는가? 죄를 지어 이름을 고치고 죽임을 당하는 것은 모두 교묘한 말 때문에 생겨나고, 재앙이 일어나고 몸이 상하게 됨은 다 어질지 못해서 생긴 일이다."

神宗皇帝御製曰 "遠非道之財하고, 戒過度之酒하며,
신종황제 어제 왈 원 비도지재 계 과도지주

居必擇隣하고, 交必擇友하며, 嫉妬를 勿起於心하고,
거필 택린 교필 택우 질투 물기어심

讒言을 勿宣於口하며, 骨肉貧者를 莫疎하고,
참언 물선어구 골육빈자 막소

他人富者를 莫厚하며,
타인부자 막후

神宗皇帝御製曰 (정신 신, 마루 종, 임금 황, 임금 제, 임금 어, 지을 제, 말할 왈)

神宗皇帝(신종황제)가 御題詩(어제시)에서 말하길. 송(宋)나라 신종(神宗)은 북송(北宋)의 6대 황제이다. 이름은 조욱(趙頊). 송 영종(英宗, 趙曙)의 장남으로 처음에 광국공(光國公)으로 봉해졌다가, 뒤에 회양군왕(淮陽郡王), 영왕(穎王)으로 봉해지고, 치평(治平) 3년(1066)에 황태자(皇太子)가 되었다. 다음 해에 황제로 등극했다. 재위 기간에 왕안석(王安石)의 변법(變法)을 시행하여 많은 성과를 거두었으나, 결과적으로 수구파(守舊派)의 강렬한 반대로 인해 그만두게 되었다. 사후에 묘호(廟號)는 신종(神宗)이고, 시호는 영문열무성효황제(英文烈武聖孝皇帝)이다.

遠非道之財 戒過度之酒 (멀 원, 아닐 비, 도리 도, 어조사 지, 재물 재, 경계 계, 지날 과, 정도 도, 술 주)

도리가 아닌 재물은 멀리하고, 과도한 술은 경계하라.

居必擇隣 交必擇友 (살 거, 반드시 필, 가릴 택, 이웃 린, 사귈 교, 반드시 필, 가릴 택, 벗 우)

살 때에는 반드시 이웃을 가리고, 사귈 때에는 반드시 벗을 가려라.

嫉妬 勿起於心 (시기 질, 질투 투, 말 물, 일어날 기, 어조사 어, 마음 심)

시기하는 질투가 마음에서 일어나지 않게 하고.

讒言 勿宣於口 (중상할 참, 말 어, 펼 선, 입 구)

헐뜯는 말은 입에서 베풀지 말라. 말하지 말라.

骨肉貧者 莫疎(뼈 골, 고기 육, 가난 빈, 사람 자, 말 막, 성글 소)

肉親(육친) 중 형편이 어려운 사람과 성글게 지내지 말고. 멀리 하지 말고.

他人富者 莫厚(탐 타, 사람 인, 넉넉할 부, 사람 자, 말 막, 두터울 후)

다른 사람 중 넉넉한 사람이라고 특별히 두터이 대하지 말라. 더 잘 지내려고 하지 말라.

神宗皇帝(신종황제)가 御題詩(어제시)에서 말하였다.

"道理(도리)가 아닌 재물은 멀리하고, 度(도)에 지나치는 술을 경계하며, 거처함에 반드시 이웃을 가리고, 사귈 때는 벗을 가리며, 질투를 마음에 일으키지 말고, 남을 헐뜯는 말을 입에서 내지 말며, 同氣間(동기간)에 가난한 자를 멀리하지 말고, 타인 가운데 부유한 자를 특별히 후하게 대하지 말고,

---

克己는 以勤儉爲先하고, 愛衆은 以謙和爲首하며,
극기 이근검 위선 애중 이겸화 위수

常思已往之非하고, 每念未來之咎하라.
상사 이왕지비 매념 미래지구

若依朕之斯言이면 治國家而可久니라."
약의 짐지사언 치국가이 가구

克己 以勤儉爲先(이길 극, 자기 기, 써 이, 근면 근, 검소 검, 될 위, 먼저 선)

나를 이기는 것은 勤儉(근검)을 우선으로 삼고.

愛衆 以謙和爲首(사랑 애, 무리 중, 겸손 겸, 화목 화, 으뜸 수)

백성을 사랑하는 것은 겸손과 화목을 우선으로 삼는다.

常思已往之非 每念未來之咎(항상 항, 생각 사, 이미 이, 지날 왕, 아닐 비, 매양 매, 생각 념, 아닐 미, 올 래, 어조사 지, 허물 구)

항상 지난 잘못을 생각하고, 매번 미래의 허물을 생각하라. 지난 실수를 생각하고, 앞으로 그런 잘못을 저지르지 않도록 생각하라.

若依朕之斯言 治國家而可久(만약 약, 의지할 의, 나 짐, 이 사, 말 언, 다스릴 치, 나라 국, 집 가, 가할 가, 오랠 구)

만약 짐의 이 말처럼 한다면 國家(국가)를 다스림을 오래할 수 있을 것이다. 나라를 오래도록 다스릴 수 있을 것이다.

자기의 사욕을 극복하는 일은 勤儉(근검)을 우선으로 삼고, 대중을 사랑함은 겸손과 화목을 첫째로 삼을 것이며, 항상 지나간 나의 잘못을 생각하고, 매번 앞으로의 허물을 생각하라. 만약 나의 이 말과 같이 한다면 나라와 집안을 다스림이 오래갈 수 있을 것이다."

高宗皇帝御製曰 "一星之火도 能燒萬頃之薪하고,
고종황제 어제 왈 일성지화 능소 만경지신

半句非言도 誤損平生之德이라. 身被一縷나
반구비언 오손 평생지덕 신피일루

常思織女之勞하고, 日食三飧이나 每念農夫之苦하라.
상사 직녀지로 일식삼손 매념 농부지고

高宗皇帝御製曰(높을 고, 마루 종, 임금 황, 임금 제, 임금 어, 지을 제, 말할 왈)

高宗皇帝(고종황제)가 御題詩(어제시)에서 말하기를. 송나라 고종(1107~1187)으로, 이름은 조구(趙構). 자는 덕기(德基)고, 휘종(徽宗)의 아홉 번째 아들이다. 선화(宣和) 초에 강왕(康王)에 봉해졌다. 흠종(欽宗) 정강(靖康) 2년(1126) 금나라 군대가 휘종과 흠종을 포로로 잡아가자 남경(南京)에서 즉위했다. 이강(李綱)과 종택(宗澤)이 제기한 항금(抗金)의 주장을 거부하고 남쪽으로 천도하여 적을 피하자는 황잠선(黃潛善)과 왕백언(王伯彦)의 주장을 좇아 먼저 양주(揚州)로 퇴각했다가 이어 장강(長江)을 건너 남쪽으로 달아나 임안(臨安)에 수도를 건설하니, 이것이 남송(南宋)이다. 종상(鍾相)과 양요(楊么) 등의 반란을 진압했다. 한 차례 악비(岳飛)와 한세충(韓世忠) 등 항금(抗金) 명장을 기용했다. 그러나 화의를 구해 재상 진회(秦檜)와 함께 장군들의 병권을 환수할 계획을 세우고 악비를 살해한 뒤 영토를 떼어주고 신하로 자신을 낮추면서 금나라에 납공(納貢)했다. 32년(1162) 조신(趙昚)에게 양위하고 태상황제(太上皇帝)가 되었다. 36년 동안 재위했고, 저서에 『한묵지(翰墨志)』가 있다.

一星之火 能燒萬頃之薪(한 일, 별 성, 어조사 지, 불 화, 능할 능, 태울 소, 모두 만, 이랑 경, 섶 신)

한 점[一星]의 불씨[火]도 만 이랑의 섶을 태울 수 있고.

半句非言 誤損平生之德(반 반, 구절 구, 아닐 비, 말 어, 잘못 오, 덜 손, 평평할 평, 날 생, 덕 덕)

반 마디 잘못된 말도 평생의 덕을 그르치고 손상되게 한다.

身被一縷 常思織女之勞(몸 신, 입을 피, 실 루, 항상 항, 생각 사, 짤 직, 여자 여, 수고 로)

몸에 한 오라기의 실을 걸쳐도 항상 베 짜는 여인네의 수고를 생각하고.

日食三飧 每念農夫之苦(날 일, 먹을 식, 석 삼, 밥 손, 매양 매, 생각 념, 농사 농, 사내 부, 고생 고)

날마다 세 끼 밥을 먹어도 매번 농부의 고생을 생각하라.

高宗皇帝(고종황제)의 御題詩(어제시)에서 말하였다.

"한 점 작은 불씨도 만 이랑의 섶을 태울 수 있고, 한마디 그릇된 말도 평생의 덕을 그르치고 손상시킨다. 몸에 한 오라기의 실을 걸쳐도 항상 베 짜는 여자의 수고를 생각하고, 하루 세 끼니의 밥을 먹어도 농부의 노고를 생각하라.

苟貪妒損이면 終無十載安康이요, 積善存仁이면
구탐투손 종무 십재안강 적선존인

必有榮華後裔니라. 福緣善慶은 多因積行而生이요,
필유 영화후예 복연선경 다인 적행이생

入聖超凡은 盡是眞實而得이니라."
입성초범 진시 진실이득

苟貪妒損 終無十載安康(구차할 구, 탐할 탐, 시기할 투, 덜 손, 끝 종, 없을 무, 열 십, 해 제, 편안 안, 편안 강)

구차하게 탐하고 시기하여 손해를 끼친다면 끝내 십 년의 安康(안강) 편안함이 없을 것이요.

積善存仁 必有榮華後裔(쌓을 적, 선할 선, 간직할 존, 어질 인, 반드시 필, 있을 유, 영화 영, 화려할 화, 뒤 후, 후손 예)

선을 쌓고 인을 보존하면 반드시 영화로운 후예가 있을 것이다. 후손들이 영화롭게 될 것이다.

福緣善慶 多因積行而生(복 복, 인연 연, 선할 선, 경사 경, 많을 다, 원인 인, 행할 행, 날 생)

복된 인연과 좋은 경사는 대부분 선행을 쌓은 것으로 인하여 생겨나고.

入聖超凡 盡是眞實而得(들 입, 성인 성, 넘을 초, 평범 범, 다 진, 이 시, 참 진, 열매 신, 얻을 득)

성인의 경지에 들어가고 범부를 뛰어넘는 것은 모두 진실한 것으로 얻어진 것이다. 盡是(진시)~는 '모두 ~이다'. 시(是)는 '~이다(is)'의 뜻.

구차하게 탐내고 시기해서 남에게 손해를 끼친다면, 마침내 10년의 편안함도 없을 것이요, 善(선)을 쌓고 仁(인)을 보존하면 반드시 후손들에게 영화가 있으리라. 福(복)은 대부분 善行(선행)을 쌓는 것을 통해서 생기고, 聖人(성인)의 경지에 들어가고 평범을 초월하는 것은 다 진실함으로써 얻어지는 것이다."

王良曰 "欲知其君인대 先視其臣하고,
왕량 왈　욕지 기군　선시 기신

欲識其人인대 先視其友하고, 欲知其父인대 先視其子하라.
욕식 기인　선시 기우　욕지 기부　선시 기자

君聖臣忠하고 父慈子孝니라."
군성신충　부자자효

王良曰 (임금 왕, 좋을 양, 말할 왈)

王良(왕량)이 말하기를. 왕량은 춘추 전국시대 진(晉)나라 사람이라는 설과 후한(後漢) 때 사람이라는 설이 있는데 확실치 않다. 자는 중자(仲子). 신(新)나라 왕망(王莽)이 벼슬을 주었으나 응하지 않았고, 후한 광무제(光武帝) 때 대사도(大司徒)가 되었는데 청렴하여 집안이 몹시 가난하였다고 한다. 친구가 헐뜯는 말을 듣고 벼슬을 그만두고 다시는 벼슬을 하지 않았다.

欲知其君 先視其臣 (하고자할 욕, 알 지, 그 기, 임금 군, 먼저 선, 볼 시, 신하 신)

그 임금을 알고자 하면, 먼저 그 신하를 보고.

欲識其人 先視其友 (알 식, 사람 인, 벗 우)

그 사람을 알고자 하면, 먼저 그 벗을 보고.

欲知其父 先視其子 (아버지 부, 자식 자)

그 아버지를 알고자 하면, 먼저 그 자식을 보라.

君聖臣忠 父慈子孝 (성인 성, 충성 충, 효도 효, 자애 자)

임금이 성스러우면 신하가 충성스럽고, 아버지가 자애로우면 자식이 효도한다.

王良(왕량)이 말하였다.

"그 임금을 알고자 한다면 먼저 그 신하를 살펴보고, 그 사람을 알고자 한다면 먼저 그 벗을 살펴보고, 그 아비를 알고자 한다면 먼저 그 자식을 살펴보라. 임금이 성스러우면 그 신하가 충성스럽고, 아비가 인자하면 자식이 효도한다.”

家語云 “水至清則無魚하고 人至察則無徒니라.”
가어 운 수 지청즉 무어 인 지찰즉 무도

家語云 (집 가, 말 어, 말할 운)

『家語(가어)』에서 말하기를. 가어는 『공자가어(孔子家語)』를 가리킨다.

水至清則無魚 (물 수, 지극할 지, 맑을 청, 곧 즉, 없을 무, 물고기 어)

물이 지극히 맑으면 물고기가 없고.

人至察則無徒 (사람 인, 살필 찰, 무리 도)

사람이 지극히 살피면, 깨끗하다, 결백하면. 친구가 없다.

『家語(가어)』에서 말하였다.

“물이 너무 맑으면 고기가 없고, 사람이 너무 깨끗하면 친구가 없다.”

許敬宗曰 “春雨如膏나 行人은 惡其泥濘하고,
허경종 왈 춘우여고 행인 오 기니녕

秋月揚輝나 盜者는 憎其照鑑이니라.”
추월양휘 도자 증 기조감

許敬宗曰 (허락할 허, 공경 경, 마루 종, 말할 왈)

許敬宗(허경종)이 말하기를. 허경종(592~672)은 당나라 항주(杭州) 신성(新城) 사람. 자는 연족(延族)이고, 허선심(許善心)의 아들이다. 수양제(隋煬帝) 대업(大業) 중에 수재(秀才)로 천거되었다. 얼마 뒤 이밀(李密) 휘하에서 기실(記室)이 되었다. 당나라 초에 진왕부(秦王府) 18학사(學士)의 한 사람으로 활동했다. 태종 정관(貞觀) 때 저작랑(著作郎)에서 중서사인(中書舍人)까지 오르고 고명(誥命)을 전담했다. 고종(高宗) 때 예부상서(禮部尙書)가 되어 이의부(李義府) 등과 함께 고종(高宗)이 무측천(武則天)을 황후로 세우는 것을 도와 시중(侍中)에 발탁되었다. 또 무측천을 도와 저수량(褚遂良)을 축출하고 장손무기(長孫無忌)와 상관의(上官儀) 등을 압박해 살해했다. 고종 현경(顯慶) 중에 중서령(中書令)이 되고, 이의부 등과 함께 조정을 관장했다. 일찍이 감수국사(監修國史)를 지냈는데, 고조(高祖)와 태종(太宗)의 실록을 마구 고쳤다고 알려져 있다.

春雨如膏 行人惡其泥濘(봄 춘, 비 우, 같을 여, 기름 고, 다닐 행, 사람 인, 미워할 오, 그 기, 진흙 니, 진흙 녕)

봄비는 기름과 같으나 길가는 사람은 그 진흙을 미워하고. 봄비는 등잔의 기름과 같아서 만물(萬物)을 자라게 하지만, 길을 가는 사람들은 그것(봄비)이 질퍽거린다고 싫어한다.

秋月揚輝 盜者憎其照鑑(가을 추, 달 월, 날릴 양, 빛날 휘, 훔칠 도, 사람 자, 미워할 증, 비칠 조, 거울 감)

가을달이 揚輝(양휘), 밝게 비치지만. 도적은 그 밝게 비춤을 미워한다.

許敬宗(허경종)이 말하였다.

"봄비는 기름과 같으나 길가는 사람은 그 진창을 싫어하고, 가을달이 밝게 비치나 도둑은 그 밝게 비추는 것을 싫어한다."

景行錄云 "大丈夫見善明故로 重名節於泰山하고,
경행록 운 대장부 견선명고 중 명절어 태산

用心淨故로 輕死生於鴻毛니라."
용심정고 경 사생어 홍모

景行錄云 (햇빛 경, 다닐 행, 기록할 록, 이를 운)

『景行錄(경행록)』에서 말하였다.

大丈夫見善明故 (큰 대, 어른 장, 사내 부, 볼 견, 선할 선, 밝을 명, 까닭 고)

大丈夫(대장부)는 선을 보는 것이 밝기 때문에.

重名節於泰山 (중할 중, 명분 명, 절의 절, 어조사 어, 클 태, 뫼 산)

명분과 절의를 태산보다 중하게 여긴다.

用心淨故 (쓸 용, 마음 심, 깨끗할 정, 까닭 고)

마음을 쓰는 것이 깨끗하기에.

輕死生於鴻毛 (가벼울 경, 죽을 사, 살 생, 기러기 홍, 털 모)

죽고 사는 것을 기러기 털보다 가볍게 여긴다.

『景行錄(경행록)』에서 말하였다.

"대장부는 善(선)을 보는 것이 밝은 까닭에 명분과 절의를 泰山(태산)보다 중히 여기고, 마음 쓰는 것이 깨끗한 까닭에 죽고 사는 것을 기러기 털보다 가볍게 여긴다."

憫人之凶하고, 樂人之善하며, 濟人之急하고, 求人之危니라.
민 인지흉 낙 인지선 제 인지급 구 인지위

憫人之凶 樂人之善(민망 민, 남 인, 어조사 지, 흉할 흉, 즐길 락, 선할 선)

남의 흉한 것을 민망하게 여기고, 남의 선을 즐기며. 민망하다는 말은 딱하고 안타깝게 여긴다는 뜻이다.

濟人之急 求人之危(건질 제, 급할 급, 구할 구, 위태할 위)

남의 급한 것을 구제하고 남의 위태로움을 구하라.

남의 흉한 것을 민망히 여기고, 남의 선한 것을 즐거워하며, 남의 급한 것을 건지고, 남의 위태로움을 구제하라.

不恨自家汲繩短하고, 只恨他家苦井深이로다.
불한 자가급승단 지한 타가고정심

不恨自家汲繩短(아니 불, 한할 한, 스스로 자, 집 가, 물길을 급, 줄 승, 짧을 단)

자기 집 물 긷는 줄[두레박] 짧은 것을 한하지 않고. 탓하지 않고.

只恨他家苦井深(다만 지, 남 타, 괴로울 고, 우물 정, 깊을 심)

다만 남의 집 우물 깊은 것만 한한다. 여기서 苦井(고정)은 여기서 자기 능력이 모자란 것은 모르고 높은 목표를 체념하여, 한탄 섞인 투로 위안 삼아 뱉는 말, 또는 자기의 능력으로 도달하기 힘들고 수고롭다는 뜻에서 한 말로 보인다.

자기 집 두레박 끈이 짧은 것은 탓하지 않고, 단지 남의 집 우물 깊은 것만

탓한다.

贓濫이 滿天下하되 罪拘薄福人이니라.
장람 만천하 죄구 박복인

贓濫滿天下 (뇌물 장, 넘칠 람, 찰 만, 하늘 천, 아래 하)

장물이 천하에 넘치면. 뇌물을 받아 부정한 재물을 취하는 사람들이 많지만.

罪拘薄福人 (죄 죄, 잡을 구, 엷을 박, 복 복, 사람 인)

죄는 박복한 사람을 잡는다. 복 없는 사람만 걸려든다.

부정한 재물을 취하는 사람이 천하에 가득하되, 죄는 복이 적은 사람에게 걸린다.

天若改常이면 不風則雨요, 人若改常이면 不病則死니라.
천약 개상 불풍즉 우 인약 개상 불병즉 사

天若改常 不風則雨 (하늘 천, 만약 약, 고칠 개, 항상 상, 아니 불, 바람 풍, 곧 즉, 비 우)

하늘이 만약 常道(상도)을 바꾼다면 바람이 불지 않으면 비가 오고. 이때 常(상)은 부사, 명사, 술어, 그 어느 것으로도 쓰인다. 특히 명사로 쓰이는 常(상)은 좋은 의미로, 일정한 법칙, 지켜야 할 변치 않는 도리, 즉 常道(상도)를 가리킨다. 자전(字典)에서는 일반적으로 '떳떳할 상'으로 풀어 놓았는데, '떳떳하다'라는 뜻 보다는 '일정하다. 변치 않다'의 의미이다. 천지 자연의 순리처럼 영원히 변치 않고 일정한 법칙을 의미한다.

人若改常 不病則死 (사람 인, 병 병, 죽을 사)

사람이 만약 常道(상도)를 바꾼다면 병들지 않으면 죽는다. 여기서 '곧 즉' 자에 대해 생각해보자. 곧 즉은 卽(즉) 또는 則(즉) 등으로 사용된다. 두 글자를 같은 뜻으로 여기는 경우가 많은데, 사실 그 쓰임새에서 차이가 있다. 則(즉)은 두 문장을 이어주는 일종의 접속사로서 앞 문장을 가정으로 해석하거나, 또는 일의 선후 관계를 나타낼 때 쓰이는 글자이다. 물론 법칙(칙)·본받다·자연의 법으로도 쓰인다. 卽(즉)은 일종의 부사로서(술어 앞에서 한정하거나 또는 단순히 부사로) '곧, 바로, 당장'의 뜻이다. 예)卽死(즉사), 卽興(즉흥), 卽時(즉시), 一觸卽發(일촉즉발). '가깝다·나아가다·만약·불똥·끝나다·따르다'는 뜻도 있다.

하늘이 만약 常道(상도)를 바꾸면 바람 불지 않으면 비가 오고, 사람이 만약 상도를 바꾸면 병이 나지 않으면 죽는다.

子曰 "木從繩則直하고 人受諫則聖이니라."
자왈 목 종승즉 직 인 수간즉 성

子曰 (선생 자, 말할 왈)

孔子(공자)께서 말씀하셨다.

木從繩則直 (나무 목, 좇을 종, 먹줄 승, 곧 즉, 곧을 직)

나무가 먹줄을 따르면 곧 곧아지고. 나무에 먹줄을 긋고 자르면 곧은 목재를 얻을 수 있다.

人受諫則聖 (사람 인, 받을 수, 간할 간, 성스러울 성)

사람이 간함(충고)을 받아들이면 성스러워진다.

孔子(공자)께서 말씀하셨다. "나무가 먹줄을 좇으면 곧아지고, 사람이 諫(간)

함을 받아들이면 거룩하게 된다."

一派青山景色幽러니 **前人田土後人收**라.
일파청산 경색유 전인전토 후인수

後人收得莫歡喜하라. **更有收人在後頭**니라.
후인수득 막환희 갱유수인 재후두

一派青山景色幽(한 일, 줄기 파, 푸를 청, 뫼 산, 빛 경, 빛 색, 그윽할 유)

한 줄기 푸른 산 景色(경색)이 그윽한데. 경색은 풍경 또는 경치.

前人田土後人收(앞 전, 사람 인, 밭 전, 흙 토, 뒤 후, 거둘 수)

앞 사람의 田土(전토)를 뒷사람이 거두는구나. 선조가 가꾸던 논밭에서 후손들이 수확한다.

後人收得莫歡喜(얻을 득, 말 막, 기쁠 환, 기쁠 희)

뒷사람은 거두어 얻는 것을 기뻐하지만 마라.

更有收人在後頭(다시 갱, 있을 재, 머리 두)

다시 거둘 사람이 뒷머리에 있도다. 바로 뒤에서 기다리고 있다. 또한 여기서 '머리 두'라는 뜻이라기보다 앞에 붙는 명사를 구체화하거나 그 일부를 가리킬 때 관용적으로 붙이는 접미사로 보기도 한다. 예)가두(街頭), 염두(念頭), 선두(先頭), 화두(話頭), 구두(口頭).

한 줄기 푸른 산은 경치가 그윽하더니 앞사람이 가꾸던 田土(전토)를 뒷사람이 거둔다. 뒷사람은 거두게 된 것을 기뻐하지 말라. 다시 거둘 사람이 바로 뒤에 있도다.

蘇東坡曰 "無故而得千金이면 不有大福이라.
소동파 왈 무고이 득천금 불유대복

必有大禍니라."
필유대화

蘇東坡曰 (차조기 소, 동녘 동, 고개 파, 말할 왈)

소동파가 말하길. 중국 북송의 문인인 蘇軾(소식:1037~1101)은 미주(眉州) 미산(眉山) 사람. 자는 자첨(子瞻) 또는 화중(和仲)이고, 호는 동파거사(東坡居士) 또는 설당(雪堂), 단명(端明), 미산적선객(眉山謫仙客), 소염경(笑髥卿), 적벽선(赤壁仙) 등을 썼으며, 애칭으로 파공(坡公) 또는 파선(坡仙)을 썼다. 소순(蘇洵)의 아들이고 소철(蘇轍)의 형으로 대소(大蘇)라고도 불렸다. 송나라 최고의 시인이며, 당송팔대가(唐宋八大家)의 한 사람이다. 인종(仁宗) 가우(嘉祐) 2년(1057) 진사에 급제하고, 다시 제과(制科)에 합격했다. 봉상부첨서판관(鳳翔府簽書判官)으로 있다가 불려 사관(史館)에 근무하면서 개봉부추관(開封府推官)을 지냈다. 구양수(歐陽脩)에게 인정을 받아 문단에 등장했다. 왕안석(王安石)의 신법(新法)이 실시되자 구법당(舊法黨)으로 신종(神宗) 희녕(熙寧) 중에 그 불편함을 지적한 글을 올렸다가 항주통판(杭州通判)으로 전출되었다. 밀주(密州)와 서주(徐州), 호주(湖州)의 지주(知州)를 지냈다. 원풍(元豊) 연간에 "독서가 만 권에 달해도 율(律)은 읽지 않는다."고 했다가 사상 초유의 필화사건, 즉 오대시안(烏臺詩案)을 일으켜 경사(京師)로 호송되어 어사대(御史臺)의 감옥에 갇히게 되었다. 나중에 호북성 황주단련사(黃州團練使)로 유배되었다. 철종(哲宗)이 즉위하면서 구법당이 득세하자 등주지주(登州知州)로 재기하고 중서사인(中書舍人)과 한림학사겸시독(翰林學士兼侍讀)에 올랐다. 용도각학사(龍圖閣學士)로 항주지주(杭州知州)가 되었는데, 크게 가물어 기근과 질병이 함께 창궐하자 공미(供米)을 올리는 것을 면제받아 저렴한 가격으로 방출하여 많은 사람들을 구했다. 항주가 바다에 가까워 주민들이 샘물에 짠 맛이 들어 괴로워하자 하천을 준설하는 한편 서호(西湖) 주변에 30리의 제방을 증축하여 주민들의 편리를 도모했다. 원우(元祐) 6년(1091) 불려 한림승지(翰林承旨)가 되었지만, 얼마 뒤 참소를 당해 영주지주(潁州知州)로 나갔다가 양주(揚州)로 옮겼다. 나중에 단명전한림시독양학사(端明殿翰林侍讀兩學士)

로 정주지주(定州知州)로 나갔는데, 혜주(惠州)로 폄적되었다. 소성(紹聖) 연간에 다시 경주별가(瓊州別駕)로 폄적되고, 창화(昌化)에 거주했다. 황태후의 죽음을 계기로 신법당이 다시 세력을 잡자 중국 최남단의 해남도(海南島)로 유배되었다. 그곳에서 7년 동안 있던 중, 휘종(徽宗)의 즉위와 함께 석방되어 돌아오다가 강소성 상주(常州)에서 죽었다. 당시(唐詩)가 서정적인 데 대하여 철학적 요소가 짙었고 새로운 시경(詩境)을 개척했다. 대표작 「적벽부(赤壁賦)」는 불후의 명작으로 널리 애창되고 있다. 시서화(詩書畵)에 모두 뛰어났다. 저서에 『동파칠집(東坡七集)』과 『동파지림(東坡志林)』, 『동파악부(東坡樂府』, 『구지필기(仇池筆記)』, 『논어설(論語說)』 등이 있다.

無故而得千金(없을 무, 까닭 고, 말이을 이, 얻을 득, 일천 천, 돈 금)

無故(무고)로, 까닭 없이 천금을 얻었다면.

不有大福(아니 불, 있을 유, 큰 대, 복 복)

큰 복이 생긴 것이 아니라.

必有大禍(반드시 필, 재앙 화)

반드시 큰 재앙이 있을 것이다.

蘇東坡(소동파)가 말하였다.

"까닭 없이 천금을 얻는다면 큰 복이 있는 것이 아니라 반드시 큰 재앙이 있다."

大廈千間(대하천간)이라도 夜臥八尺(야와팔척)이요,

良田萬頃(양전만경)이라도 日食二升(일식이승)이니라.

大廈千間 夜臥八尺(큰 대, 큰집 하, 일천 천, 칸 간, 밤 야, 누울 와, 여덟 팔, 자 척)

큰집 천 칸이라도 밤에 눕는 곳은 8자 남짓이고, 방이 천개가 넘어도 결국 자는 곳은 8자에 불과하다.

良田萬頃 日食二升(좋을 양, 밭 전, 일만 만, 이랑 경, 날 일, 먹을 식, 두 이, 되 승)

좋은 밭이 만 이랑이라도 하루에 2되 정도밖에 먹지 않는다. 내가 가진 땅이 아무리 넓어도 결국 하루에 먹는 양은 극히 일부이다.

큰 집이 천 칸이라도 잘 때는 8자 방에 눕고, 좋은 밭이 만 이랑이 있더라도 하루에 먹는 것은 두 되 남짓이다.

渴時一滴은 如甘露요, 醉後添盃는 不如無니라.
갈시일적 여 감로 취후첨배 불여 무

渴時一滴 如甘露(목마를 갈, 때 시, 한 일, 물방울 적, 같을 여, 달 감, 이슬 로)

갈증날 때 마시는 한 방울 물은 마치 甘露(감로)와 같고. 감로는 고대 인도, 중국에서 전승되는 영약을 말한다. 인도에서는 원래 산스크리트어의 아므리타로 '죽지 않는다'는 뜻이다. 인도 최고의 고전 『리그 베다』에서는 뜻이 바뀌어서 불사(不死)가 되는 것, 즉 신을 의미하며, 이후 신들의 음식물이나 음료로 의미가 확대되었다. 불교에서는 부처의 가르침 또는 그것에 의한 깨달음의 경지를 나타내기도 한다. 중국에서는 『노자』에 "천지가 만나서 감로를 내린다."고 되어 있듯이 천지음양의 이기가 조화해서 내리는 감미로운 이슬이라고 생각하였다. 후세에는 태평세상에 출현하는 상서의 하나로 보았다.

醉後添盃 不如無(취할 취, 뒤 후, 더할 첨, 잔 배, 아니 불, 없을 무)

취한 뒤 더한 술잔은 없느니만 못하다. 차라리 마시지 않았서야 한다.

목이 마를 때 마시는 한 방울의 물은 甘露水(감로수)와 같고, 취한 후에 더한 술잔은 없는 것만 못하다.

酒不醉人人自醉요 色不迷人人自迷니라.
주 불취인 인 자취 색 불미인 인 자미

酒不醉人人自醉(취할 취, 아니 불, 사람 인, 스스로 자)

술이 사람을 취하게 만드는 것이 아니라 사람이 제 스스로 취하는 것이요.

色不迷人人自迷(색 색, 미혹할 미)

색이 사람을 미혹하게 하는 것이 아니라 사람이 제 스스로 미혹한 것이다.

술이 사람을 취하게 하는 것이 아니라 사람이 스스로 취하는 것이요, 色(색)이 사람을 미혹시키는 것이 아니라 사람이 스스로 미혹되는 것이다.

易曰 "德微而位尊하고 智小而謀大면 無禍者鮮矣니라."
역 왈 덕미이 위존 지소이 모대 무화자 선의

易曰(바꿀 역, 말할 왈)

『周易(주역)』에서 말하기를. 주역은 고대 중국의 철학서로 六經(육경)의 하나. 『역경(易經)』 또는 『역(易)』이라고도 한다. 고대 중국의 농경사회에서 농사를 지배하는 신은 천(天)이었으며, 땅의 생산력과 곡식의 신 및 천문지리와 역법(曆法)에 관한 지식 등은 농경사회의 풍요를 도모하는 자원이었다. 이처럼 하늘의 이법(理法)과 땅의 이치를 밝게 알려준 경이 『주역』이다. 주역은 하도낙서(河圖洛書)를 시원으로 하고 있다. 고대 복희(伏羲)가 인정(仁政)을 했는데, 그때 황하에서 그림을 가진 용마(龍馬)가 나왔다고 한다.[河圖] 그리고 우(禹)임금이 치수 사업을 할 때 낙수(洛水)에서 등에 낙서를 새긴 거북이 나온 것이다.[洛書] 따라서 『주역』은 중국 상고시대에 비롯된 것으로 어느 한 사람에 의해 저술된 것이 아니라 오랜 세월을 지내오면서 완성된 것으로 볼 수 있다. 『주역』에서 말하는 역(易)은 천지자연의 역, 복희의 역, 문왕·주공의 역, 공자의 역(十翼) 등 여러 가지를 들 수 있다. 복희가 팔괘를 만들었고, 다시 복희·문왕·신농이 64괘를 만들었다는 설도 있다. 공자는 50세 이후 만년에 주역 연구에 공을 들여[韋編三絕 고사] '단전상', '단전하', '상전상', '상전하', '문언전', '계사상전', '계사하전', '설괘전', '서괘전', '잡괘전' 등 10익을 만들었다. 주역은 은나라의 복귀(卜龜)·복갑(卜甲)을 대신하여 주대(周代)의 점복서로 발전했었다. 이후 유교의 경전이 되면서 『주역』 또는 『역경』으로 불리고 있다.

德微而位尊 (덕 덕, 작을 미, 말이을 이, 자리 위, 높을 존)

덕은 微微(미미)하면서 지위가 높고.

智小而謀大 (지혜 지, 작을 소, 꾀 모, 큰 대)

지혜가 작으면서 꾀하는 것이 크면. 큰일을 도모하면.

無禍者鮮矣 (없을 무, 재앙 화, 사람 자, 드물 선, 어조사 의)

재앙이 없는 사람이 드물다. 矣(의)는 '~이다'는 종결사.

『周易(주역)』에서 말하였다.

"德(덕)은 적으면서 지위가 높으며, 지혜는 작으면서 꾀하는 것이 크면 화를 당하지 않는 자가 드물다."

說苑曰 "官怠於宦成하고, 病加於小愈하며, 禍生於懈惰하고,
설원 왈 관 태어환성 병 가어소유 화 생어해타

孝衰於妻子니 察此四者하여 愼終如始니라."
효 쇠어처자 찰 차사자 신종여시

說苑曰 (말씀 설, 동산 원, 말할 왈)

『說苑(설원)』에서 말하기를. 『설원』은 전한(前漢) 말 유향(劉向)이 편집한 책이다.

군도(君道)·신술(臣術) 등 20편으로 구성되었다. 유향이 지은 다른 책인 『신서(新序)』와 그 체재가 비슷하며, 내용도 중복된 것이 있다. 고대의 제후나 선현들의 행적이나 일화·우화 등을 수록한 것이며 위정자를 설득하기 위한 훈계독본으로 이용하였다.

官怠於宦成(관리 관, 게으를 태, 어조사 어, 벼슬 환, 이룰 성)

관리는 벼슬이 이루어지는 데에서 나태해지고. 於(어)는 처소격조사로 '~에서'란 뜻. 벼슬이 이루어진다는 것은 점점 높아진다는 뜻이다.

病加於小愈(병 병, 더할 가, 작을 소, 나을 유)

병은 조금 나은 데서 더해진다. 愈(유)는 ①나을 유(~이 더 낫다). ②(병이) 나을 유. ③더욱 유. 여기서는 ②의 뜻으로 癒(유)와 같은 말이다. 예)快癒(쾌유). 조금 나아졌다고 방심하면서 더 큰 문제로 발전할 수 있다는 말이다.

禍生於懈惰(재앙 화, 날 생, 게으를 해, 게으를 타)

재앙은 나태한 데에서 생겨나고.

孝衰於妻子(효도 효, 쇠퇴할 쇠, 아내 처, 자식 자)

효도는 처자에서 약해진다. 처자 때문에 효도를 덜 하게 된다. 처자를 갖게 되면 그것 건사하는 것을 우선으로 하기에 부모는 자연스럽게 뒷전으로 물러나게 된다. 그래서 항상 불효자란 마음의 꼬리표를 달고 살 수밖에 없다.

察此四者(살필 찰, 이 차, 넉 사, 사람 자)

이 네 가지를 잘 살펴서.

愼終如始(삼갈 신, 마칠 종, 같을 여, 시작 시)

죽을 때까지 삼가기를 마치 처음과 같이 하라. 시종일관 삼가고 또 삼가라.

『說苑(설원)』에서 말하였다.

"관리는 지위가 성취되는 데서 게을러지고, 병은 조금 나아진 데서 더 심해지

며, 재앙은 게으른 데서 생기고, 효도는 처자 때문에 약해진다. 이 네 가지를 살펴서 죽을 때까지 삼가기를 처음과 같이 할지니라."

器滿則溢하고 人滿則喪이니라.
기만즉 일 인만즉 상

器滿則溢(그릇 기, 찰 만, 곧 즉, 넘칠 일)

그릇은 가득 차면 곧 넘치고.

人滿則喪(사람 인, 잃을 상)

사람은 가득 차면 잃는다. 자만하면 실패한다.

그릇이 차면 넘치고, 사람이 차면(자만하면) 잃는다.

羊羹이 雖美나 衆口는 難調니라.
양갱 수미 중구 난조

羊羹 雖美(양고기 양, 국 갱, 비록 수, 좋을 미)

양고기 국이 비록 맛은 좋으나.

衆口 難調(여러 중, 입 구, 어려울 난, 맞출 조)

여러 사람의 입을 맞추기는 어렵다.

양고기 국이 비록 맛은 좋으나, 여러 사람의 입을 맞추기는 어렵다.

益智書云 "白玉은 投於泥塗라도 不能汚穢其色이요,
익지서 운 백옥 투어니도 불능오예 기색

君子는 行於濁地라도 不能染亂其心하나니, 故로 松柏은
군자 행어탁지 불능염란 기심 고 송백

可以耐雪霜이요, 明智는 可以涉危難이니라."
가이내 설상 명지 가이섭 위난

益智書云(더할 익, 지혜 지, 글 서, 말할 운)

『益智書(익지서)』에서 이르길.

白玉 投於泥塗(흰 백, 옥 옥, 던질 투, 어조사 어, 진흙 니, 진흙 도)

백옥을 진흙에 던지더라도.

不能汚穢其色(아니 불, 능할 능, 더러울 오, 더러울 예, 그 기, 빛 색)

그 빛을 더럽힐 수 없고.

君子 行於濁地(임금 군, 선생님 자, 행할 행, 흐릴 탁, 땅 지)

군자가 혼탁한 곳에 갈지라도.

不能染亂其心(물들 염, 어려울 난, 마음 심)

그 마음을 물들이거나 어지럽힐 수 없다.

故松柏 可以耐雪霜(까닭 고, 소나무 송, 잣나무 백, 가할 가, 써 이, 견딜 내, 눈 설, 서리 상)

그러므로 소나무와 잣나무는 눈과 서리를 견딜 수 있고. 可以(가이)는 ~할 수 있다.

明智 可以涉危難(밝을 명, 지혜 지, 건널 섭, 위태 위, 어려울 난)

밝은 지혜는 危難(위난), 위태롭고 어려운 것을 건널 수 있다.

『益智書(익지서)』에서 말하였다.

"백옥을 진흙 속에 던져도 그 빛을 더럽힐 수 없고, 군자는 혼탁한 곳에 갈지라도 그 마음을 더럽히거나 어지럽힐 수 없다. 그러므로 소나무와 잣나무는 서리와 눈을 견디어 내고, 밝고 지혜로운 사람은 위태롭고 어려운 것을 건널 수 있다."

入山擒虎는 易어니와 開口告人은 難이니라.

입산금호 이 개구고인 난

入山擒虎易 (들 입, 뫼 산, 사로잡을 금, 범 호, 쉬울 이)

산에 들어가 범을 잡기는 쉬우나.

開口告人難 (열 개, 입 구, 고할 고, 남 인, 어려울 난)

입을 열어 남에게 고하기는 어렵다. 告(고)는 충고의 의미.

산에 들어가 호랑이를 잡기는 쉬우나, 입을 열어 남에게 충고하기는 어렵다.

遠水는 不救近火요, 遠親은 不如近隣이니라.

원수 불구 근화 원친 불여 근린

遠水 不救近火 (멀 원, 물 수, 아니 불, 구할 구, 가까울 근, 불 화)

멀리 있는 물은 가까운 곳의 불을 끌 수는 없고.

遠親 不如近隣 (친할 친, 같을 여, 가까울 근, 이웃 린)

멀리 있는 친척은 가까운 곳의 이웃만 못하다. 이웃사촌이란 말이 있다.

먼 곳에 있는 물은 가까이서 난 불을 끄지 못하고, 먼 곳에 사는 친척은 가까운 이웃만 못하다.

제12장

立입 敎교

子曰 "立身有義하니 而孝爲本이요,
자왈 입신유의 이효위본

喪祀有禮하니 而哀爲本이요, 戰陣有列하니 而勇爲本이요,
상사유례 이애위본 전진유열 이용위본

治政有理하니 而農爲本이요, 居國有道하니 而嗣爲本이요,
치정유리 이농위본 거국유도 이사위본

生財有時하니 而力爲本이니라."
생재유시 이력위본

『孔子家語』「六本」

子曰 (선생 자, 말할 왈)

孔子(공자)께서 말씀하셨다.

立身有義而孝爲本 (설 립, 몸 신, 있을 유, 의로울 의, 말이을 이, 효도 효, 될 위, 근본 본)

立身(입신)에는 의가 있으니 효가 근본이 되고. 입신은 세상에 출세하여 이름을 높이거나 영달함을 뜻한다.

喪祀有禮而哀爲本 (상례 상, 제사 상, 예절 예, 슬플 애)

초상과 제사에는 예절이 있으니 슬퍼하는 것이 근본이 된다. 喪祀(상사)는 초상과 제사로 『家語(가어)』에는 상기(喪紀)로 표기되어 있다. 상기는 초상을 치루는 일을 말한다. 초상과 제사에는 엄격한 절차, 즉 예(禮)에 따라야 하지만, 그 근본은 어디까지나 슬퍼하는 마음이라 할 것이다.

戰陣有列而勇爲本(싸움 전, 진영 진, 줄 열, 용맹 용)

전쟁터에서는 줄[전술]이 있지만 용맹이 근본이 된다. 戰陣(전진)은 ①전쟁을 하기 위해 벌여 놓은 진(陣). ②전쟁터 등의 뜻이 있다. 전쟁터에서는 열(列)을 잘 갖춰 싸우는 것도 중요한 전술이지만, 어디까지나 그 근본은 군사들의 사기와 용맹에 있다 할 것이다. 진영을 잘 갖추다.

治政有理而農爲本(다스릴 치, 정사 정, 이치 리, 농사 농)

정사를 다스리는 데에는 이치가 있는데 농사가 근본이 된다.

居國有道而嗣爲本(살 거, 나라 국, 도리 도, 이를 사)

나라에 거하는 데에는, 살고 지키는 데에는 도리가 있는데 후사를 잇는 것이 근본이 된다. 한 나라의 군주로서 나라에 거함에는 代(대)를 이어 종묘사직을 굳건히 하는 것이 바로 군주의 도리일 것이다.

生財有時而力爲本(낳을 생, 재물 재, 때 시, 힘 력)

재물을 낳는 것에는 때가 있는데 힘을 들여 노력하는 것이 근본이 된다.

孔子(공자)께서 말씀하셨다.

"立身(입신)에 義(의)가 있으니 효도가 그 근본이요, 喪祀(상사)에 禮(예)가 있으니 슬퍼함이 그 근본이요, 싸움터에 여러 전술[隊列]이 있으니 용맹이 그 근본이 된다. 나라를 다스리는 데 이치가 있으니 농사가 그 근본이 되고, 나라를 지키는 데 道(도)가 있으니 後嗣(후사)가 그 근본이요, 재물을 생산함에 시기가 있으니 노력이 그 근본이다."

景行錄云 "爲政之要는 曰公與淸이요,
경행록 운 위정지요 왈 공여청

成家之道는 曰儉與勤이니라."
성가지도 왈 검여근

景行錄云 (햇빛 경, 다닐 행, 기록할 록, 이를 운)

『景行錄(경행록)』에서 말하였다.

爲政之要 曰公與淸 (할 위, 정사 정, 어조사 지, 요점 요, 말할 왈, 공정할 공, 맑을 청)

정사(정치)를 하는 요점은 공명함과 청렴함이라고 말하고.

成家之道 曰儉與勤 (이룰 성, 집 가, 도리 도, 검소할 검, 근면 근)

집안을 잘 이루는(이끄는) 도리는 검소와 근면이라고 말한다.

『景行錄(경행록)』에 말하였다.

"政事(정사)의 요점은 공평과 청렴이랄 수 있고, 집을 크게 이루는 길은 검약과 근면이랄 수 있다."

讀書는 起家之本이요, 循理는 保家之本이요,
독서 기가지본 순리 보가지본

勤儉은 治家之本이요, 和順은 齊家之本이니라.
근검 치가지본 화순 제가지본

讀書起家之本 (읽을 독, 책 서, 일어날 기, 집 가, 어조사 지, 근본 본)

책을 읽는 것은 집안을 일으키는 근본이요.

循理保家之本(따를 순, 이치 리, 보존할 보)

순리를 따르는 것은 집안을 보존하는 근본이요.

勤儉治家之本(근면 근, 검소 검, 다스릴 치)

근면과 검소는 집안을 다스리는 근본이요.

和順齊家之本(화목 화, 순종 순, 가지런할 제)

화목과 순종은 집안을 가지런히 하는 근본이다.

독서는 집을 일으키는 근본이요, 이치를 따름은 집을 잘 보존하는 근본이요, 근면과 검약은 집을 다스리는 근본이요, 화목과 순종은 집안을 가지런히 하는 근본이다.

孔子三計圖云 "一生之計는 在於幼하고,
공자삼계도 운 일생지계 재어유

一年之計는 在於春하고, 一日之計는 在於寅이니,
일년지계 재어춘 일일지계 재어인

幼而不學이면 老無所知요, 春若不耕이면 秋無所望이요,
유이불학 노무소지 춘약불경 추무소망

寅若不起면 日無所辦이니라."
인약불기 일무소판

孔子三計圖云(구멍 공, 선생 자, 석 삼, 꾀 계, 그림 도, 말할 운)

『공자삼계도』에 이르기를. 『공자삼계도』가 무슨 책인지 현재로서는 알 수 없다.

一生之計在於幼(한 일, 날 생, 어조사 지, 있을 재, 어조사 어, 어릴 유)

一生(일생)의 계획은 어릴 때에 달려 있고,

一年之計在於春(해 년, 봄 춘)

일 년의 계획은 봄에 달려 있고.

一日之計在於寅(날 일, 셋째지지 인)

하루의 계획은 寅時(인시)에 달려 있고. 인시는 지금의 오전 3~5시를 말한다. 단순히 '새벽'이라고 보아도 무방하다.

幼而不學 老無所知(말이을 이, 아니 불, 배울 학, 늙을 로, 없을 무, 바 소, 알지)

어려서 배우지 않으면, 늙어서 아는 것이 없고.

春若不耕 秋無所望(만약 약, 밭갈 경, 가을 추, 바랄 망)

봄에 만약 밭을 갈지 않으면, 가을에 바랄 것이 없고. 수확을 기대하기 어렵고.

寅若不起 日無所辦(일어날 기, 힘쓸 판)

새벽에 만약 일어나지 않으면, 하루에 힘쓸 것이 없다. 할 일이 없다. 하루가 후딱 지나가버려 뭘 할 수 있는 시간이 부족하다는 의미이다.

『孔子三計圖(공자삼계도)』에 말하였다.

"일생의 계획은 어릴 때에 있고, 일 년의 계획은 봄에 달려 있고, 하루의 계획은 새벽에 달려 있다. 어려서 배우지 않으면 늙어서 아는 것이 없고, 봄에 밭 갈지 않으면 가을에 바랄 것이 없으며, 새벽에 일어나지 않으면 그 날에 하는 일이 없다."

性理書云 "五敎之目은 父子有親하며 君臣有義하며
성리서 운 오교지목 부자유친 군신유의

夫婦有別하며 長幼有序하며 朋友有信이니라."
부부유별 장유유서 붕우유신

性理書云 (성품 성, 이치 리, 책 서, 말할 운)

『性理書(성리서)』에 이르기를. 성리서는 『성리대전(性理大全)』을 말한다. 성리대전은 성리학을 집대성한 책으로, 중국 명나라 성조 14년(1415)에 호광(胡廣) 등 42명의 학자가 왕명을 받고 편찬한 70권의 책이다. 주자(周子)·장자(張子)·주자(朱子) 등 여러 학자의 성리설(性理說)과 이기설(理氣說)을 모아 수록하였다. 이 책은 갑집과 을집으로 나누어져 있는데, 1권에서 13권에 이르는 갑집은 태극도, 통서, 서명, 정몽, 황극경세서, 역학계몽, 가례, 율려신서, 홍범확극 등 성리학의 핵심 저작들을 포함하고 있고, 을집은 성리학의 주요 개념과 역사, 인물계보 등에 대한 사항을 사전적으로 기술해 두고 있다.

五敎之目 (다섯 오, 가르칠 교, 어조사 지, 조목 목)

다섯 가지 가르침[五敎]의 조목은.

父子有親 (아버지 부, 자식 자, 있을 유, 친할 친)

아버지와 자식 사이에는 친함이 있고.

君臣有義 (임금 군, 신하 신, 의리 의)

임금과 신하 사이에는 의리가 있고.

夫婦有別 (남편 부, 아내 부, 구별 별)

남편과 아내 사이에는 구별이 있고.

長幼有序 (어른 장, 어릴 유, 차례 서)

어른과 아이 사이에는 차례가 있고.

朋友有信(벗 붕, 벗 우, 신의 신)

벗들 사이에는 신의가 있어야 한다.

『性理書(성리서)』에서 말하였다.

"五敎(오교)의 條目(조목)은 아버지와 자식 사이에는 서로 친함이 있으며, 임금과 신하 사이에는 의리가 있으며, 남편과 아내 사이에는 분별이 있으며, 어른과 어린이 사이에는 차례가 있으며, 친구 사이에는 믿음이 있는 것이다."

三綱은 **君爲臣綱**이요 **父爲子綱**이요 **夫爲婦綱**이니라.
삼강 군위신강 부위자강 부위부강

三綱(석 삼, 벼리 강)

三綱(삼강)은. 綱(강)은 벼리 강. 벼리는 우리말로, 그물의 위쪽 코를 꿰어서 오므렸다 폈다 하는 줄을 뜻한다. 세 가지 근본.

君爲臣綱(임금 군, 될 위, 신하 신)

임금은 신하의 벼리가 되고. 綱(강)은 벼리인데, 벼리의 사전적 의미는 "그물의 위쪽 코를 꿰놓은 줄로, 잡아당겨 그물을 오므렸다 폈다 하는 것"이다. 기능적으로 그물 전체를 규율하고 통제하는 중요한 기능을 하는 것이기에 '근본'이란 의미로 확대되었다. 서로 간에 지켜야 할 근본 도리.

父爲子綱(아버지 부, 자식 자)

아버지는 자식의 벼리가 되고.

夫爲婦綱(남편 부, 아내 부)

남편은 아내의 벼리가 되고.

삼강은 임금이 신하의 벼리(근본)가 됨이요, 아버지는 자식의 벼리가 됨이요, 남편은 아내의 벼리가 된다는 것이다.

王蠋曰 "忠臣은 不事二君이요, 烈女는 不更二夫니라."
왕촉 왈 충신 불사이군 열녀 불경이부

王蠋曰 (임금 왕, 나비애벌레 촉, 말할 왈)

王蠋(왕촉)이 말하기를. 왕촉(?~기원전 284)은 전국시대 제(齊)나라 화읍(畵邑, 臨淄 區高) 사람. 낙의(樂毅)가 처음 제나라를 격파했을 때 그가 어질다는 소문을 듣고 군대에 명령해 화읍 주변 30리를 포위하도록 해 들어가지 못하도록 하고 예의를 갖춰 만가(萬家)에 봉하고는 연(燕)나라를 돕도록 청했다. 그는 끝내 사양하고 나가지 않았는데, 연나라 사람들이 위협하자 나무에 목을 매 자살한 충신이다.

忠臣不事二君 (충성 충, 신하 신, 아니 불, 섬길 사, 두 이, 임금 군)

충신은 두 임금을 섬기지 않고.

烈女不更二夫 (매울 렬, 계집 녀, 고칠 경, 남편 부)

열녀는 두 남편을 고치지 않는다. 烈(렬)은 매울 렬로 비유적으로 지조나 절개가 굳고 열렬함을 말하기도 한다. 예)열사(烈士), 충렬(忠烈). 경(更)은 부사로는 다시 갱, 술어로는 고칠 경. 여기서는 술어로 사용되었다. 일반적으로 두 남편을 섬기지 않는다고 의역한다.

王蠋(왕촉)이 말하였다.
"충신은 두 임금을 섬기지 않고, 열녀는 두 지아비로 바꾸지 않는다."

忠子曰 "治官엔 莫若平이요, 臨財엔 莫若廉이니라."
충자 왈 치관 막약평 임재 막약렴

忠子曰 (충성 충, 선생 자, 말할 왈)

忠子(충자)가 말하기를.

治官莫若平 (다스릴 치, 벼슬 관, 말 막, 같을 약, 공평 평)

벼슬을 다스리는 데에는 공평한 것만 한 것이 없고. 관리로서 임무를 수행할 때에는.

臨財莫若廉 (임할 임, 재물 재, 청렴 렴)

재물에 임해서는 청렴한 것만 한 것이 없다. 임하는 것은 대한다는 말.

忠子(충자)가 말하였다.

"관리의 임무를 수행할 때에는 공평한 것 만한 것이 없고, 재물을 대할 때에는 청렴만한 것이 없다."

張思叔座右銘曰 "凡語를 必忠信하며, 凡行을 必篤敬하며,
장사숙 좌우명 왈 범어 필 충신 범행 필 독경

飮食을 必愼節하며, 字畫을 必楷正하며, 容貌를 必端莊하며,
음식 필 신절 자획 필 해정 용모 필 단장

衣冠을 必肅整하며, 步履를 必安詳하며, 居處를 必正靜하며,
의관 필 숙정 보리 필 안상 거처 필 정정

張思叔座右銘曰 (베풀 장, 생각 사, 아재비 숙, 앉을 좌, 오른 우, 새길 명, 말할 왈)

張思叔(장사숙)이 座右銘(좌우명)에서 말하기를. 장사숙은 北宋(북송) 때의 學者(학자)로 이름은 繹(역)이고, 思淑(사숙)은 字(자)이다. 하남(河南) 수안(壽安) 사람.

凡語必忠信(무릇 범, 말 어, 반드시 필, 충성 충, 믿을 신)

모든 말은 반드시 충성되고 믿음직하게 하고. 忠(충)은 마음으로부터 우러나온 정성되고 진실된 마음을 뜻한다.

凡行必篤敬(행동 행, 돈독할 돈, 공경 경)

모든 행실은 반드시 독실하고 공경스럽게 하고. 독실한 것은 믿음이 두텁고 성실하다.

飮食必愼節(마실 음, 먹을 식, 삼갈 신, 조절 절)

먹고 마시는 것은 반드시 삼가고 조절할 줄 알고.

字畫必楷正(글자 자, 그을 획, 바를 해, 바를 정)

자획은 반드시 발라야 하고. 글씨를 쓸 때 자획을 바르게 써야 한다.

容貌必端莊(얼굴 용, 얼굴 모, 바를 단, 엄숙 장)

용모는 반드시 단정하고 엄숙해야 하고.

衣冠必肅整(옷 의, 관 관, 엄숙 숙, 정돈 정)

의관(衣冠)은 반드시 엄숙하고 정돈되어야 하고.

步履必安詳(걸음 보, 밟을 리, 편안 안, 자상 상)

걸음걸이는 반드시 안정되고 차분해야 하고. 안상(安詳)은 관용적인 표현으로 성질이 찬찬하고 자세하다는 뜻이다.

居處必正靜(살 거, 곳 처, 반드시 필, 바를 정, 고요할 정)

사는 곳은 반드시 바르고 고요하게 하고.

張思叔(장사숙)이 「座右銘(좌우명)」에서 말하였다.

"모든 말을 반드시 충성스럽고 미덥게 하며, 모든 행실을 반드시 돈독히 하고 공경히 하며, 먹고 마실 때에는 반드시 삼가고 알맞게 하며, 글씨는 반드시 반듯하고 바르게 쓰며, 용모는 반드시 단정하고 엄숙히 하며, 의관을 반드시 엄숙하고 바르게 하며, 걸음걸이를 반드시 편안하고 차분하게 하며, 거처하는 곳을 반드시 바르고 정숙하게 하며,

---

作事를 **必謀始**하며, **出言**을 **必顧行**하며, **常德**을 **必固持**하며,
작사 필 모시 출언 필 고행 상덕 필 고지

然諾을 **必重應**하며, **見善**을 **如己出**하며, **見惡**을 **如己病**하라.
연낙 필 중응 견선 여 기출 견악 여 기병

作事必謀始 (지을 작, 일 사, 꾀할 모, 시작 시)

일을 할 때에는 반드시 처음부터 계획을 잘 세워 시작하고.

出言必顧行 (낼 출, 말 어, 돌아볼 고, 실행 행)

말을 할 때에는 반드시 실행할 것을 돌아보고.

常德必固持 (항상 상, 덕 덕, 굳을 고, 가질지)

변치 않는 덕을 반드시 굳게 가지고.

然諾必重應 (그럴 연, 허락 락, 중할 중, 응할 응)

승낙하는 것을 반드시 신중하게 응하며. 승낙은 신중해야 한다.

見善如己出 (볼 견, 선할 선, 같을 여, 자기 기, 날 출)

(남의) 선을 보거든 마치 자기에게서 나온 것처럼 하고. 자기가 한 것처럼 기뻐하며.

見惡如己病 (악학 악, 병 병)

(남의) 악을 보거든 마치 자기의 병인 것처럼 하라. 내 잘못인 듯 여겨라.

일을 할 때에는 반드시 계획을 잘 세워 시작하며, 말을 할 때에는 반드시 그 실행 여부를 생각해서 하며, 변치 않는 德(덕)을 반드시 굳게 가지며, 승낙하는 것을 반드시 신중히 대응하며, 善(선)을 보거든 자기가 한 것처럼 기뻐하며, 惡(악)을 보거든 자기의 병인 것처럼 하라.

凡此十四者는 皆我未深省이라.
범차 십사자 개아 미심성

書此當座隅하여 朝夕視爲警하노라."
서차 당좌우 조석 시위경

凡此十四者(무릇 범, 이 차, 열 십, 넉 사, 것 자)

무릇 이 14가지의 것은.

皆我未深省(모두 개, 나 아, 아닐 미, 깊을 심, 살필 성)

모두 내가 아직 깊이 살피지 못한 것으로. 제대로 실천하지 못한 것으로.

書此當座隅(적을 서, 마땅 당, 앉을 좌, 모퉁이 우)

이것을 마땅히 앉는 자리 모퉁이에 적어놓고. 座右銘(좌우명).

朝夕視爲警(아침 조, 저녁 석, 볼 시, 될 위, 경계 경)

아침저녁으로 보면서 경계로 삼노라.

무릇 이 14가지는 모두 내가 아직 깊이 살피지 못한 것이다. 이것을 자리의 모퉁이에 써 붙여 놓고 아침저녁으로 보고 경계하노라."

范益謙座右銘曰 "一 不言朝廷利害邊報差除요,
범익겸 좌우명 왈 일 불언 조정이해 변보차제

二 不言州縣官員長短得失이요,
이 불언 주현관원 장단득실

三 不言衆人所作過惡之事요,
삼 불언 중인소작 과악지사

四 不言仕進官職趨時附勢요,
사 불언 사진관직 추시부세

范益謙座右銘曰 (풀 범, 더할 익, 겸손 겸, 앉을 좌, 오른 우, 새길 명, 말할 왈)

范益謙(범익겸)이 座右銘(좌우명)에서 말하기를. 범익겸은 남송 때 학자인데, 자세한 이력은 알 수 없다.

一 不言朝廷利害邊報差除 (아니 불, 말 어, 아침 조, 조정 정, 이로울 이, 해로울 해, 가 변, 알릴 보, 가릴 차, 벼슬 줄 제)

朝廷(조정)에서의 利害(이해)와 변방의 보고와 差除(차제)에 대해서 말하지 말라. 여기서 差除(차제)란 한 단어로 벼슬에 임명되는 것을 뜻하는 말이다. 差(차)는 ①어긋날 차. ②가릴(擇) 차. ③보낼(送) 차. 즉, 差(차)는 사람을 가려서 벼슬자리로 보낸다는 뜻이다. 예)차사(差使). 함흥차사(咸興差使). 차견(差遣)은 사람을 시켜서 보낸다는 뜻이다. 또한 除(제)는 ①제할 제(~을 제거하다, ~을 없애다). ②벼슬 줄 제(벼슬을 제수하다), 여기서는 ②에 해당한다.

二 不言州縣官員長短得失 (고을 주, 고을 현, 벼슬 관, 사람 원, 긴 장, 짧을 단, 얻을 득, 잃을 실)

고을 관원들의 장단점과 得失(득실)에 대해 말하지 말라.

三 不言衆人所作過惡之事 (무리 중, 사람 인, 바 소, 지을 작, 지나칠 과, 악할 악, 어조사 지, 일 사)

여러 사람들이 지은 바 지나치게 악한 일을 말하지 말라. 다른 사람이 저지른 잘못에 대해 말하지 말라. 過惡(과악)은 그냥 과오와 악한 일, 잘못이라고 보면 된다.

四 不言仕進官職趨時附勢(벼슬 사, 벼슬 진, 직분 직, 쫓을 추, 때 시, 붙을 부, 기세 세)

仕進官職(사진관직), 관직에 나아가는 것과 趨時附勢(추시부세), 시속(時俗)을 좇고 권세에 아부하는 것을 말하지 말라. 시속을 좇는 것은 기회를 엿보는 것이라고도 할 수 있다.

范益謙(범익겸)이 「座右銘(좌우명)」에서 말하였다.

"첫째, 조정에서의 이해와 변방으로부터의 보고와 관직의 임명에 대하여 말하지 말 것이요, 둘째, 州縣(주현) 관원의 장단과 득실에 대하여 말하지 말 것이요, 셋째 여러 사람이 저지른 악한 일을 말하지 말며, 넷째 벼슬에 나아가는 것과 기회를 따라 권세에 아부하는 일에 대하여 말하지 말 것이요,

---

五 不言財利多少厭貧求富요,
오 불언 재이다소 염빈구부

六 不言淫媟戲慢評論女色이요,
육 불언 음설희만 평론여색

七 不言求覓人物干索酒食이요,
칠 불언 구멱인물 간색주식

五 不言財利多少厭貧求富(재물 재, 이로울 리, 많을 다, 적을 소, 싫을 염, 가난 빈, 구할 구, 넉넉할 부)

재물과 이익이 많고 적음과 가난을 싫어하고 넉넉한 것을 구하기를 말하지 말라.

六 不言淫媟戲慢評論女色(음란 음, 문란할 설, 희롱 희, 깔볼 만, 말할 논, 여자 여, 색 색)

음란하고 외설스러운 농지거리[戲慢]나 여색에 대한 평론을 말하지 말라.

七 不言求覓人物干索酒食(구할 구, 찾을 멱, 남 인, 물건 물, 구할 간, 구할 색, 술 주, 밥 식)

남의 물건을 구하고 술과 음식을 구하기를 말하지 말라.

다섯째, 재물의 많고 적음이나 가난을 싫어하고 넉넉함을 구하는 것을 말하지 말며, 여섯째, 음란하고 외설스러운 농지거리나 여색에 대한 평론을 말하지 말 것이요, 일곱째, 남의 물건을 요구하거나 술과 음식을 구하기를 말하지 말 것이다."

又人付書信을 不可開坼沈滯요,
우 인부서신 불가 개탁침체

與人並坐에 不可窺人私書요,
여인병좌 불가 규인사서

凡入人家에 不可看人文字요,
범입인가 불가 간인문자

凡借人物에 不可損壞不還이요,
범차인물 불가 손괴불환

凡喫飮食에 不可揀擇去取요,
범끽음식 불가 간택거취

與人同處에 不可自擇便利요,
여인동처 불가 자택편리

凡人富貴를 不可歎羨詆毁라.
범인부귀 불가 탄선저훼

又人付書信 不可開坼沈滯(또 우, 남 인, 부칠 부, 글 서, 편지 신, 아니 불, 가할 가, 열 개, 열 탁, 잠길 침, 막힐 체)

또 다른 사람이 부친 書信(서신)은 열어 보거나 지체시켜서는 안 되며. 付(부)는 附(부)라고도 한다. '부치다, 부탁하다'의 뜻을 가진다.

與人並坐 不可窺人私書(더불 여, 함께 병, 앉을 좌, 엿볼 규, 사사로울 사)

남과 함께 더불어 앉아 있을 때 남의 사사로운 글을 엿보아서는 안 되며.

凡入人家 不可看人文字(무릇 범, 들 입, 집 가, 볼 간, 글월 문, 글자 자)

무릇 남의 집에 들어갈 때에는 남의 문자를 보아서는 안 되며.

凡借人物 不可損壞不還(빌릴 차, 물건 물, 덜 손, 무너질 괴, 돌아올 환)

무릇 남의 물건을 빌렸을 때에는 망가뜨리거나 돌려주지 않아서는 안 되며.

凡喫飮食 不可揀擇去取(먹을 끽, 마실 음, 먹을 식, 가릴 간, 가릴 택, 버릴 거, 취할 취)

무릇 음식을 먹을 때에는 가려서 버리거나 취해서는 안 되며.

與人同處 不可自擇便利(함께 동, 거처 처, 편할 편, 이익 리)

남과 더불어 함께 거처할 때에는 자신의 편리만을 택해서는 안 되며.

凡人富貴 不可歎羨詆毁(넉넉할 부, 귀할 귀, 탄식 탄, 부러울 선, 헐뜯을 저, 헐뜯을 훼)

무릇 남의 부귀를 감탄하고 부러워하거나 헐뜯어서는 안 된다.

그리고 남이 부친 편지를 뜯어보거나 지체시켜서는 안 되며, 남과 함께 앉아 있으면서 남의 사사로운 글을 엿보아서는 안 되며, 무릇 남의 집에 들어가서 남의 문자를 보지 말며, 남의 물건을 빌렸을 때 손상시키거나 돌려보내지 않아서는 안 된다. 무릇 음식을 먹을 때에는 가려서 버리거나 취해서는 안 되며, 남과 같이 있으면서 자기의 편리함만 가려서는 안 되며, 무릇 남의 부귀를 부러워하거나 헐뜯어서는 안 된다.

凡此數事에 有犯之者면 足以見用意之不肖니,
범차수사 유 범지자 족이견 용의지부초

於存心修身에 大有所害라. 因書以自警하노라."
어 존심수신 대유소해 인서이 자경

凡此數事 有犯之者(무릇 범, 이 차, 여러 수, 있을 유, 범할 범, 그것 지, 것 자)

무릇 이 여러 가지 일 중에서 범한 것이 있으면.

足以見用意之不肖(족할 족, 써 이, 볼 견, 쓸 용, 뜻 의, 어조사 지, 아니 불, 닮을 초)

用意之不肖(용의지불초), 마음 씀의 닮지 않음을 족히 볼 수 있으니. 肖(초)는 닮을 초. 不肖(불초)는 父兄(부형)의 덕을 닮지 못한 못난 사람이란 뜻으로 자신을 겸손히 낮추어 이르는 말이지만, 여기서는 자신을 지칭하는 말은 아니고 단순히 불민하고 덕이 없다는 뜻이다. 마음 쓰는 것이 덕이 없음을 알 수 있으니. 見(견)은 보다, 알 수 있다.

於存心修身 大有所害(어조사 어, 보존 존, 마음 심, 닦을 수, 몸 신, 큰 대, 있을 유, 바 소, 해로울 해)

마음을 보존하고 몸을 닦는 데에 크게 해로운 바가 있다.

因書以自警(원인 인, 글 서, 써 이, 스스로 자, 경계 경)

이 글로 인하여 스스로 경계하다.

무릇 이 몇 가지 일을 범하는 자가 있으면 그 마음 씀이 어질지 않음을 볼 수 있으니, 마음을 보존하고 몸을 닦는 데 크게 해로운 것이 있다. 이때문에 이 글을 써서 스스로 경계하노라."

武王이 **問太公曰** "**人居世上**에 **何得貴賤貧富不等**고.
무왕 문 태공 왈 인거세상 하득 귀천빈부부등

願聞說之하여 **欲知是矣**로이다."
원문설지 욕지시의

太公曰 "**富貴**는 **如聖人之德**하여 **皆由天命**이어니와
태공 왈 부귀 여 성인지덕 개유 천명

富者는 **用之有節**하고 **不富者**는 **家有十盜**니이다."
부자 용지유절 불부자 가유십도

武王問太公曰(호반 무, 임금 왕, 물을 문, 클 태, 벼슬 공, 말할 왈)

武王(무왕)이 太公(태공)에게 물었다. 무왕은 중국 주나라의 왕으로 성은 姬(희)이

며 이름은 發(발). 문왕(文王)의 아들로 서백(西伯)의 직위를 이었다. 상(商)나라를 멸망시키라는 문왕의 유지를 받들어 제후(諸侯)들과 맹진(孟津)에서 회맹(會盟)하고 군대를 일으켜 주(紂)임금을 정벌했다. 목야(牧野) 전투에서 대승을 거두어 상나라를 멸망시키고, 주왕조(周王朝)를 건설했다. 호(鎬)를 도읍으로 정하고, 제후들에게 분봉(分封)했다. 상나라를 멸망시킨 지 2년 뒤에 죽었다. 19년 동안 재위했다.

人居世上 (사람 인, 살 거, 세상 세, 위 상)

사람이 세상에 사는데.

何得貴賤貧富不等 (어찌 하, 얻을 득, 귀할 귀, 천할 천, 가난 빈, 넉넉할 부, 아니 불, 같을 등)

어찌 貴賤(귀천)과 貧富(빈부)가 같지 않습니까? 得(득)은 '~을 얻다', 또는 得(득) 다음에 술어가 와서 '~할 수 있다'는 뜻으로도 쓰인다. 여기서는 후자가 더욱 적합하다.

願聞說之 欲知是矣 (원할 원, 들을 문, 말 설, 그것 지, 하고야할 욕, 알 지, 이 시, 어조사 의)

원컨대 그것에 대해 말씀해주시면 들어 이를 알고자 합니다.

太公曰 (클 태, 벼슬 공, 말할 왈)

太公(태공)이 말하였다.

富貴 如聖人之德 皆由天命 (같은 여, 성인 성, 덕 덕, 모두 개, 말미암을 유, 하늘 천, 운명 명)

富貴(부귀)는 聖人(성인)의 덕과 같아서 모두 天命(천명)에서 말미암는 것이다. 천명에서 나오는 것이다.

富者 用之有節 (사람 자, 쓸 용, 절약 절)

넉넉한 사람은 쓰는 것이 절도가 있고.

不富者 家有十盜 (집 가, 열 십, 도적 도)

넉넉하지 못한 사람은 집에 열 가지 도둑이 있다.

武王(무왕)이 太公(태공)에게 "사람이 세상에 사는데 어찌하여 귀천과 빈부가 고르지 않는 것입니까? 원컨대 그 점에 대해 말씀해주시는 것을 듣고 이를 알고자 합니다."라고 물었다.

이에 태공은 "부귀는 성인의 덕과 같아서 다 천명에서 말미암거니와 부자는 쓰는 것이 절도가 있고 부유하지 않은 자는 집에 열 가지 도둑이 있습니다."라고 대답하였다.

武王曰 "何謂十盜닛고." 太公曰 "時熟不收 爲一盜요,
무왕 왈 하위 십도 태공 왈 시숙불수 위 일도

收積不了 爲二盜요, 無事燃燈寢睡 爲三盜요,
수적불료 위 이도 무사 연등침수 위 삼도

慵懶不耕 爲四盜요, 不施功力 爲五盜요,
용나불경 위 사도 불시공력 위 오도

專行巧害 爲六盜요, 養女太多 爲七盜요,
전행교해 위 육도 양녀태다 위 칠도

晝眠懶起 爲八盜요, 貪酒嗜慾 爲九盜요,
주면나기 위 팔도 탐주기욕 위 구도

强行嫉妬 爲十盜니이다."
강행질투 위 십도

何謂十盜 (무엇 하, 이를 위, 열 십, 도적 도)

무왕이 이르기를. "무엇이 열 가지 도적입니까?"

時熟不收 爲一盜 (때 시, 익을 숙, 아니 불, 거둘 수, 될 위)

때가 되어 익은 것을 거두지 않는 것이 첫 번째 도적이요. 때에 맞춰 수확하지 않는 것.

收積不了 爲二盜 (쌓을 적, 마칠 료)

거두고 쌓는 것을 마치지 않은 것이 두 번째 도적이요. 수확한 것을 제대로 쌓아

보관하지 않는 것.

無事燃燈寢睡 爲三盜(없을 무, 일 사, 사를 연, 등잔 등, 잠잘 침, 잠 수)

별 일 없이 등불을 켜 놓고 자는 것이 세 번째 도적이요.

慵懶不耕 爲四盜(게으를 용, 게으를 나, 밭갈 경)

게을러 밭을 갈지 않는 것이 네 번째 도적이요.

不施功力 爲五盜(베풀 시, 공 공, 힘 력)

功力(공력)을 들이지 않는 것이 다섯 번째 도적이요.

專行巧害 爲六盜(오로지 전, 행할 행, 교묘할 교, 해로울 해)

오로지 교활하게 남 해치는 일을 행하는 것이 여섯 번째 도적이요.

養女太多 爲七盜(기를 양, 여자 여, 클 대, 많을 다)

딸을 너무 많이 기르는 것이 일곱 번째 도적이요.

晝眠懶起 爲八盜(낮 주, 잘 면, 일어날 기)

낮에 자고 아침에 늦게 일어나는 것이 여덟 번째 도적이요.

貪酒嗜慾 爲九盜(탐할 탐, 술 주, 즐길 기, 하고자할 욕)

술을 탐하고 욕심을 즐기는 것이 아홉 번째 도적이요.

强行嫉妬 爲十盜(강할 강, 행할 행, 시기 질, 시샘 투)

매우 심하게 질투하는 것이 열 번째 도적이다.

무왕이 말하였다. "무엇을 열 가지 도둑이라고 합니까?"
태공이 대답하였다. "때가 되어 익은 것을 거두지 않는 것이 첫 번째 도적이요,

거두고 쌓는 것을 마치지 않은 것이 두 번째 도적이요, 별 일 없이 등불을 켜 놓고 자는 것이 세 번째 도적이요, 게을러 밭을 갈지 않는 것이 네 번째 도적이요, 功力(공력)을 들이지 않는 것이 다섯 번째 도적이요, 오로지 교활하고 해치는 일을 행하는 것이 여섯 번째 도적이요, 딸을 너무 많이 기르는 것이 일곱 번째 도적이요, 낮에 자고 아침에 늦게 일어나는 것이 여덟 번째 도적이요, 술을 탐하고 욕심을 즐기는 것이 아홉 번째 도적이요, 매우 심하게 질투하는 것이 열 번째 도적이다."

武王曰 "家無十盜而不富者는 何如닛고."
무왕 왈 가무십도이 불부자 하여

太公曰 "人家에 必有三耗니이다." 武王曰 "何名三耗닛고."
태공 왈 인가 필유 삼모 무왕 왈 하명 삼모

太公曰 "倉庫漏濫不蓋하여 鼠雀亂食이 爲一耗요,
태공 왈 창고루람불개 서작난식 위 일모

收種失時 爲二耗요, 抛撒米穀穢賤이 爲三耗니이다."
수종실시 위 이모 포살미곡예천 위 삼모

家無十盜而不富者何如(집 가, 없을 무, 열 십, 도적 도, 말이을 이, 아니 불, 넉넉할 부, 사람 자, 어찌 하, 같을 여)

집에 열 가지 도적이 없는데도 넉넉하지 못한 것은 어찌된 것인가?

人家 必有三耗(사람 인, 반드시 필, 있을 유, 석 삼, 소모할 모)

그런 사람의 집에는 반드시 세 가지 소모가 있다. 耗(모)는 '소모'로써 '더는 것, 낭비'를 뜻한다.

何名三耗(무엇 하, 부를 명)

무엇을 三耗(삼모)라고 부릅니까?

倉庫漏濫不蓋(곳집 창, 곳집 고, 샐 루, 넘칠 람, 아니 불, 덮을 개)

창고가 새고 넘치는데도 덮지 않아.

鼠雀亂食 爲一耗(쥐 서, 참새 작, 어지러울 난, 먹을 식, 될 위)

쥐와 참새가 어지러이 먹는 것이 첫 번째 소모(낭비)요.

收種失時 爲二耗(거둘 수, 씨뿌릴 종, 잃을 실, 때 시)

수확하고 씨 뿌리는 데 때를 잃는 것이 두 번째 소모요.

抛撒米穀穢賤 爲三耗(던질 포, 뿌릴 살, 쌀 미, 곡식 곡, 더러울 예, 천할 천)

米穀(미곡)을 抛撒(포살), 뿌려 던져 버려 더럽고 천하게 하는 것이 세 번째 소모입니다.

武王(무왕)이 묻기를 "집에 열 가지 도둑이 없는데도 부유하지 못한 것은 어째서입니까?"라고 하였다.

太公(태공)이 대답하길 "그런 사람의 집에는 반드시 세 가지 낭비[三耗]가 있습니다."라고 하였다.

무왕은 "무엇을 세 가지 낭비라고 합니까?"라고 물었다.

이에 태공은 "창고가 새고 넘치는데도 덮지 않아 쥐와 새들이 어지럽게 먹어대는 것이 첫 번째 낭비요, 거두고 씨 뿌리는 때를 놓치는 것이 두 번째 낭비요, 곡식을 버리고 흩어지게 하여 더럽히고 천하게 하는 것이 세 번째 낭비입니다."라고 대답하였다.

武王曰 "家無三耗而不富者는 何如닛고." 太公曰 "人家에
무왕 왈 가무삼모이 불부자 하여 태공 왈 인가

必有一錯二誤三痴四失五逆六不祥七奴八賤九愚十强하여
필유 일착 이오 삼치 사실 오역 육불상 칠노 팔천 구우 십강

自招其禍요 非天降殃이니이다."
자초기화 비 천강앙

家無三耗而不富者 何如(집 가, 없을 무, 석 삼, 줄 모, 말이을 이, 아니 불, 넉넉할 부, 놈 자, 어찌 하, 같은 여)

집에 세 가지 낭비가 없는데도 넉넉하지 않은 것은 어째서입니까?

人家 必有一錯二誤三痴四失五逆六不祥七奴八賤九愚十强(어긋날 착, 그릇될 오, 어리석을 치, 잃을 실, 거스를 역, 상서로울 상, 종 노, 천할 천, 어리석을 우, 억지 강)

그런 사람의 집에는 반드시 첫 번째 어긋남이요, 두 번째 그릇됨이요, 세 번째 어리석음이요, 네 번째 과실이요, 다섯 번째 거스름이요, 여섯 번째 상서롭지 못한 것이요, 일곱 번째 상스러움이요, 여덟 번째 천함이요, 아홉 번째 어리석음이요, 열 번째 뻔뻔함 이런 것들이 있습니다.

自招其禍 非天降殃(스스로 자, 부를 초, 그 기, 재앙 화, 아닐 비, 하늘 천, 내릴 강, 재앙 앙)

스스로 그 재앙을 부르는 것이지, 하늘이 재앙을 내리는 것은 아닙니다.

무왕이 묻기를 "집에 세 가지 낭비가 없는데도 넉넉하지 못한 것은 어째서입니까?"라고 하자, 태공이 대답하였다.

"그런 사람의 집에는 반드시 첫 번째 어긋남이요, 두 번째 그릇됨이요, 세 번째 어리석음이요, 네 번째 과실이요, 다섯 번째 거스름이요, 여섯 번째 상서롭지 못한 것이요, 일곱 번째 상스러움이요, 여덟 번째 천함이요, 아홉 번째 어리석음이요, 열 번째 뻔뻔함이 있습니다. 스스로 그 재앙을 부르는 것이지 하늘이 내리는 것이 아닙니다."

武王曰 "願悉聞之하나이다."
무왕 왈 원실문지

太公曰 "養男不敎訓이 爲一錯이요, 嬰孩不訓이 爲二誤요,
태공 왈 양남불교훈 위 일착 영해불훈 위 이오

初迎新婦不行嚴訓이 爲三痴요, 未語先笑 爲四失이요,
초영신부 불행엄훈 위 삼치 미어선소 위 사실

不養父母 爲五逆이요, 夜起赤身이 爲六不祥이요,
불양부모 위 오역 야기적신 위 육불상

好挽他弓이 爲七奴요, 愛騎他馬 爲八賤이요,
호만타궁 위 칠노 애기타마 위 팔천

喫他酒勸他人이 爲九愚요, 喫他飯命朋友가 爲十强이니다."
끽타주권타인 위 구우 끽타반명붕우 위 십강

武王曰 "甚美誠哉라 是言也여."
무왕 왈 심미성재 시언야

願悉聞之(원할 원, 다 실, 들을 문, 그것 지)

그것을 다 듣기를 원합니다.

養男不敎訓 爲一錯(기를 양, 남자 남, 아니 불, 가르칠 교, 가르칠 훈)

사내아이를 기르되 가르치지 않는 것이 첫 번째 어긋남이요.

嬰孩不訓 爲二誤(어릴 영, 아이 해)

어린아이를 가르치지 않는 것이 두 번째 그릇됨이요.

初迎新婦不行嚴訓 爲三痴(처음 초, 맞을 영, 새 신, 아내 부, 행할 행, 엄할 엄)

처음 신부를 맞이하여 엄하게 가르치지 않는 것이 세 번째 어리석음이요.

未語先笑 爲四失(아닐 미, 말 어, 먼저 선, 웃음 소)

말하기 전에 먼저 웃는 것이 네 번째 과실이요.

不養父母 爲五逆(아버지 부, 어머니 모)

부모를 봉양하지 않는 것이 다섯 번째 거스름이요.

夜起赤身 爲六不祥(밤 야, 일어날 기, 발가벗을 적, 몸 신)

밤에 알몸으로 일어나는 것이 여섯 번째 상서롭지 못한 것이요. 赤子(적자)는 발가벗은 갓난아이를 가리킨다.

好挽他弓 爲七奴(좋아할 호, 당길 만, 남 타, 활 궁)

남의 활을 당기기를 좋아하는 것이 일곱 번째 상스러움이요.

愛騎他馬 爲八賤(좋아할 애, 탈 기, 남 타, 말 마)

남의 말을 타기를 좋아하는 것이 여덟 번째 천함이요

喫他酒勸他人 爲九愚(마실 끽, 남 타, 술 주, 권할 권, 사람 인)

남의 술을 마시면서 다른 사람에게 권하는 것이 아홉 번째 어리석음이요.

喫他飯命朋友 爲十强(밥 반, 명할 명, 벗 붕, 벗 우)

남의 밥을 먹으면서 친구들에게 명령하는 것이 열 번째 뻔뻔함입니다.

甚美誠哉 是言也(심할 심, 아름다울 미, 진실할 성, 어조사 재, 이 시, 말 언, 어조사 야)

매우 아름답고 진실하도다! 그 말씀이여!

무왕이 말하길 "그 내용을 다 듣기를 원합니다."라고 하자, 태공이 대답하였다. "사내아이를 기르되 가르치지 않는 것이 첫 번째 어긋남이요, 어린아이를 가르치지 않는 것이 두 번째 그릇됨이요, 처음 신부를 맞이하여 엄하게 가르치지 않는 것이 세 번째 어리석음이요, 말하기 전에 먼저 웃는 것이 네 번째 과실이요, 부모를 봉양하지 않는 것이 다섯 번째 거스름이요, 밤에 알몸으로 일어나는 것이 여섯 번째 상서롭지 못한 것이요, 남의 활을 당기기를 좋아하는 것이 일곱 번째 상스러움이요, 남의 말을 타기를 좋아하는 것이 여덟 번째 천함이요, 남의 술을 마시면서 다른 사람에게 권하는 것이 아홉 번째 어리석음이요, 남의 밥을 먹으면서 친구들에게 명하는 것이 열 번째 뻔뻔함입니다."

무왕이 말하였다. "매우 아름답고 진실됩니다! 그 말씀이시어!"

제13장

治치 政정

明道先生曰 "一命之士 苟有存心於愛物이면 於人에
명도선생 왈 일명지사 구유 존심어애물 어인

必有所濟니라."
필유소제

明道先生曰 (밝을 명, 도리 도, 먼저 선, 날 생, 말할 왈)

明道先生(명도선생)이 말하기를. 명도 선생(1032~1085)은 북송의 유학자로 성은 程(정), 이름은 顥(호)이다. 북송 중기 낙양(洛陽) 사람. 자는 백순(伯淳)이고, 호는 명도선생(明道先生)이며, 시호는 순(純)으로, 정향(程珦)의 아들이다. 동생 정이(程頤)와 함께 이정자(二程子)로 알려졌다. 인종(仁宗) 가우(嘉祐) 연간에 진사가 되었다. 호현(鄠縣)과 상원(上元)의 주부(主簿)에 올랐다. 신종(神宗) 희녕(熙寧) 초에 태자중윤(太子中允)과 감찰어사리행(監察御史裏行)에 올랐다. 여러 차례 신종이 불러서 보자 그때마다 마음을 바르게 하고 욕심을 억누르며 어진 이를 발탁하고 인재를 기를 것을 강조했다. 나중에 저작좌랑(著作佐郞)이 되었지만, 왕안석(王安石)의 신법(新法)과 뜻이 맞지 않자 자청하여 첨서진영군판관(簽書鎭寧軍判官)으로 나갔다가 부구지현(扶溝知縣)으로 옮겼다. 철종(哲宗)이 즉위하자 불러 종정승(宗正丞)이 되었는데, 나가기 전에 죽었다. 영종(寧宗) 가정(嘉定) 중에 시호가 내렸다. 일찍이 동생과 함께 주돈이(周敦頤)에게 공부하고, 이학(理學)의 기초를 닦았다. 학문적 태도는 만물일체

관에 입각하여 혼일적(渾一的)으로 천지의 생의(生意)를 체험하는 데 있었다. 저서에 『정성서(定性書)』와 『식인편(識仁篇)』, 시에 「추일우성(秋日偶成)」 등이 있다. 생애는 『이락연원록(伊洛淵源錄)』에서, 저서는 『이정전서(二程全書)』에서 찾아볼 수 있다.

一命之士 (한 일, 명할 명, 어조사 지, 선비 사)

한번 명을 받은 선비가. 처음 벼슬하는 선비로 요즘의 처음 발령을 받은 공무원을 떠올리면 된다.

苟有存心於愛物 (진실로 구, 있을 유, 간직할 존, 마음 심, 어조사 어, 아낄 애, 물건 물)

진실로 물건을 아끼는 데에 마음을 둔다면. 苟(구)는 '진실로 ~하면'의 뜻이다.

於人 必有所濟 (사람 인, 반드시 필, 있을 유, 바 소, 구제할 제)

사람에게 반드시 구제되는 바가 있다. 사람들에게 반드시 도움이 될 것이다.

明道先生(명도선생)이 말하였다.

"처음으로 벼슬을 얻은 사람이 진실로 물건을 사랑하는 데 마음을 둔다면, 사람에게 반드시 도움이 될 것이다."

唐太宗御製云 "上有麾之하고 中有乘之하고 下有附之하여
당태종 어제 운 상유휘지 중유승지 하유부지

幣帛衣之요 倉廩食之하니 爾俸爾祿이 民膏民脂니라.
폐백의지 창름식지 이봉이록 민고민지

下民은 易虐이어니와 上天은 難欺니라."
하민 이학 상천 난기

唐太宗御製云 (나라 당, 클 태, 마루 종, 임금 어, 지을 제, 말할 운)

唐(당)나라 太宗(태종)이 御題詩(어제시)에서 말하기를.

당 태종은 당나라의 제2대 황제(재위 626~649)로 본명은 이세민(李世民, 598~

649). 아버지는 이연(李淵)이고 어머니는 두(竇)씨다. 중국 역사상 최고의 영주(英主)로 알려져 있으며, 북방민족의 피가 섞인 무인(武人) 귀족 집안에서 태어났다. 수나라 양제(煬帝)의 폭정으로 내란의 양상이 짙어지자 수나라 타도의 뜻을 품고 태원(太原) 방면 군사령관이었던 아버지를 설득하여 거병, 장안(長安)을 점령하고 당나라를 건립했다. 왕위 쟁탈전을 치르면서 무덕(武德) 9년(626) 아버지의 양위를 받아 즉위했다. 수양제의 실패를 거울삼아 명신 위징(魏徵) 등의 의견을 받아들여 사심을 누르고 백성을 불쌍히 여기는 지극히 공정한 정치를 하기에 힘썼다. 그의 치세는 '정관(貞觀)의 치(治)'라 칭송받았고, 후세 제왕의 모범이 되었다.

上有麾之(위 상, 있을 유, 지휘할 휘, 어조사 지)

위에는 그것을 지휘하는 사람이 있고. 천자를 말한다. 麾(휘)는 '지휘하다, 휘두르다'는 뜻으로, 麾之(휘지)에서 之(지)는 語助辭(어조사)이다. 아래의 승지(乘之)·부지(附之)·의지(衣之)·식지(食之)도 모두 마찬가지이다.

中有乘之(가운데 중, 탈 승)

가운데에는 그것을 타는 사람이 있고. 천자의 명을 받은 신하를 말한다.

下有附之(아래 하, 의지할 부)

아래에는 그것을 의지해 따르는 사람이 있다. 백성을 말한다.

幣帛衣之(비단 폐, 비단 백, 입을 의)

예물로 받은 비단으로 옷을 해 입고. 衣(의)는 서술어.

倉廩食之(곳집 창, 곳집 름, 먹을 식)

창고에 있는 음식을 먹고.

爾俸爾祿(너 이, 봉록 봉, 녹봉 녹)

너의 俸(봉)과 祿(록)은. 俸祿(봉록)은 복봉(祿俸)과 같은 말로, 벼슬아치에게 일년 또는 계절 단위로 나누어 주던 금품을 통틀어 이르는 말. 쌀, 보리, 명주, 베,

돈 따위이다. 爾(이)는 신하나 황제 자신을 가리킨다고 볼 수 있다.

民膏民脂 (백성 민, 기름 고, 비계 지)

백성들의 기름과 비계이다. 백성들의 피와 땀이다.

下民易虐 (쉬울 이, 사나울 학)

아래의 백성들은 학대하기 쉬우나.

上天難欺 (어려울 난, 속일 기)

위의 하늘은 속이기 어렵다.

唐太宗(당태종)이 御題詩(어제시)에서 말하였다

“위에는 지시하는 이가 있고, 중간에는 이에 의하여 다스리는 관원이 있고, 그 아래에는 이에 따르는 백성이 있다. 예물로 받은 비단으로 옷을 지어 입고, 곳간에 있는 곡식을 먹으니, 너희들의 俸祿(봉록)은 다 백성들의 기름인 것이다. 아래에 있는 백성은 학대하기가 쉽지만, 위에 있는 하늘은 속이기 어렵다.”

童蒙訓曰 “當官之法이 唯有三事하니 曰淸 曰愼 曰勤이니
동몽훈 왈 당관지법 유유 삼사 왈청 왈신 왈근

知此三者면 則知所以持身矣니라.”
지차삼자 즉 지 소이지신의

童蒙訓曰 (아이 동, 어릴 몽, 가르칠 훈, 말할 왈)

『童蒙訓(동몽훈)』에서 말하기를. 童蒙訓(동몽훈)은 宋(송)나라 때 여본중(呂本中, 1084~1145)이 지은 책으로 정론(正論)과 격언(格言)이 수록되어 있다. 여본중은 남송 수주(壽州) 사람. 초명은 대중(大中)이고, 자는 거인(居仁)이며, 호는 동래선생(東萊先生)이고, 시호는 문청(文淸)이다. 여호문(呂好問)의 아들이다. 고종(高宗) 소흥(紹興)

6년(1136) 진사 출신으로 인정받았다. 기거사인(起居舍人)을 거쳐 중서사인(中書舍人) 겸 시강(侍講), 권직학사원(權直學士院)을 지냈다. 일찍이 상서하여 국세를 회복할 계책을 올렸다. 진회(秦檜)가 재상이 되어 사사롭게 권력을 남용하자 제목(除目)을 봉해 돌려주었다. 조정(趙鼎)과 서로 가까웠는데 진회의 미움을 사서 탄핵을 받고 파직당했다. 양시(楊時)와 유초(游酢), 윤돈(尹焞)을 사사했으며, 유안세(劉安世), 진권(陳瓘)에게도 배웠다. 시를 잘 써 황정견(黃庭堅)과 진사도(陳師道)의 구법(句法)을 터득했다. 쇄소응대(灑掃應對)의 일이 훈고(訓詁)보다 우선한다며 하학상달(下學上達)의 학문을 강조했다. 또한 유학과 불교의 사상적 요지가 크게는 같다고 보아 이가(二家)의 조화를 주장했다. 저서에 『춘추집해(春秋集解)』와 『동몽훈(童蒙訓)』, 『강서시사종파도(江西詩社宗派圖)』, 『자미시화(紫薇詩話)』, 『사우연원록(師友淵源錄)』, 『동래선생시집(東萊先生詩集)』 등이 있다.

當官之法 (당할 당, 벼슬 관, 어조사 지, 법 법)

관직에 당한 자의 법은. 當(당)은 '당할 당'으로 '상황, 처지, 때 등등에 당하다'는 뜻이다. 관직에 나간 사람이 지켜야 할 법은.

唯有三事 (오직 유, 있을 유, 석 삼, 일 사)

오직 이 세 가지 일이 있다.

曰淸 曰愼 曰勤 (맑을 청, 삼갈 신, 부지런할 근)

청렴함과 삼감, 근면이라고 한다.

知此三者 (알 지, 이 차, 그것 자)

이 세 가지를 아는 것은.

則知所以持身矣 (곧 즉, 바 소, 써 이, 가질 지, 몸 신, 어조사 의)

곧 몸을 가지는 방법을 아는 것이다. '所以+술어'는 한 단어처럼 여겨 까닭 또는 방법의 뜻으로 해석한다. 어떻게 몸가짐을 해야 하는지를 아는 것이다.

『童蒙訓(동몽훈)』에서 말하였다.

"관리된 자가 지켜야 할 법은 오직 세 가지가 있으니 '청렴', '신중', 그리고 '근면'이다. 이 세 가지를 알면 몸가짐의 방법을 아는 것이다."

當官者는 必以暴怒爲戒하여 事有不可어든 當詳處之면
당관자 필이폭노 위계 사유불가 당상처지

必無不中이어니와 若先暴怒면 只能自害라 豈能害人이리오.
필무부중 약선 폭노 지능 자해 기능 해인

當官者 (감당 당, 벼슬 관, 사람 자)

벼슬을 담당하고 있는 사람은. 맡은 사람은.

必以暴怒爲戒 (반드시 필, 써 이, 사나울 폭, 성낼 노, 될 위, 경계 계)

반드시 暴怒(폭로)로써 경계를 삼아야 한다. '以A爲B' 구문은 'A를 B로 여기다. A를 B로 삼다.' 사납게 성내는 것을 경계해야 한다.

事有不可 (일 사, 있을 유, 아니 불, 가할 가)

일에 불가한 것이 있으면.

當詳處之 (마땅 당, 자세할 상, 처리할 처, 그것 지)

마땅히 자상하게 그것을 처리해야 한다. 자상하게 이해시키고 설득시켜야 한다. 같은 當(당)이라도 當官者(당관자)에서는 當(당) 다음에 명사가 왔으므로 술어인 '감당하다'의 뜻이며, 當詳處之(당상처지)에서는 當(당) 다음에 술어가 왔으므로 부사인 '마땅히'로 쓰였다는 것을 명심하자.

必無不中 (없을 무, 아니 불, 맞을 중)

반드시 맞지 않는 것이 없고.

若先暴怒(만약 약, 먼저 선)

만약 먼저 사납게 성내게 되면.

只能自害(다만 지, 능할 능, 스스로 자, 해칠 해)

다만 능히 스스로를 해칠 뿐이니.

豈能害人(어찌 기, 남 인)

어찌 남을 해칠 수 있겠는가?

관직을 담당하는 자는 반드시 갑자기 성내는 것을 경계하라. 일에 옳지 않음이 있거든 마땅히 자상하게 처리하면 반드시 맞지 않음이 없으려니와, 만약 갑자기 성내는 것을 먼저 하면 단지 스스로만을 해롭게 할 뿐이라. 어찌 남을 해칠 수 있으리오?

事君을 如事親하며, 事官長을 如事兄하며, 與同僚를
사군 여 사친 사관장 여 사형 여동료

如家人하며, 待群吏를 如奴僕하며, 愛百姓을 如妻子하며,
여 가인 대군리 여 노복 애백성 여 처자

處官事를 如家事然後에 能盡吾之心이니 如有毫末不至면
처관사 여 가사연후 능진 오지심 여유 호말부지

皆吾心에 有所未盡也니라.
개 오심 유소 미진야

事君 如事親(섬길 사, 임금 군, 같을 여, 어버이 친)

임금 섬기기를 마치 어버이 섬기듯이 하고.

事官長 如事兄(벼슬 관, 어른 장, 형 형)

官長(관장) 섬기기를 마치 형 섬기듯이 하고. 관장은 관가의 長(장)이란 뜻으로,

시골 백성이 고을 원을 높여 이르던 말이다.

與同僚 如家人(더불 여, 같을 동, 동료 료, 집 가, 사람 인)

동료와 함께 하기를 마치 집안 사람처럼 하고.

待群吏 如奴僕(기다릴 대, 무리 군, 아전 리, 종 노, 종 복)

여러 아전을 대하기를 마치 자기 집 노복처럼 하고. 여기서는 종처럼 함부로 부리라는 말이 아니라, 자기 재산이나 식구처럼 아끼라는 의미로 이해해야 한다.

愛百姓 如妻子(사랑 애, 온갖 백, 성 성, 아내 처, 자식 자)

백성을 사랑하기를 마치 처자식처럼 하고.

處官事 如家事然後(처리할 처, 일 사, 그럴 연, 뒤 후)

관청의 일을 처리하기를 마치 집안 일 처리 하듯이 한 뒤에야.

能盡吾之心(능할 능, 다할 진, 나 오, 어조사 지, 마음 심)

능히 나의 마음을 다했다 할 수 있을 것이니.

如有毫末不至(만약 여, 있을 유, 털 호, 끝 말, 아니 불, 이를지)

만약 털끝만큼의 이르지 못하는 바가 있다면. 앞에서 말한 것 중 조금이라도 부족한 것이 있다면. 毫末(호말)은 '터럭 끝'이란 말로 아주 조금을 일컫는 관용구이다.

皆吾心 有所未盡也(모두 개, 바 소, 다할 진, 어조사 야)

모두 내 마음에 아직 다하지 않은 바가 있어서이다.

임금 섬기기를 어버이 섬기는 것 같이 하며, 官長(관장) 섬기기를 형 섬기는 것 같이하며, 동료와 함께하는 것을 집안 사람 같이 하며, 여러 아전 대접하기를 자기 집 종 같이 하며, 백성을 사랑하기를 처자같이 하며, 관청의 일을 처리하기를 내 집안 일 처럼 하고 난 뒤에야 내 마음을 다한 것일 수 있다. 만약 털끝만큼이라도 하지 못한 것이 있다면 모두 내 마음에 아직 다하지 못한 바가 있기 때문이다.

或問 "簿는 佐令者也니 簿所欲爲를 令或不從이면
혹문 부 좌령자야 부소욕위 영혹부종

奈何닛고." 伊川先生曰 "當以誠意動之니라.
내하 이천선생 왈 당이 성의동지

今令與簿不和는 便是爭私意요, 令은 是邑之長이니
금령 여부불화 변시 쟁사의 영 시읍지장

若能以事父兄之道로 事之하여 過則歸己하고
약능이사 부형지도 사지 과즉 귀기

善則唯恐不歸於令하여 積此誠意면 豈有不動得人이리오."
선즉 유공불귀어령 적차성의 기유 부동득인

或問 (누구 혹, 물을 문)

혹자가 묻기를.

簿佐令者也 (벼슬 부, 도울 좌, 수령 령, 사람 자, 어조사 야)

簿(부)는 首領(수령)을 돕는 사람입니다. 令(영)과 簿(부)는 모두 관직명이다.

簿所欲爲 (바 소, 하고자할 욕, 할 위)

簿(부)가 하고자 하는 바를.

令或不從 奈何 (아니 불, 따를 종, 어찌 내, 어찌 하)

수령이 혹 따르지 않으면 어떻게 됩니까? 수령이 동의해주지 않으면. 奈何(내하)는 '어떻게, 어찌~'의 뜻으로 흔히 쓰이는 관용구이다.

伊川先生曰 (저 이, 내 천, 먼저 선, 날 생, 말할 왈)

伊川先生(이천선생)이 말하기를. 정이(程頤, 1033~1107). 북송 중기 낙양(洛陽) 사람. 자는 정숙(正叔)이고, 호는 이천(伊川)이며, 시호는 정공(正公)이다. 이천백(伊川伯)에 봉해져 이천선생(伊川先生)으로 불려진다. 형 정호(程顥)와 함께 주돈이(周敦頤)에게 배웠고, 형과 함께 이정자(二程子)라 불리며 정주학(程朱學)의 창시자로 알려졌다. 젊은 나이에 재능으로 호원(胡瑗)의 인정을 받았고, 태학학직(太學學職)에 올랐다. 영종(英宗) 치평(治平)과 신종(神宗) 원풍(元豊) 연간에 대신들이 여러 차례 천거했지만 나가지 않았다. 철종(哲宗) 초에 사마광(司馬光), 여공저(呂公著)의 추천으로 숭정전설서(崇政殿說書)가 되고, 나중에 외직으로 나가 서경국자감(西京國子監)을 관리했다. 소성(紹聖) 연간에 정치가 뜻에 맞지 않아 삭적(削籍)된 뒤 부주편관(涪州編管)으로 나갔다. 휘종(徽宗)이 즉위하자 협주(峽州)로 옮겼고, 얼마 뒤 복관했다. 숭녕(崇寧) 연간에 치사(致仕)했다. 학문의 방법으로 경(敬)을 중시하여 거경궁리(居敬窮理)에 힘썼다. 오랜 동안 낙양(洛陽)에서 강학(講學)했기 때문에 그의 학문은 낙학(洛學)이라 불렸다. 저서에 『역전(易傳)』 4권과 『춘추전(春秋傳)』 등이 있다. 학설은 형의 학설과 함께 『이정전서(二程全書)』에 수록되었다. 전기는 주희(朱熹)가 지은 『이락연원록(伊落淵源錄)』에 실려 있다.

當以誠意動之(마땅 당, 써 이, 정성 성, 뜻 의, 움직일 동, 그것 지)

마땅히 誠意(성의)로써 감동시키다.

今令與簿不和(지금 금, 수령 령, 더불 여, 벼슬 부, 아니 불, 화할 화)

지금 令(령)과 簿(부)가 화합하지 않는 것은.

便是爭私意(곧 변, 이 시, 다툴 쟁, 사사 사)

곧, 바로 사사로운 뜻을 다투기 때문이다.

令是邑之長(고을 읍, 어조사 지, 어른 장)

令(령)은 바로 고을의 어른이니.

若能以事父兄之道 事之(만약 약, 능할 능)

만약 부형을 섬기는 도로써 섬길 수 있다면.

過則歸己(잘못 과, 곧 즉, 돌이킬 귀, 자기 기)

허물은 자기에게 돌리고.

善則唯恐不歸於令(잘할 선, 오직 유, 두려울 공, 어조사 어)

잘한 것은 오직 令(령)에게 돌아가지 않을까 걱정하여.

積此誠意(쌓을 적, 이 차)

이와 같은 성의를 쌓는다면.

豈有不動得人(어찌 기, 움직일 동, 얻을 득, 사람 인)

어찌 사람을 감동시키지 않음이 있겠는가? 得(득)은 술어 뒤에 붙어서 '가능'을 나타낸다. 즉, 動得(동득)이 하나의 어구를 형성하는 것이다.

어떤 사람이 묻기를, "簿(부)는 縣令(현령)을 보좌하는 자입니다. 簿(부)가 하고자 하는 바를 令(령)이 혹시 따르지 않으면 어떻게 합니까?"라고 하였다.

이에 伊川(이천) 선생이 대답하였다. "마땅히 성의로써 그를 움직여야 할 것이다. 이제 현령과 簿(부)가 화목치 않는 것은 곧 사사로운 마음으로 다투어서이다. 현령은 고을의 장관이니 만약 父兄(부형)을 섬기는 도리로 섬겨 잘못은 자신에게로 돌리고, 잘한 것은 행여 현령에게로 돌아가지 않을까 두려워하여 이와 같이 誠意(성의)를 쌓는다면 어찌 사람을 감동시키지 못함이 있겠는가?"

劉安禮問臨民한대 **明道先生曰** "**使民**으로 **各得輸其情**이니
유안례 문 임민 명도선생 왈 사민 각득 수기정

라." **問御吏**한대 **曰** "**正己以格物**이니라."
문 어리 왈 정기이 격물

劉安禮問臨民(성 유, 편할 안, 예도 예, 물을 문, 임할 임, 백성 민)

劉安禮(유안례)가 백성을 대하는 도리를 묻자. 유안례(1094~1124)는 송나라 때

사람으로 자는 원소(元素)이다. 그는 휘종(徽宗) 때 목주(睦州)에서 일어난 난을 평정한 공이 있었다.

明道先生曰 (밝을 명, 도리 도, 먼저 선, 날 생, 말할 왈)

明道先生(명도선생)이 말하기를. 명도는 중국 북송의 유학자 程顥(정호:1032~1085)를 말한다.

使民各得輸其情 (하여금 사, 각각 각, 얻을 득, 나를 수, 그 기, 뜻 정)

백성들로 하여금 각각 그 뜻을 보낼 수 있도록 하라. 輸(수)는 ①보낼 수, ②다할 수이다. 輸其情(수기정)에서 其(기)는 백성을 받는 소유격 대명사이고, 情(정)은 뜻·정황·실상의 뜻이다. 백성의 뜻을 윗사람에게 상달(上達)할 수 있게끔 하여야 한다는 뜻이다.

問御吏 (물을 문, 거느릴 어, 아전 리)

아전을 거느리는 법을 물으니.

曰正己以格物 (바를 정, 자기 기, 써 이, 바를 격, 만물 물)

자기를 바르게 하여 남을 바로 잡는 것이다.

劉安禮(유안례)가 백성을 대하는 도리를 묻자, 明道(명도)선생이 말하였다. "백성으로 하여금 각각 그들의 뜻을 펼 수 있도록 하는 것이다." 아전을 거느리는 도리를 묻자, 대답하기를, "자기를 바르게 함으로써 남을 바르게 하는 것이다." 라고 하였다.

抱朴子曰 "迎斧鉞而正諫하며 據鼎鑊而盡言이면
포박자 왈 영 부월이 정간 거 정확이 진언

此謂忠臣也이니라."
차위 충신야

抱朴子曰(안을 포, 박달나무 박, 선생 자, 말할 왈)

『抱朴子(포박자)』에서 말하기를. 포박자는 동진(東晋, 317~419) 시대 학자인 갈홍(葛洪)이 지은 도가서(道家書). 춘추전국시대 이후 전해 내려오는 신선에 관한 이론을 집대성한 책으로 알려져 있다. 동한(후한) 때의 위백양(魏伯陽)이란 사람이 220년쯤에 저술한 '주역 삼동계'에서 전개한 역(易)의 이론에 신선도(神仙道)의 이론과 방법을 확립시켜 저술했다. 내편(內篇) 20편, 외편(外篇) 30편의 총 50편으로 짜여져 있다. 내편은 도교와 깊은 관계가 있으나 외편은 유서(儒書)로서 세간(世間)의 이해득실을 논한 저술로 구성돼 있다.

迎斧鉞而正諫(맞을 영, 도끼 부, 도끼 월, 말이을 이, 바를 정, 간할 간)

迎斧鉞(영부월), 도끼를 맞이하더라도, 도끼를 맞아 죽더라도. 바르게 간하고.

據鼎鑊而盡言(웅거할 거, 솥 정, 솥 확, 다할 진, 말 언)

據鼎鑊(거정확), 솥에 들어가더라도, 솥에 삶겨 죽더라도. 말을 다하면.

此謂忠臣也(이 차, 이를 위, 충성 충, 신하 신, 어조사 야)

이를 일러 忠臣(충신)이라고 한다.

『抱朴子(포박자)』에서 말하였다.

"도끼를 맞더라도 바르게 간하며, 솥에 넣어지더라도 말을 극진히 하면 이것을 충신이라 이른다."

제14장

治치 家가

司馬溫公曰 "凡諸卑幼 事無大小히 毋得專行하고
사마온공 왈 범제비유 사무대소 무득전행

必咨稟於家長이니라."
필 자품어 가장

司馬溫公曰(성 사, 말 마, 따뜻할 온, 벼슬 공, 말할 왈)

司馬溫公(사마온공)이 말하기를.

凡諸卑幼 事無大小(무릇 범, 모두 제, 낮을 비, 어릴 유, 일 사, 없을 무, 큰 대, 작을 소)

무릇 모든 지위가 낮고 나이가 어린 사람들은 일이 크건 작건 간에. 卑幼(비유)는 항렬이 낮은 사람과 나이가 어린 사람을 뜻한다.

毋得專行 必咨稟於家長(말 무, 얻을 득, 오로지 전, 행할 행, 반드시 필, 물을 자, 줄 품, 어조사 어, 집 가, 어른 장)

專行(전행)을 하지 말고, 반드시 家長(가장)에게 咨稟(자품)해야 한다. 專行(전행)은 오로지 혼자서 결단하여 행한다는 의미이다. 咨(자)는 '물을 자'로 諮(자)와 통한다. 稟(품)은 '품할(묻는다는 뜻이다) 품'.

司馬溫公(사마온공)이 말하였다.

"무릇 손아래 사람들은 일이 크건 작건 간에 제멋대로 행동하지 말고 반드시 家長(가장)에게 여쭈어야 한다."

待客엔 不得不豊이요 治家엔 不得不儉이니라.

대객 부득불 풍 치가 부득불 검

待客 不得不豊 (대할 대, 손 객, 아니 불, 얻을 득, 풍성할 풍)

손님을 대할 때에는 풍성하게 하지 않을 수 없고.

治家 不得不儉 (다스릴 치, 집 가, 검소할 검)

집안을 다스림에는 검소하지 않을 수 없다.

손님을 접대함에는 풍성하게 하지 않을 수 없으며, 가정을 다스림에는 검소하지 않을 수 없다.

太公曰 痴人은 畏婦하고 賢女는 敬夫니라

태공 왈 치인 외부 현녀 경부

太公曰 (클 태, 벼슬 공, 말할 왈)

太公(태공)이 말하였다.

痴人 畏婦 (어리석을 치, 사람 인, 두려울 외, 아내 부)

어리석은 사람은 아내를 두려워하고. 요즘 말로 공처가.

賢女 敬夫(어질 현, 여자 여, 공경할 공, 남편 부)

어진 여자는 남편을 공경한다.

太公(태공)이 말하였다.

"어리석은 사람은 아내를 두려워하고, 어진 여자는 남편을 공경한다."

凡使奴僕에 先念飢寒이니라
범사 노복 선념기한

凡使奴僕(무릇 범, 부릴 사, 종 노, 종 복)

무릇 종들을 부릴 때에는.

先念飢寒(먼저 선, 생각 념, 굶주릴 기, 추울 한)

먼저 춥고 배고픔을 생각하라.

무릇 노복을 부림에는 먼저 배고픔과 추위를 생각하라.

子孝雙親樂이요 家和萬事成이니라.
자효 쌍친락 가화 만사성

子孝雙親樂(자식 자, 효도 효, 쌍 쌍, 어버이 친, 즐거울 락)

자식이 효성스러우면 두 부모가 즐겁고.

家和萬事成(집 가, 화목 화, 온갖 만, 일 사, 이룰 성)

집안이 화목하면 온갖 일들이 이루어진다.

자식이 효성스러우면 어버이가 즐겁고, 집안이 화목하면 모든 일이 이루어진다.

時時防火發하고 夜夜備賊來니라.
시시 방화발 야야 비적래

時時防火發(때 시, 막을 방, 불 화, 일어날 발)

때때로 불이 일어나는 것을 막고.

夜夜備賊來(밤 야, 갖출 비, 도적 적, 올 래)

밤마다 도적이 오는 것을 대비하라.

때때로 불이 나는 것을 막고, 밤마다 도적이 오는 것을 대비하라.

景行錄云 觀朝夕之早晏하여 可以卜人家之興替니라.
경행록 운 관 조석지조안 가이복 인가지흥체

景行錄云(햇빛 경, 다닐 행, 기록할 록, 이를 운)

『景行錄(경행록)』에서 말하였다.

觀朝夕之早晏(볼 관, 아침 조, 저녁 석, 어조사 지, 이를 조, 늦을 안)

아침저녁으로 이르고 늦는 것을 보아. 일어나는 시간과 자는 시간을 보아.

可以卜人家之興替(가할 가, 써 이, 점칠 복, 사람 인, 집 가, 흥할 흥, 폐할 체)

가히 써 그 집안의 興替(흥체)를 점칠 수 있다. 흥체는 흥하고 쇠함을 뜻한다.

『景行錄(경행록)』에서 말하였다.

"아침저녁에 일어나고 자는 시간을 보아, 그 사람의 집이 흥하고 쇠함을 알 수 있다."

文中子曰 "婚娶而論財는 夷虜之道也니라."
문중자 왈 혼취이 논재 이로지도야

文中子曰 (글월 문, 맞을 중, 선생 자, 말할 왈)

문중자가 말하기를. 왕통(王通, 584~617)은 수(隋)나라 강주(絳州) 용문(龍門) 사람. 자는 중엄(仲淹)이고, 시호는 문중자(文中子)다. 당나라 왕발(王勃)의 조부다. 어려서부터 준민(俊敏)하여 시서예역(詩書禮易)에 통달했다. 스스로 유자(儒者)임을 자부하고 강학에 힘을 쏟아 설수(薛收)와 방교(房喬), 이정(李靖), 위징(魏徵), 방현령(房玄齡) 등을 배출했다. 수나라 때 촉군사호서좌(蜀郡司戶書佐)를 지냈다. 문제(文帝) 인수(仁壽) 연간에 장안(長安)에 와서 「태평십책(太平十策)」을 상주했는데, 채택되지 않은 것을 알고 하분(河汾) 일대로 돌아와 제자를 가르치는 것으로 업을 삼았다. 제자가 수천 명이라 하분문하(河汾門下)라는 말이 나왔다. 양제(煬帝)로부터는 부름을 받았지만 응하지 않고 『문중자(文中子)』 10권(또는 『중설(中說)』)을 세상에 남겼다. 일찍이 『춘추(春秋)』를 모방해 『원경(元經)』(또는 『육경(六經)』)을 지었다. 그의 이론이 유자(儒者)들에게는 환영을 받지 못했다.

婚娶而論財 (혼인 혼, 장가들 취, 말이을 이, 논할 논, 재물 재)

婚娶(혼취)를 함에 재물을 논하는 것은. 혼취는 婚姻(혼인)과 같은 의미로, 婚(혼)은 시집가는 것, 娶(취)는 장가드는 것이다.

夷虜之道也 (오랑캐 이, 포로 로, 어조사 지, 도리 도, 어조사 야)

夷虜(이로), 즉 오랑캐의 도리이다.

文中子(문중자)가 말하였다.

"혼인을 하는 데에 재물을 논하는 것은 오랑캐의 도리이다."

제15장

安안 義의

顔氏家訓曰 "夫有人民而後에 有夫婦하고,
안씨가훈 왈 부 유 인민이후 유 부부

有夫婦而後에 有父子하고, 有父子而後에 有兄弟하니,
유 부부이후 유 부자 유 부자이후 유 형제

一家之親은 此三者而已矣라.
일가지친 차삼자 이이의

自茲以往으로 至于九族히 皆本於三親焉이라.
자자이왕 지우구족 개 본어삼친언

故로 於人倫에 爲重也니 不可不篤이니라."
고 어 인륜 위중야 불가불 독

顔氏家訓曰 (얼굴 안, 성 씨, 집 가, 교훈 훈, 말할 왈)

『顔氏家訓(안씨가훈)』에서 말하기를. 『안씨가훈』은 중국 북제(北齊) 사람 안지추(顔之推)가 지은 중국의 가훈서. 가족 생활을 중심으로 한 입신(立身)·치가(治家)의 법을 기술하고 세속의 잘못된 점을 지적하는 등 자손들에 대한 훈계를 목적으로 하였다. 육조사(六朝史) 연구에 귀중한 문헌이다. 7권 20편. 안지추는 자는 개(介)고, 안협(顔勰)의 아들이다. 강릉(江陵)에서 태어나 어릴 때 가업을 전수 받았다. 많은 책을 두루 읽었고, 정취가 전려(典麗)했다. 남조 양간문제(梁簡文帝) 대보(大寶) 원년(550) 후경(侯景)이 영주(郢州)를 함락했을 때 포로가 되어 건강(建康)으로 이송되었다. 후경이 평정된 뒤 강릉으로 돌아왔고, 원제(元帝)가 산기상시(散騎常侍)에 임명했다. 양나라가 망하고 서위(西魏)가 강릉을 함락하자 포로로 북쪽으로 끌려갔고, 나중에 가족을 이끌고 북조(北朝)의 북제(北齊)로 달아났다. 문선제(文宣帝, 高洋)가 내관(內館)으로 불러 주변에서 시종하도록 했다. 무성제(武成帝, 高湛) 때 문림관(文林館)을 관장하고 『수문전어람(修文殿御覽)』을 편찬했다. 후주(後主, 高緯) 때 황문시랑(黃門侍郎)에 올랐다. 제나라가 망하자 북주(北周)에 들어가 위담(魏澹) 등과 함께 『위서(魏書)』를 중수했다. 북주 말에 어사상사(御史上士)가 되었다. 온건중정(穩健中正)한 사상의 소유자였으며, 학식은 풍부한 체험이 뒷받침되어 있어 실천성이 당대 최고였다. 수문제(隋文帝) 개황(開皇) 중에 태자가 불러 학사(學士)로 삼았다. 특히 가족과 가정도덕의 확립을 중시하여 『안씨가훈(顔氏家訓)』을 지었다. 노장(老莊)을 극단적으로 배척했지만, 불교에는 호의를 나타내 유불(儒佛)의 조화를 주창했다.

夫有人民而後 有夫婦(무릇 부, 있을 유, 사람 인, 백성 민, 말이을 이, 뒤 후, 남편 부, 아내 부)

무릇 人民(인민)이 있은 뒤에야 夫婦(부부)가 있고. 인민은 사회를 구성하는 일반 백성을 의미한다.

有夫婦而後 有父子(아버지 부, 자식 자)

부부가 있은 뒤에야 父子(부자)가 있고.

有父子而後 有兄弟(형 형, 아우 제)

부자가 있은 뒤에야 兄弟(형제)가 있으니.

一家之親 此三者而已矣(집 가, 어조사 지, 친할 친, 이 차, 것 자)

한 집안의 친한 것은 이 세 가지 뿐이다. 而已矣(이이의)는 모두 어조사로서 '~일 뿐이다'란 의미.

自茲以往 至于九族(부터 자, 이 자, 써 이, 나아갈 왕, 이를 지, 어조사 우, 겨레 족)

이로부터 나아가 九族(구족)에 이르면. 于(우)는 '~에'란 어조사. 일반적으로 구족은 고조·증조·조부·부친·自己(자기)·아들·손자·증손·현손까지의 直系(직계) 친족을 의미한다.

皆本於三親焉 (모두 개, 근본 본, 어조사 어, 어조사 언)

모두 三親(삼친)에서 근본 한다. 於(어)는 '~에서', 焉(언)은 '이다'란 어조사. 삼친은 부부, 부자, 형제이다.

故於人倫 爲重也 不可不篤 (연유 고, 인륜 륜, 될 위, 중할 중, 어조사 야, 돈독할 독)

그러므로 인륜에서 중요한 것이 되니, 돈독하지 않을 수 없다.

『顔氏家訓(안씨가훈)』에서 말하였다.

"백성이 있은 뒤에 부부가 있고 부부가 있은 뒤에 부자가 있고 부자가 있은 뒤에 형제가 있나니, 한 집의 친한 관계는 이 세 가지뿐이다. 이로부터 나아가 九族(구족)에 이르기까지 모두 이 세 가지(부부·부자·형제)에 근본 한다. 그러므로 인륜에 있어서 가장 중요한 것이니 돈독하게 하지 않을 수 없다."

莊子曰 "兄弟는 爲手足하고, 夫婦는 爲衣服이니,
장자 왈 형제 위 수족 부부 위 의복

衣服破時엔 更得新이어니와 手足斷處엔 難可續이니라."
의복파시 갱 득신 수족단처 난 가속

莊子曰 (풀성할 장, 선생 자, 말할 왈)

莊子(장자)가 말하였다.

兄弟爲手足 (형 형, 아우 제, 될 위, 손 수, 발 족)

兄弟(형제)는 手足(수족)이 되고.

夫婦爲衣服(남편 부, 아내 부, 옷 의, 옷 복)

夫婦(부부)는 衣服(의복)이 된다.

衣服破時 更得新(헤어질 파, 때 시, 다시 갱, 얻을 득, 새 신)

의복은 떨어졌을 때 다시 새것을 바꿀 수 있지만. 得新(득신)은 '새롭게 할 수 있다(헤진 곳을 기워서 새롭게 할 수 있다)'는 뜻이다. 得(득) 다음에 술어가 오면 '~할 수 있다'는 뜻이 된다.

手足斷處 難可續(끊을 단, 곳 처, 어려울 난, 가할 가, 이을 속)

수족은 끊어진 곳을 이을 수가 어렵도다.

장자가 말하였다.

"형제는 手足(수족)이 되고 부부는 의복이 된다. 의복이 떨어졌을 때는 새 것으로 갈아입을 수 있거니와, 수족이 잘라진 곳은 잇기가 어렵다."

蘇東坡云 "富不親兮貧不疎는 此是人間大丈夫요,
소동파 운 부불친혜 빈불소 차시 인간대장부

富則進兮貧則退는 此是人間眞小輩니라."
부즉진혜 빈즉퇴 차시 인간진소배

蘇東坡云(차조기 소, 동녘 동, 고개 파, 말할 운)

蘇東坡(소동파)가 말하기를.

富不親兮貧不疎(넉넉할 부, 아니 불, 친할 친, 어조사 혜, 가난 빈, 성글 소)

넉넉해도 가까이하지 않으며, 가난해도 멀리하지 않는 것은. 가까이 지내고, 멀리하고.

此是人間大丈夫(이 차, 바로 시, 사람 인, 사이 간, 큰 대, 어른 장, 사내 부)

이것이 사람 사는 세상의 대장부이다. '此是(차시)~'에서 此(차)는 지시대명사로서 주어로 쓰였고, 是(시)는 '~이다'의 뜻으로 술어이다. 윗글에서도 此(차)라는 주어는 쓸 필요가 그다지 없다. 즉, 此(차)가 없어도 주어는 문맥상 분명하므로 생략해도 무방하다는 뜻이다. 그럼에도 불구하고 쓴 이유는 이 문장이 칠언절구 형식의 대구문이기 때문이다.

富則進兮貧則退(곧 즉, 나아갈 진, 물러날 퇴)

넉넉하면 곧 나아가고, 가난하면 곧 물러나니.

此是人間眞小輩(이 차, 바로 시, 참 진, 작을 소, 무리 배)

이것이 사람 사는 세상의 진짜 소인배니라. 여기서 人間(인간)은 '인간' 즉, 사람을 뜻하는 것이 아니고, 인간세상(人生世間)의 줄임말로 '사람 사는 세상'을 뜻하는 단어이다.

蘇東坡(소동파)가 말하였다.

"넉넉해도 가까이하지 않으며 가난해도 멀리하지 않는 것, 이것이 인간 세상의 대장부요, 넉넉하면 나아가고 가난해지면 물러나는 것, 이것은 인간 세상의 진짜 소인배다."

제16장

遵준 禮례

子曰 "居家有禮故로 長幼辨하고,
자 왈 거가유례고 장유변

閨門有禮故로 三族和하고, 朝廷有禮故로 官爵序하고
규문유례고 삼족화 조정유례고 관작서

田獵有禮故로 戎事閑하고 軍旅有禮故로 武功成이니라."
전렵유례고 융사한 군여유례고 무공성

子曰 (선생 자, 말할 왈)

孔子(공자)께서 말씀하셨다.

居家有禮故 長幼辨 (살 거, 집 가, 있을 유, 예도 예, 연유 고, 어른 장, 아이 유, 분별 별)

사는 집[집안]에 예도가 있기 때문에 어른과 아이의 분별이 있고.

閨門有禮故 三族和 (규방 규, 문 문, 석 삼, 겨레 족, 화목 화)

주부의 방에 예도가 있기에 三族(삼족)이 화목하고. 閨門(규문)은 아녀자들이 거처하는 곳을, 三族(삼족)은 부계·모계·처계 친족을 통틀어 부르는 친족 용어이다.

朝廷有禮故 官爵序 (조회 조, 조정 정, 벼슬 관, 작위 작, 차례 서)

조정에 예도가 있기 때문에 官爵(관작)에 차례가 있고.

田獵有禮故 戎事閑(사냥 전, 사냥 엽, 군사 융, 일 사, 익힐 한)

사냥터에 예도가 있기 때문에 군사의 일이 잘 익혀지고. 戎事(융사)는 군대와 관련된 일을 뜻한다. 閑(한)은 ①한가할 한, ②익숙할 한. 여기서는 ②의 뜻이다. 물론 현대에는 ①의 뜻으로만 쓰이고, ②의 뜻으로는 거의 쓰이지 않는다.

軍旅有禮故 武功成(군사 군, 군사 려, 호반 무, 공 공, 이룰 성)

군대에 예도가 있기 때문에 武功(무공)이 이루어진다. 旅(여)는 ①나그네 려, ②군사 려. 예)여단(旅團). 고대에 1군(軍)은 12,500명, 1여(旅)는 500명으로 편제되었으므로 군대를 총칭하는 말이다.

孔子(공자)께서 말씀하셨다.

"한 집안에 禮(예)가 있으므로 어른과 어린이의 구분이 있고, 안방에 예가 있으므로 부부와 부자와 형제가 화목하고, 朝廷(조정)에 예가 있으므로 벼슬이 차례가 있고, 사냥하는 데 예가 있으므로 군대의 일이 숙달되고, 군대에 예가 있으므로 武功(무공)이 이루어진다."

子曰 "君子有勇而無禮면 爲亂하고,
자 왈 　군자유 　용이무례 　위란

小人有勇而無禮면 爲盜니라."
소인유 　용이무례 　위도

『論語』「陽貨」

子曰(선생 자, 말할 왈)

孔子(공자)께서 말씀하셨다.

君子有勇而無禮 爲亂(임금 군, 선생 자, 있을 유, 용맹 용, 말이을 이, 없을 무, 예도 예, 될 위, 어지러울 난)

군자가 용맹이 있으되 예가 없으면 난을 일으키고. 여기서 군자는 임금을 말한다.

小人有勇而無禮 爲盜(작을 소, 사람 인, 도적 도)

소인이 용맹이 있으되 예가 없으면 도적이 된다.

孔子(공자)께서 말씀하셨다.

"군자가 용맹만 있고 예가 없으면 난리를 일으키고, 소인이 용맹만 있고 예가 없으면 도적이 된다."

曾子曰 "朝廷엔 莫如爵이요, 鄕黨엔 莫如齒요,
증자 왈 조정 막여작 향당 막여치

輔世長民엔 莫如德이니라."
보세장민 막여덕

『孟子』「公孫丑章句下」

曾子曰(일찍 증, 선생 자, 말할 왈)

曾子(증자)가 이르기를. 증자(기원전 505~기원전 436)는 춘추시대 말기 노(魯)나라 남무성(南武城) 사람. 이름은 삼(參)이고, 자는 자여(子輿)다. 증점(曾點)의 아들이다. 공자(孔子)의 수제자로 효심이 두텁고 내성궁행(內省躬行)에 힘썼으며, 노나라에서 제자들의 교육에 주력했다. 『효경(孝經)』의 작자라고 전해지지만 확실한 근거는 없다. 일찍이 소리(小吏)를 지냈다. "초상을 당해서는 신중하게 치르고 먼 조상을 추모하면, 백성들이 모두 두터운 덕을 갖추게 될 것(愼終追遠 民德歸厚矣)"이라고 주장하면서 하루에 세 번 반성[一日三省]하는 수양 방법을 제창했다. 『대학(大學)』을 지었다고 하며, 사상은 자사(子思)에게 전해졌다. 자사의 제자가 이를 다시 맹자(孟子)에게 전했다. 후세에 '종성(宗聖)'으로 불린다. 저서에 『증자』 18편 가운데 10편이 『대대례기(大戴禮記)』에 남아 전하는데, 효(孝)와 신(信)을 도덕 행위의 근본으로 삼았다.

朝廷莫如爵(조회 조, 조정 정, 말 막, 같을 여, 벼슬 작)

조정에는 벼슬만한 것이 없고. 莫如(막여)는 '~와 같은 것이 없다, ~만한 것이 없다, ~이 제일 낫다'. 莫(막)은 금지사로도 쓰이고 여기서는 '없을 막'의 뜻이다.

예)막강(莫强), 막대(莫大), 막중(莫重).

鄕黨莫如齒 (고을 향, 고을 당, 년 치)

고을에는 나이만한 것이 없고. 鄕黨(향당)은 자기가 태어났거나 사는 시골 마을 또는 마을 사람들을 뜻한다. 자세히 말하면, 鄕(향)은 12,500戶(호)의 마을을, 黨(당)은 500戶(호)의 마을을 뜻하는 말이다. 즉, 지금으로 말하자면, 향당은 지금의 邑面里(읍면리)에 해당하는 행정 구역인 셈이다. 그러나 향당이라고 하면 단순히 '마을'을 뜻하는 한 단어로 쓰인다.

輔世長民 莫如德 (도울 보, 세상 세, 어른 장, 백성 민, 덕 덕)

세상을 돕고 백성의 우두머리가 되는 것에는 덕만한 것이 없다.

曾子(증자)가 말하였다.

"조정에는 벼슬만한 것이 없고, 고을에는 나이만한 것이 없으며, 세상을 돕고 백성의 우두머리가 되는 데는 덕만한 것이 없다."

老少長幼는 天分秩序니 不可悖理而傷道也니라.

노소장유 천분질서 불가 패리이상도야

老少長幼 天分秩序 (늙을 노, 젊을 소, 어른 장, 어릴 유, 하늘 천, 나눌 분, 차례 질, 차례 서)

늙은이와 젊은이, 어른과 아이는 하늘이 나눈 차례이니. 태어난 순서라는 의미다.

不可悖理而傷道也 (아니 불, 가할 가, 어그러질 패, 이치 리, 말이을 이, 상할 상, 도리 도, 어조사 야)

이치를 어그러뜨리고 도를 상하게 해서는 안 된다.

늙은이와 젊은이, 어른과 어린이는 하늘이 정한 차례이니, 이치를 어기고 道(도)를 상하게 해서는 안 된다.

出門에 如見大賓하고 入室에 如有人이니라.
출문 여견 대빈 입실 여 유인

出門 如見大賓(날 출, 문 문, 같을 여, 볼 견, 큰 대, 손 빈)

문을 나설 때에는 큰 손님을 뵙듯이 하고. 중요한 손님.

入室 如有人(들 입, 방 실, 있을 유, 사람 인)

방에 들어갈 때에는 사람이 있는 듯이 하라.

문을 나설 때에는 중요한 손님을 만나는 것과 같이 하고, 방으로 들 때는 사람이 있는 것과 같이 하라.

若要人重我인대 無過我重人이니라.
약요 인중아 무과 아중인

若要人重我(만약 약, 요구할 요, 남 인, 중할 중, 나 아)

만약 남이 나를 중히 여기기를 바란다면. 要(요)는 원한다면, 요구한다면.

無過我重人(없을 무, 지나칠 과)

내가 남을 중히 여기는 것보다 나은 것이 없다. 남을 중하게 여겨주어라. 無過(무과)는 '~에 지나는 것은 없다, ~보다 나은 것은 없다'. 예)불과(不過)하다.

만약 남이 나를 중히 여기기를 바란다면, 내가 먼저 남을 중히 여기는 것보다 더함이 없다.

父不言子之德하며 子不談父之過니라.
부 불언 자지덕 자 부담 부지과

父不言子之德(아버지 부, 아니 불, 말씀 언, 선생님 자, 어조사 지, 덕 덕)

아버지는 아들의 덕을 말하지 않으며.

子不談父之過(말할 담, 허물 과)

자식은 아버지의 허물을 말하는 않는다.

아버지는 아들의 덕을 말하지 않으며, 자식은 아버지의 허물을 말하지 않는 법이다.

제17장

言언 語어

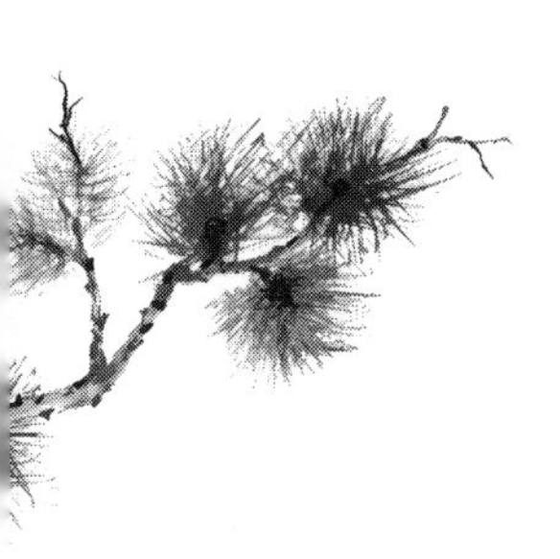

劉會曰 "言不中理면 不如不言이니라.
유회 왈 언 부중리 불여불언

一言不中이면 千語無用이니라."
일언부중 천어무용

劉會曰 (성 유, 만날 회, 말할 왈)

유회가 말하기를. 劉會(유회)는 미상이다.

言不中理 (말 언, 아니 불, 맞을 중, 이치 리)

말이 이치에 맞지 않으면.

不如不言 (같을 여)

말하지 않는 것만 못하다. 차라리 말하지 않는 것이 낫다.

一言不中

한마디 말이라도 (이치에) 맞지 않으면.

千語無用 (일천 천, 말 어, 없을 무, 쓸 용)

천 마디 말도 쓸 데가 없다. 그동안 한 모든 말이 헛수고다.

劉會(유회)가 말하였다.

"말이 이치에 맞지 않으면, 말하지 아니함만 못하다. 한마디 말이라도 이치에 맞지 않으면, 천 마디 말이 쓸모없다."

君平曰 "口舌者는 禍患之門이요 滅身之斧也니라."
군평 왈 구설자 화환지문 멸신지부야

君平曰 (임금 군, 평평할 평, 말할 왈)

군평(君平)이 말하기를. 군평(?~?)은 전한 촉(蜀) 땅 사람으로, 점을 치며 살았다고 한다. 어떤 사람이 황하(黃河)의 근원을 거슬러 찾다가 한 부인이 비단을 빨래하는 것을 보고 여기가 어디냐고 물었더니, "여기는 천하(天河)다."라고 대답하면서 돌 한 개를 주면서 군평에게 물어보라고 했다. 돌아와서 군평에게 물으니 "이 돌은 직녀(織女)의 베틀을 괴었던 돌이다."라고 대답했다 한다.

口舌者 (입 구, 혀 설, 것 자)

입과 혀라는 것은. 말이라는 것은.

禍患之門 (재앙 화, 근심 환, 어조사 지, 문 문)

재앙과 근심의 문이요. 재앙과 근심을 불러들이는 문이다.

滅身之斧也 (멸할 멸, 몸 신, 도끼 부, 어조사 야)

몸을 멸하는 도끼이다. 몸을 망치는 도끼와 같다.

君平(군평)이 말하였다.

"입과 혀[말]는 재앙과 근심의 문이요, 몸을 망치는 도끼이다."

利人之言은 煖如綿絮하고 傷人之語는 利如荊棘하여
이인지언 난여면서 상인지어 이여형극

一言利人에 重値千金이요, 一語傷人에 痛如刀割이니라.
일언이인 중치천금 일어상인 통여도할

利人之言 煖如綿絮(이로울 리, 사람 인, 어조사 지, 말 어, 따뜻할 난, 같을 여, 솜 면, 솜 서)

사람을 이롭게 하는 말은 따뜻하기가 솜과 같고.

傷人之語 利如荊棘(상할 상, 예리할 리, 가시 형, 가시 극)

사람을 상하게 하는 말은 예리하기가 가시와 같다.

一言利人 重値千金(이로울 리, 중할 중, 값 치, 일천 천, 돈 금)

한마디 사람을 이롭게 하는 말은 중한 값이 천금이고. 천금 같은 가치가 있고.

一語傷人 痛如刀割(말 어, 아플 통, 칼 도, 벨 할)

한마디 사람을 상하게 하는 말은 아프기가 칼로 베는 것과 같다. 칼로 베는 듯한 아픔을 준다.

사람을 이롭게 하는 말은 따뜻하기 솜과 같고, 사람을 상하게 하는 말은 날카롭기가 가시 같다. 사람을 이롭게 하는 한마디 말은 천금과 같은 값이고, 사람을 상하게 하는 한마디 말은 칼로 베는 것처럼 아프다.

口是傷人斧요 言是割舌刀니 閉口深藏舌이면
구시 상인부 언시 할설도 폐구 심장설

安身處處牢니라.
안신처처뢰

口是傷人斧(입 구, 이다 시, 상할 상, 사람 인, 도끼 부)

입은 사람을 상하게 하는 도끼고.

言是割舌刀(말 어, 벨 할, 혀 설, 칼 도)

말은 혀를 베는 칼이다.

閉口深藏舌(닫을 폐, 입 구, 깊을 심, 감출 장, 혀 설)

입을 닫고 깊이 혀를 감추면.

安身處處牢(편안 안, 몸 신, 곳 처, 견고할 뢰)

몸이 편안한 것이 곳곳마다 굳을 것이다. 가는 곳마다 몸이 편안할 것이다.

입은 사람을 상하게 하는 도끼요, 말은 혀를 베는 칼이다. 입을 막고 혀를 깊이 감추면 어디를 가나 분명 몸이 편안할 것이다.

逢人에 且說三分話하고 未可全抛一片心이니
봉인 차설 삼분화 미가 전포 일편심

不怕虎生三個口요 只恐人情兩樣心이니라.
불파 호생 삼개구 지공 인정 양양심

逢人且說三分話(만날 봉, 사람 인, 잠시 차, 말할 설, 나눌 분, 말할 화)

사람을 만나 잠시 말을 하더라도 삼분만 할 것이며. 且(차)는 ①또 차, ②장차 차, ③잠시 차. 여기서는 ③의 뜻으로 쓰였다. 三分(삼분)은 지금말로 하면 30%란 뜻이다. "능력을 十分(10분=100%)발휘하다" 할 때의 分(분)을 연상하면 될 듯하다. 즉 一分(일분)은 1/10을 뜻하는 계량 단위이다. 여기서 三分(삼분)은 단순히 '약간, 조금'을 나타내는 말이다.

未可全抛一片心 (아닐 미, 가할 가, 오로지 전, 던질 포, 조각 편, 마음 심)

자신의 한 조각 마음을 모두 던져버려서는 안 된다. 자기 마음의 한 조각도 남기지 않고 쏟아붓지 말라.

不怕虎生三個口 (아니 불, 두려울 파, 범 호, 날 생, 낱 개, 입 구)

호랑이가 세 번 입을 여는 것은 두렵지 않으나. 여기서 三個口(삼개구)라고 한 것은 앞 구절의 三分說(삼분설)과 대를 이루기 위해서이다. 호랑이가 으르렁대며 포효하는 것도 두렵지 않지만.

只恐人情兩樣心 (단지 지, 두려울 공, 뜻 정, 두 량, 모양 양)

단지 사람의 마음에 두 가지 마음을 가지는 것이 두렵도다.

사람을 만나 잠시 말을 하더라도 3할 만 하지 자신의 한 조각 마음을 다 털어 버리지 말라. 호랑이가 세 번 입을 벌리는 것은 두렵지 않으나, 단지 사람의 두 마음이 두려운 것이다.

酒逢知己千鍾少요, 話不投機一句多니라.

주봉지기 천종소 화불투기 일구다

酒逢知己千鍾少 (술 주, 만날 봉, 알 지, 자기 기, 일천 천, 잔 종, 적을 소)

술은 지기를 만나면 천 잔도 적고. 知己(지기)는 자기를 알아주는 친구라는 뜻으로, 『열자(列子)』「탕문편(湯問篇)」에 실린 백아(伯牙)와 종자기(鍾子期)의 고사에서 나온 말이다. 백아에게는 종자기라는 친구가 있었다. 백아가 높은 산을 생각하면서 거문고를 타면 종자기의 마음에도 높은 산의 모습이 비치고, 흐르는 물을 생각하면서 거문고를 타면 도도히 흐르는 강물이 종자기의 마음에도 비쳤다고 할 만큼 백아의 거문고 소리를 잘 알고 분별했다. 그런 종자기가 죽자 백아는 "이제는 거문고를 들려줄 사람이 없다."고 하면서 거문고를 깨뜨리고 현을 잘라 버린 뒤 다시는 거문고를 타지 않았다고 한다.

話不投機一句多 (말 화, 아니 불, 던질 투, 기회 기, 구절 구, 많을 다)

말은 의기가 투합하지 않으면 한마디 말도 많다. 投機(투기)는 '의사가 서로 통하다, 마음과 뜻이 통하다'는 의미이다.

술은 자기를 알아주는 친구를 만나면 천 잔도 적고, 말은 마음과 뜻이 통하지 않으면 한마디도 많다.

제18장

交교 友우

子曰 "與善人居면 如入芝蘭之室하여 久而不聞其香이나
자 왈 여 선인거 여입 지란지실 구이불문기향

卽與之化矣요, 與不善人居면 如入鮑魚之肆하여
즉 여지화의 여 불선인거 여입 포어지사

久而不聞其臭나 亦與之化矣니 丹之所藏者는 赤하고
구이불문기취 역 여지화의 단지소장자 적

漆之所藏者는 黑이라. 是以로 君子는 必愼其所與處者焉
칠지소장자 흑 시이 군자 필신 기소 여처자언

이니라."

子曰 (선생님 자, 말할 왈)

공자께서 말씀하시길.

與善人居 (더불 여, 선할 선, 사람 인, 거할 거)

선한 사람과 함께 더불어 산다면.

如入芝蘭之室 (같을 여, 들 입, 지초 지, 난초 난, 어조사 지, 집 실)

지초와 난초가 피어있는 집에 들어가는 것과 같아

久而不聞其香 (오랠 구, 말이을 이, 아니 불, 들을 문, 그 기, 향기 향)

오래도록 그 향기를 듣지는 못하나. 여기서 聞(문)은 냄새를 맡는다는 의미로 해석해야 한다. 조금 시간이 지나면 그 향기가 사라져버린다.

卽與之化矣 (곧 즉, 될 화, 종결사 의)

卽(즉)은 부사로 "바로, 곧바로, 당장에"의 뜻으로 접속사인 則(즉)과는 다른 글자이다. 곧장 그것과 더불어 동화된다. 여기서 그것은 향기이다. 향기에 물들게 된다. 薰習(훈습).

與不善人居 (더불 여, 아니 불)

선하지 않는 사람과 더불어 산다면.

如入鮑魚之肆 (절인생선 포, 물고기 어, 가게 사)

젖은 생선을 파는 가게에 들어가는 것과 같아. 일상에서 흔히 말하는 말린 생선은 脯(포)라 한다.

久而不聞其臭 (냄새 취)

오래도록 그 냄새를 듣지는 못하나.

亦與之化矣 (또한 역)

또한 그것과 더불어 동화된다.

丹之所藏者赤 (붉을 단, 어조사 지, 바 소, 가질 장, 것 자, 붉을 적)

붉은 것을 가진 바의 것은 붉어지고. 붉은 것은 붉은 돌, 즉 단사(丹砂)를 의미한다. 단사를 가진 사람은 자신도 붉어지고.

漆之所藏者黑 (옻 칠, 검을 흑)

옻을 가진 사람은 자신도 검어진다.

是以君子必愼其所與處者焉(이 시, 써 이, 선생 군, 선생 자, 반드시 필, 삼갈 신, 그 기, 바 소, 더불 여, 처할 처, 사람 자, 종결사 언)

是以(시이)는 "이로써, 이런 까닭에"의 뜻으로 관용적인 문구이다. 이 때문에 군자는 그 처하는 바를 삼가야 하는 것이다. 焉(언)은 술어와 붙어서(술어+焉) 그 대상을(목적어를) 내포하기도 하고, 또는 단순히 처소격의 의미를 갖는 종결형 어조사로 쓰인다.

孔子(공자)께서 말씀하셨다.

"선한 사람과 같이 거처하면 芝草(지초)와 蘭草(난초)가 있는 방안에 들어간 것과 같아서 오래되면 그 냄새를 맡지 못하나 곧, 그 향기와 더불어 同化(동화)되고, 선하지 못한 사람과 같이 있으면 생선 가게에 들어간 것과 같아서 오래되면 그 악취를 맡지 못하나 또한 그 냄새와 더불어 동화되나니, 붉은 丹砂(단사)를 지니면 붉어지고 검은 옻을 지니면 검어진다. 그러므로 君子(군자)는 반드시 그 더불어 사는 자를 삼가야 한다."

家語云 "與好人同行이면 如霧露中行하여
가어 운 여 호인 동행 여 무로중행

雖不濕衣라도 時時有潤하고, 與無識人同行이면
수불 습의 시시유윤 여 무식인 동행

如厠中坐하여 雖不汚衣라도 時時聞臭니라."
여 측중좌 수불 오의 시시문취

家語云(집 가, 말씀 어, 이를 운)

가어에 이르기를. 가어는 『孔子家語(공자가어)』를 말한다.

與好人同行(더불 여, 좋을 호, 사람 인, 함께 동, 갈 행)

좋은 사람과 더불어 함께 길을 가면.

如霧露中行(같을 여, 안개 무, 이슬 로, 가운데 중)

안개와 이슬 속으로 가는 것과 같고.

雖不濕衣(비록 수, 아니 불, 젖을 습, 옷 의)

비록 옷은 젖지 않았더라도.

時時有潤(때 시, 있을 유, 윤택할 윤)

때때로 윤택함이 있고.

與無識人同行(없을 수, 알 식)

아는 것이 없는 사람과 더불어 함께 길을 가면.

如厠中坐(뒷간 측, 앉을 좌)

뒷간 안에 앉아 있는 것과 같고.

雖不汚衣(더러울 오)

비록 옷은 더럽혀지지 않았더라도.

時時聞臭(들을 문, 냄새 취)

때때로 그 냄새를 맡게 된다.

『家語(가어)』에서 말하였다.

"좋은 사람과 동행하면 마치 안개 속을 가는 것과 같아서 비록 옷은 젖지 않더라도 때때로 윤택함이 있고, 무식한 사람과 동행하면 마치 뒷간에 앉은 것 같아서 비록 옷은 더럽히지 않더라도 때때로 그 냄새를 맡게 된다."

子曰 "晏平仲은 善與人交로다. 久而敬之온여." 『論語』「公冶長」
자 왈 안평중 선여인교 구이경지

子曰 (선생님 자, 말할 왈)

공자께서 말씀하시길.

晏平仲善與人交 (편안할 안, 평평할 평, 버금 중, 잘할 선, 더불 여, 사람 인, 사귈 교)

안평중은 사람과 더불어 사귀기를 잘한다. 晏平仲(안평중, ?~기원전 500)은 춘추시대 제(齊)나라 사람. 이름은 영(嬰)이고, 자는 평중(平仲)이다. 평소 검소한 생활을 실천했다. 영공(靈公)과 장공(莊公), 경공(景公) 세 군주를 섬기면서 재상을 지냈다. 사령(辭令)에 뛰어났고, 백성들의 생활에 관심을 가졌으며, 근검절약을 실천하면서 충간(忠諫)을 올려 제후들 사이에서 명성이 높았다. 경공에게 세금을 경감할 것과 형벌을 줄일 것, 신하의 말에 귀를 기울일 것 등을 충고했다. 근면한 정치가로 백성의 신망이 두터웠고, 관중(管仲)과 비견되는 훌륭한 재상이었다. 일찍이 경공의 명령으로 진(晉)나라에 사신으로 가서 혼인 외교를 성립시켰는데, 진나라의 대부(大夫) 숙향(叔向)과 토의하면서 제나라의 국정에 대해서도 언급하게 되었다. 예치(禮治)가 쇠퇴하는 현실에 우려를 표명하면서 장차 제나라는 진씨(陳氏, 즉 田氏)에 의해 대치될 것이라고 단언했다. 기억력이 뛰어난 독서가였으며, 합리주의적 경향이 강했다고 한다. 『안자춘추(晏子春秋)』가 그의 저서로 전해지는데, 후세 사람들이 그의 언행을 모아 편찬한 것이다.

久而敬之 (오랠 구, 말이을 이, 공경 경, 그것 지)

오래되었어도 그를 공경한다. 사귀기를 오래되었지만 여전히 변치 않고 그를 공경한다.

孔子(공자)께서 말씀하셨다.

"晏平仲(안평중)은 사람과 사귀기를 잘한다. 오래되어도 공경하는구나."

相識이 滿天下하되 知心能幾人고.
상식 만천하 지심 능기인

相識滿天下 (서로 상, 알 식, 가득찰 만, 하늘 천, 아래 하)

서로 아는 사람이 천하에 가득하되.

知心能幾人 (알 지, 마음 심, 능할 능, 몇 기)

마음을 능히 아는 사람은 몇 사람인가? 能(능)은 이 글에서 知心(지심)에 걸린다. 즉, 能知心(능지심)의 뜻이나, 대구를 맞추기 위해 能(능)을 뒤로 돌린 것이다. 幾(기)는 몇 기. 예)幾百萬圓(기백만원). 幾何(기하).

서로 얼굴을 아는 사람은 온 세상에 가득하지만 마음을 알아주는 사람이 몇이나 될 수 있겠는가?

酒食兄弟는 千個有로되 急難之朋은 一個無니라.
주식형제 천개유 급난지붕 일개무

酒食兄弟千個有 (술 주, 밥 식, 형 형, 아우 제, 일천 천, 낱 개, 있을 유)

술과 밥을 함께한 형제는 천 명이 되지만. 함께 술 마시고 밥 먹은 형제 같은 친구는 많지만.

急難之朋一個無 (급할 급, 어려울 난, 어조사 지, 벗 붕, 한 일, 없을 무)

급하고 어려울 때 친구는 한 개도 없다. 급하고 어려울 때 도와줄 친구는 하나도 없다.

술이나 음식을 함께할 때 형제 같은 친구는 많으나, 급하고 어려울 때 도와줄 친구는 하나도 없다.

不結子花는 休要種이요, 無義之朋은 不可交니라.
불결자화 휴요종 무의지붕 불가교

不結子花休要種(아니 불, 맺을 결, 열매 자, 꽃 화, 쉴 휴, 요구할 요, 심을 종)

不結子(불결자), 열매를 맺지 않는 꽃은 심기를 요하지 않는다. 子(자)는 열매 또는 씨의 뜻이다. 핵(核). 休(휴)는 금지사로 막(莫), 무(毋) 등과 쓰임새가 비슷하다. "要(요)+술어"는 "~하기를 요하다", "~해야 한다". 種(종)은 명사로는 씨 종이지만, 술어로는 심을 종, 씨뿌릴 종이다.

無義之朋不可交(없을 무, 의리 의)

의리가 없는 친구는 사귀어서는 안 된다.

열매를 맺지 않는 꽃은 심으려 하지 말고, 의리 없는 친구는 사귀지 말라.

君子之交는 淡如水하고, 小人之交는 甘若醴니라.
군자지교 담여수 소인지교 감약례

君子之交淡如水(임금 군, 선생 자, 어조사 지, 사귈 교, 맑을 담, 같을 여, 물 수)

군자의 사귐은 맑기가 물과 같고. 淡(담)은 맑을 담, 싱거울 담. 예)담담(淡淡)하다. 담박(淡泊)하다.

小人之交甘若醴(작을 소, 사람 인, 달 감, 같을 약, 단술 례)

소인의 사귐은 달기가 단술과 같다. 醴(례)는 단술 례. 여기서 술에 대해 좀 더

살펴보자. 술은 중세어에 '수울' 또는 '수을'로 기록되어 있다. 수블 → 수울 → 술인 셈이다. 또한 '酒(주)' 자의 옛글자는 '닭, 서쪽, 익다'를 뜻하는 '유(酉)' 자이다. 유(酉)는 밑이 뾰족한 항아리 상형문자에서 변천된 것으로 술의 침전물을 모으기 위해서 끝이 뾰족한 항아리에서 발효시켰던 것에서 유래했다. 그 후 '유' 자가 다른 뜻으로 쓰이게 되어 삼수변이 붙게 된 것인데, 옛글자에는 삼수변이 오른쪽에 붙어있다. 보통 삼수변의 글자는 옥편에서 찾을 때 수부(水部)에서 보게 되지만 '주(酒)' 자는 유독 유부(酉部)에 들어있다. 술을 뜻하는 '유(酉)' 자가 변으로 들어간 모든 한자는 발효에 관한 광범위한 식품명이다. 진한술 酎(주), 막걸리 醪(료), 술빚을 釀(양), 술취할 醉(취), 술취할 酩(명), 술취할 酊(정), 술잔갚을 酬(수), 술따를 酌(작), 단술 醴(례), 진한술 醇(순), 식초 醋(초), 장(醬:젓갈 장, 간장, 된장) 해(醢:젓갈 해), 혜(醯:식초)등이 그 예이다.

군자의 사귐은 담박하기가 물 같고, 소인의 사귐은 달콤하기가 단술 같다.

路遙知馬力이요, 日久見人心이니라.
노요 지마력 일구 견인심

路遙知馬力 (길 로, 멀 요, 알 지, 말 마, 힘 력)
길이 멀어야 말의 힘을 알고.

日久見人心 (날 일, 오랠 구, 볼 견, 사람 인, 마음 심)
날이 오래되어야. 시간이 오래 되어야. 오래 사귀어봐야. 그 사람의 마음을 알 수 있다.

길이 멀어야 말의 힘을 알고, 시간이 오래 지나봐야 사람의 마음을 알 수 있다.

제19장

婦부 行행

益智書云 "女有四德之譽하니 一曰婦德이요,
익지서 운 여유 사덕지예 일왈 부덕

二曰婦容이요, 三曰婦言이요, 四曰婦工也니라.
이왈 부용 삼왈 부언 사왈 부공야

益智書云(더할 익, 지혜 지, 책 서, 이를 운)

『益智書(익지서)』에 이르기를.

女有四德之譽(여자 여, 있을 유, 넉 사, 덕 덕, 어조사 지, 칭찬 예)

여자에게는 네 가지 덕의 칭찬할 것이 있다. 네 가지 칭찬할만한 덕이 있다.

一曰婦德(한 일, 말할 왈, 아녀자 부)

첫째는 婦德(부덕)을 말하고. 부덕은 아녀자의 덕행이다.

二曰婦容(두 이, 용모 용)

둘째는 婦容(부용)이고. 아녀자의 아름다운 용모.

三曰婦言(석 삼, 말씀 언)

셋째는 婦言(부언)이고. 아녀자의 고운 말씨.

四曰婦工也(넉 사, 솜씨 공, 종결사 야)

넷째는 婦工(부공)이고. 아녀자의 솜씨.

『益智書(익지서)』에서 말하였다.

"여자에게는 네 가지 덕의 아름다움이 있으니, 첫째 婦德(부덕)이요, 둘째 婦容(부용)이요, 셋째 婦言(부언)이요, 넷째 婦工(부공)이다."

婦德者는 不必才名絶異요, 婦容者는 不必顔色美麗요,
부덕자 불필 재명절이 부용자 불필 안색미려

婦言者는 不必辯口利詞요, 婦工者는 不必技巧過人也니라.
부언자 불필 변구리사 부공자 불필 기교과인야

婦德者不必才名絶異(것 자, 아니 불, 반드시 필, 재주 재, 명성 명, 뛰어날 절, 다를 이)

婦德(부덕)이라는 것은 재주와 명성이 絶異(절이), 매우 훌륭하게 뛰어날 필요가 없고. 여기서 '不必(불필)~'은 '~할 필요가 없다, ~할 것을 필요로 하지 않는다.' 즉, '不必(불필)~' 구문은 부분 부정으로 해석하는 것이 옳다.

婦容者不必顔色美麗(얼굴 안, 낯 색, 아름다울 미, 고울 려)

婦容(부용)이라는 것은 반드시 얼굴빛이 아름답고 고울 필요는 없다.

婦言者不必辯口利詞(말잘할 변, 입 구, 예리할 리, 말 사)

婦言(부언)이라는 것은 반드시 구변이 좋거나 利詞(이사), 말을 잘 할 필요는 없다.

婦工者不必技巧過人也(재주 기, 재주 교, 나을 과, 종결사 야)

婦工(부공)이라는 것은 반드시 재주가 남보다 나을 필요는 없다.

婦德(부덕)이라는 것은 반드시 재주와 이름이 뛰어남을 말하는 것은 아니요,

婦容(부용)이라는 것은 반드시 얼굴이 아름답고 고움을 말하는 것이 아니요, 婦言(부언)이라는 것은 반드시 口辯(구변)이 좋고 말 잘하는 것은 아니요, 婦工(부공)이라는 것은 반드시 손재주가 다른 사람보다 뛰어남을 말하는 것은 아니다.

其婦德者는 清貞廉節하여 守分整齊하고 行止有恥하며
기 부덕자 청정렴절 수분정제 행지유치

動靜有法이니 此爲婦德也요, 婦容者는 洗浣塵垢하여
동정유법 차위 부덕야 부용자 세완진구

衣服鮮潔하며 沐浴及時하여 一身無穢니 此爲婦容也요,
의복선결 목욕급시 일신무예 차위 부용야

清貞廉節 (맑을 청, 곧을 정, 검소할 염, 절제할 절)

맑고 곧으며 청렴하고 절제한다.

守分整齊 (지킬 수, 분수 분, 가지런할 정, 가지런할 제)

분수를 지키고 몸가짐을 가지런히 한다.

行止有恥 (행할 행, 그칠 지, 있을 유, 부끄러울 치)

행하고 멈춤, 즉 行動擧止(행동거지)에 부끄러움이 있으며.

動靜有法 (움직일 동, 고요할 정, 법도 법)

움직이거나 조용히 있음에는 법도가 있으니.

此爲婦德也 (이 차, 될 위)

이것이 아녀자의 덕행이 된다.

洗浣塵垢 (씻을 세, 빨 완, 먼지 진, 때 구)

먼저와 때를 깨끗이 씻고 빤다.

衣服鮮潔(옷 의, 옷 복, 깨끗할 선, 깨끗할 결)

의복을 깨끗이 하다.

沐浴及時(머리감을 목, 몸닦을 욕, 이를 급, 때 시)

목욕을 제 때에 맞춰서 하며.

一身無穢(한 일, 몸 신, 없을 무, 더러울 예)

제 한 몸에 더러움이 없다.

此爲婦容也

이것이 아녀자의 용모가 된다.

그 婦德(부덕)이라는 것은 맑고 곧고 청렴하고 절개가 있어 분수를 지키고 몸가짐을 바르게 하며, 行動擧止(행동거지)에 廉恥(염치)가 있고 動靜(동정)에 법도가 있는 것이니, 이것이 부덕이다. 婦容(부용)이라는 것은 먼지나 때를 깨끗이 빨아 옷차림을 정결하게 하며, 목욕을 제때에 하여 몸에 더러움이 없게 하는 것이니, 이것이 부용이다.

婦言者(부언자)는 **擇師而說**(택사이설)하여 **不談非禮**(부담비례)하고 **時然後言**(시연후언)하여 **人不厭其言**(인불염기언)이니 **此爲**(차위) **婦言也**(부언야)요, **婦工者**(부공자)는 **專勤紡績**(전근방적)하고 **勿好暈酒**(물호운주)하며 **供具甘旨**(공구감지)하여 **以奉賓客**(이봉빈객)이니 **此爲**(차위) **婦工也**(부공야)니라.

擇師而說(가릴 택, 본받을 사, 말이을 이, 말할 설)

본받을만한 것을 가려서 말을 하고. 여기서 師(사)는 '본받다'는 뜻이다. 이 외에도 ㉠스승 ㉡군사 ㉢벼슬아치 ㉣벼슬 ㉤뭇사람 ㉥신령 등의 뜻이 있다. 자형(字形)은 왼쪽(지층의 겹)과 오른쪽(골고루 돕;잡)의 합자(合字)이다. 옛날에는 언덕에 사람이 모여 살고 또 군대가 주둔했으므로 사람이 많다, 군대의 뜻이 되었다. 또 사람의 모범이 되어 남을 이끄는 사람, 선생의 뜻이 되었으며, 나아가 본문과 같이 '본받다'는 의미로 확장되었다. 사람이 많다는 뜻에서 수도(首都)를 師(사)라 하기도 한다.

不談非禮 (아니 불, 말할 담, 아닐 비, 예도 예)

예도가 아닌 것은 말하지 않는다.

時然後言 (때 시, 그럴 연, 뒤 후, 말씀 어)

때가 된 뒤에 말한다. 말할 때가 된 뒤에야 말한다.

人不厭其言 (남 인, 싫을 염, 그 기)

남들이 그의 말을 싫어하지 않아야 한다.

此爲婦言也 (이 차, 될 위)

이것이 婦言(부언)이 된다. 이것이 아녀자의 바람직한 말씨가 된다.

專勤紡績 (오로지 전, 부지런할 근, 실뽑을 방, 길쌈 적)

오로지 紡績(방적), 길쌈을 부지런히 하다.

勿好暈酒 (말 물, 좋아할 호, 빚을 운, 술 주)

술 빚기를 좋아하지 말아야 한다. 暈(운)은 본래 해달무리란 의미인데, 暈酒(운주)라는 단어로 쓰일 때는 술을 빚는다는 의미. 판본에 따라서는 葷(훈)이라고 하기도 하였다. 葷(훈)은 마늘 훈으로 냄새나는 채소인 마늘이나 파, 부추 따위를 말한다. 그러면 해석이 조금 달라진다. 즉, 옛날 사람들은 葷菜(훈채)와 술을 먹는 것을 싫어했다가 된다.

供具甘旨 (갖출 공, 갖출 구, 달 감, 맛날지)

단맛을 갖추고 있다. 단맛은 맛이 있는 음식, 그 음식을 만들어서.

以奉賓客(써 이, 받들 봉, 손 빈, 손 객)

손님들을 받드는 것. 대접하는 것.

此爲婦工也

이것이 아녀자의 재주가 된다.

婦言(부언)이라는 것은 본받을 만한 것을 가려 말하며 예의에 어긋나는 말은 하지 않고, 꼭 해야 할 때가 된 뒤에 말해서 사람들이 그의 말을 싫어하지 않는 것이니, 이것이 부언이다. 婦工(부공)이라는 것은 오로지 길쌈을 부지런히 하고 마늘과 술을 좋아하지 않으며, 맛있는 음식을 갖추어 손님을 받드는 것이니, 이것이 부공이다.

此四德者는 **是婦人之所不可缺者**라.
차 사덕자 시 부인지소 불가결자

爲之甚易하고 **務之在正**하니 **依此而行**이면 **是爲婦節**이니라.
위지 심이 무지재정 의차이행 시위 부절

此四德者(이 차, 넉 사, 덕행 덕, 것 자)

이 四德(사덕)이라는 것은.

是婦人之所不可缺者(바로 시, 아녀자 부, 어조사 지, 바 소, 아닐 불, 가할 가, 결할 결, 것 자)

바로 아녀자가. 之(지)는 주격 주사. 빠뜨려서는 안 되는 것이다. 소홀히 해서는 안 되는 것이다. 필수불가결(必須不可缺)한 것이란 말이다.

爲之甚易(할 위, 그것 지, 심할 심, 쉬울 이)

그것을 하기는 매우 쉽다. 그것은 모두 四德(사덕)을 가리킨다.

務之在正 (힘쓸 무, 그것 지, 있을 재, 바를 정)

그것을 힘쓰기는 바르게 하는 데 있다. 그것을 바르게 하는 데에 힘을 써야 한다.

依此而行是爲婦節 (의지할 의, 이 차, 말이을 이, 바로 시, 될 위)

이것에 의지하여 행하면 바로 아녀자의 예의범절이 된다.

이 네 가지 덕은 부녀자로서 하나도 빼놓을 수 없는 것이다. 행하기 매우 쉽고 힘씀이 바른데 있으니, 이것에 의거하여 행한다면 이것이 부녀자로서의 범절이 된다.

太公曰 "婦人之禮는 語必細니라. 賢婦는 令夫貴요
태공 왈 부인지례 어 필세 현부 영부귀

佞婦는 令夫賤이라. 家有賢妻면 夫不遭橫禍니라.
영부 영부천 가유현처 부 부조횡화

賢婦는 和六親하고 佞婦는 破六親이니라
현부 화 육친 영부 파 육친

太公曰 (클 태, 벼슬 공)

姜太公(강태공)이 말하길.

婦人之禮語必細 (아녀자 부, 어조사 지, 예도 예, 말 어, 반드시 필, 섬세할 세)

아녀자의 예의는 말이 반드시 섬세해야 한다. 語必細(어필세)는 말을 자상하고 부드럽게 한다는 뜻으로 자주 쓰이는 관용적인 표현이다.

賢婦令夫貴 (어질 현, 하여금 령, 남편 부, 귀할 귀)

현명한 부인은 남편으로 하여금 귀하게 한다. 남편을 귀하게 만든다.

佞婦令夫賤(아첨할 녕, 천할 천)

佞(녕)은 '말재주, 아첨하다, 간악하다'는 뜻으로 번지르하게 말만 하거나 여우같이 잇속만 챙기는 아녀자는 남편으로 하여금 천하게 한다. 남편을 천하게 만든다.

家有賢妻(집 가, 있을 유, 아내 처)

집안에 어진, 현명한 아내가 있으면.

夫不遭橫禍(남편 부, 만날 조, 뜻밖의 횡, 재앙 화)

남편은 橫禍(횡화), 뜻밖의 재앙을 만나지 않는다.

賢婦和六親(화목할 화, 여섯 육, 친척 척)

어진 부인은 육친을 화목하게 하고, 六親(육친)은 부모·형제·처자를 의미하는 단어로 온 가족을 말한다.

佞婦破六親(깨뜨릴 파)

간악한 아녀자는 육친을 깨뜨린다. 가족 간의 화목을 깨뜨린다.

태공이 말하였다.

"부인의 예절은 반드시 말이 부드럽고 자상해야 한다. 어진 부인은 남편을 귀하게 만들고, 간악한 부인은 남편을 천하게 만든다. 집에 어진 아내가 있으면 그 남편이 뜻밖의 화를 만나지 않는다. 어진 부인은 六親(육친)을 화목하게 하고, 간악한 부인은 육친의 화목을 깨뜨린다."

제20장

增 증
補 보

周易曰 "善不積이면 不足以成名이요,
주역 왈 선부적 부족이 성명

惡不積이면 不足以滅身이어늘 小人은 以小善으로
악부적 부족이 멸신 소인 이 소선

爲无益而弗爲也하고, 以小惡으로 爲无傷而弗去也니라.
위 무익이 불위야 이 소악 위 무상이 불거야

故로 惡積而不可掩이요, 罪大而不可解니라." 『周易』「繫辭下」
고 악적이 불가엄 죄대이 불가해

周易曰 (두루 주, 바꿀 역, 말할 왈)

『周易(주역)』에서 말하기를.

善不積 不足以成名 (선할 선, 아니 불, 쌓을 적, 족할 족, 써 이, 이룰 성, 이름 명)

선이 쌓여지지 않으면 족히 써 이름을 이룰 수 없고. 선이 쌓여야만 이름을 이룬다.

惡不積 不足以滅身 (악할 악, 멸할 멸, 몸 신)

악이 쌓여지지 않으면 족히 써 몸을 망칠 수 없거늘. 악이 쌓여야만 몸이 망쳐진다.

小人 以小善 爲无益而弗爲也 (작을 소, 사람 인, 없을 무, 이익 익, 말 불, 삼을 위, 어조

사 야)

소인은 작은 선으로써 무익하다고 여겨 행하지 않고. 소인은 작은 선은 별 도움이 안 되는 것이라고 여겨 실천에 옮기지 않고. 弗爲(불위)는 하지 않다.

以小惡 爲无傷而弗去也(상할 상, 버릴 거)

작은 악은 상할 것이 없다고 여겨 버리지 않는다. 대수롭지 않게 작은 악을 저지른다.

故惡積而不可掩(연유 고, 가릴 엄)

그러므로 그 악이 쌓여 가릴 수 없어지게 되고. 가린다는 것은 덮는다는 뜻이다.

罪大而不可解(풀 해)

죄가 커져서 풀 수 없게 된다. 속죄할 수 있는 기회를 잃게 된다.

『周易(주역)』에서 말하였다.

"선을 쌓지 않으면 이름을 이룰 수 없을 것이요, 악도 쌓지 않으면 몸을 망칠 수 없다. 소인은 자그마한 선은 유익함이 없다고 하여 행하지 않고, 자그마한 악은 해로움이 없다 하여 버리지 않는다. 그러므로 악이 쌓여 가리지 못하고 죄가 커져 풀 수 없게 된다."

"履霜(이상)하면 堅氷至(견빙지)하나니 臣弑其君(신시기군)하며 子弑其父(자시기부)는 非(비)一朝一夕之事(일조일석지사)라. 其所(기소)由來者(유래자)漸矣(점의)니라."

『周易』「坤卦」

履霜 堅氷至(밟을 리, 서리 상, 굳을 견, 얼음 빙, 이를지)

서리를 밟다보면 단단한 얼음에 이르나니. 머지않아 얼음을 밟을 때가 오는 법.

시간은 저절로 흐르게 되나니.

臣弑其君 子弑其父(신하 신, 죽일 시, 그 기, 임금 군, 자식 자, 아버지 부)

신하가 그 임금을 죽이며, 자식이 그 부모를 죽이는 것은. 弑(시)는 아랫사람이 윗사람을 죽이는 것을 말한다.

非一朝一夕之事(아닐 비, 아침 조, 저녁 석, 어조사 지, 일 사)

하루아침 하루저녁에 생긴 일이 아니다. 어느 날 갑자기 우발적으로 생긴 것이 아니다.

其所由來者漸矣(바 소, 말미암을 유, 올 래, 것 자 점차 점)

그 유래된 바가 점차 있어 왔던 것이다. 지속적으로 그 원인이 쌓여가 순간 결과로 분출되어 나타났을 뿐이다.

서리를 밟다보면 단단한 얼음이 이르나니, 신하가 그 임금을 죽이며 자식이 그 아비를 죽이는 것이 하루아침이나 하루 저녁에 이루어지는 일이 아니다. 그 유래하는 것이 점차 있어 왔던 것이다.

제21장

八팔 反반 歌가

幼兒는 或詈我하면 我心에 覺懽喜하고 父母는 嗔怒我하면
유아 혹 이아 아심 각환희 부모 진노아

我心에 反不甘이라. 一喜懽一不甘하니 待兒待父心何懸고
아심 반불감 일희환 일불감 대아대부 심하현

勸君今日逢親怒어든 也應將親作兒看하라.
권군금일 봉친노 야응장친 작아간

幼兒 或詈我(어릴 유, 아이 아, 혹 혹, 꾸짖을 이(리), 나 아)

어린아이[자식]가 혹 나를 꾸짖으면. 나의 잘못에 대해 지적하면.

我心 覺懽喜(마음 심, 깨달을 각, 기쁠 환, 기쁠 희)

내 마음에 기쁨을 깨닫고. 내 마음에서 기쁨이 일어나고. 아이가 이렇게 성장했는가를 뿌듯해 하면서 기분이 좋아진다.

父母 嗔怒我(아버지 부, 어머니 모, 성낼 진, 성낼 노)

부모가 나에게 성내면. 나를 꾸짖으면.

我心 反不甘(돌이킬 반, 아니 불, 달 감)

내 마음은 돌이켜 달게 여기지 않고. 달가워하지 않는다.

一喜懽一不甘

한편으로는 기뻐하고, 한편으로는 달가워하지 않는다.

待兒待父心何懸(대할 아, 어찌 하, 매달 현)

아이를 대하고 부모를 대하는 마음이 어찌 이리 현격(懸隔)한가? 현격한 차이가 있는가?

勸君今日逢親怒(권할 권, 임금 군, 이제 금, 날 일, 만날 봉, 친할 친)

그대에게 권하노니 오늘 부모님의 노하심을 만나면. 부모님께서 화를 내시면.

也應將親作兒看(응할 응, 장차 장, 어버이 친, 지을 작, 볼 간)

응당 어버이를 가지고 아이 보듯이 하라. 아이를 대할 때처럼 어버이를 생각하라.

어린아이가 혹 나의 잘못을 지적하면 마음에서 기쁨이 일어나고, 부모가 나를 꾸짖고 성내면 마음에 도리어 달가워하지 않는다. 한편으로는 기쁘고 한편으로는 달갑게 여기지 아니하니, 아이를 대하고 어버이를 대하는 마음이 어찌 그다지도 현격히 다른가? 그대에게 권하노니, 이제 어버이의 노여워함을 만나거든 또한 마땅히 아이를 대할 때와 같이 하라.

兒曹가 出千言하되 君聽常不厭하고 父母가 一開口하면
아조 출천언 군청 상불염 부모 일개구

便道多閑管이라. 非閑管親掛牽이니 皓首白頭에
변도 다한관 비한관 친괘견 호수백두

多諳練이라. 勸君敬奉老人言하고 莫教乳口爭長短하라.
다암련 권군 경봉 노인언 막교 유구 쟁장단

兒曹出千言(아이 아, 무리 조, 날 출, 일천 천, 말 언)

兒曹(兒曹), 아이들이 천 마디 말을 내더라도. 종알종알 말도 많지만.

君聽常不厭(그대 군, 들을 청, 항상 상, 아니 불, 싫을 염)

그대는 듣기를 항상 싫어하지 않는다. 오히려 그 재잘거리는 모습을 귀여워했다.

父母一開口(아버지 부, 어머니 모, 열 개, 입 구)

부모가 한번 입을 열면.

便道多閑管(곧 변, 말할 도, 많을 다, 한가할 한, 관리 관)

곧 閑官(한관)이 많다고 말하게 된다. 閑官(한관)은 '한가할 한, 피리 관'으로, 쓸데없이 하는 잔소리. 곧 잔소리가 많다고 말한다.

非閑管親掛牽(아닐 비, 어버이 친, 걸 괘, 끌 견)

쓸 데 없는 잔소리가 아니라, 어버이는 걸리고 끌려서라네. 掛牽(괘견)은 마음에 걸리고 거리껴진다는 뜻이다. 부모님께서는 내 행동이 마음에 걸려서 고치라는 의미에서 잔소리를 하신다.

皓首白頭 多諳練(흴 호, 머리 수, 흰 백, 머리 두, 욀 암, 익힐 련)

흰머리가 되도록 외우고 익힌 것이 많도다.

勸君敬奉老人言(공경 경, 받들 봉, 늙을 로, 말 언)

그대에게 권하노라. 노인의 말을 공경하고 받들어라.

莫教乳口爭長短(말 막, 가르칠 교, 젖 유, 입 구, 다툴 쟁, 잘할 장, 부족할 단)

젖 냄새 나는 입으로 장단점을 다투지 말도록 하라. 教(교)는 '하여금~하게 하다', 令(령)·使(사)·命(명)과 같은 의미이다. 젖비린내 나는 입으로 이러쿵저러쿵 노인을 비판하지 말라.

어린아이들이 여러 말을 하되 그대는 들으면서 늘 싫어하지 않고, 부모가 한번만 말을 하여도 잔소리가 많다고 한다. 쓸데없는 참견이 아니라 부모가 마음에 걸리고 끌려서이니, 흰머리가 되도록 긴 세월에 아는 것이 많도다. 그대에게 권하노니 늙은 사람의 말을 공경하여 받들고, 젖 냄새나는 입으로 장단점을 다투도록 하지 마라.

幼兒尿糞穢라도 君心에 無厭忌로되 老親涕唾零엔
유아 뇨분예 군심 무 염기 노친 체타영

反有憎嫌意니라. 六尺軀來何處오 父精母血成汝體니라.
반유 증혐의 육척구래 하처 부정모혈 성여체

勸君敬待老來人하라. 壯時爲爾筋骨敝니라.
권군 경대 노래인 장시위이 근골폐

幼兒尿糞穢(어릴 유, 아이 아, 오줌 뇨, 똥 분, 더러울 예)

어린아이의 오줌과 똥은 더러워도.

君心無厭忌(그대 군, 마음 심, 없을 무, 싫을 염, 꺼릴 기)

그대 마음에 싫어하고 꺼려하지 않거늘.

老親涕唾零(늙을 노, 어버이 친, 눈물 체, 침 타, 떨어질 영)

늙은 어버이의 떨어지는 눈물과 침은.

反有憎嫌意(돌이킬 반, 있을 유, 미워할 증, 미워할 혐, 뜻 의)

도리어 미워하고 싫어하는 마음이 생기더라.

六尺軀來何處(자 척, 몸 구, 올 래, 어찌 하, 곳 처)

여섯 자 그대 몸은 어느 곳에서 왔는가?

父精母血成汝體(아버지 부, 정기 정, 어머니 모, 피 혈, 이룰 성, 너 여, 몸 체)

아버지의 정기와 어머니의 피로 너의 몸을 이루었도다.

勸君敬待老來人(권할 권, 공경 경, 대할 대, 늙을 로, 올 래, 사람 인)

그대에게 권하노니, 늙어가는 사람을 공경스럽게 대하라.

壯時爲爾筋骨敝(씩씩할 장, 때 시, 될 위, 너 이, 힘줄 근, 뼈 골, 해질 폐)

젊었을 때 너를 위해 筋骨(근골)이 닳으셨으니. 근골은 근육과 뼈, 즉 신체를 말한다.

어린아이의 더러운 오줌과 똥은 그대 마음에 싫어하거나 꺼림이 없거늘, 늙은 부모가 눈물과 침을 흘리는 것은 도리어 미워하고 싫어하는 뜻이 있다. 그대의 여섯 자 몸은 어디서 왔는고? 아버지의 정기와 어머니의 피로 그대의 몸이 이루어졌도다. 그대에게 권하노니, 늙어가는 사람을 공경스럽게 대하라. 젊었을 때 그대를 위하여 살과 뼈가 닳으셨도다.

看君晨入市하여 買餠又買餻하니 少聞供父母하고
간군 신입시 매병 우 매고 소문 공부모

多說供兒曹라. 親未啖兒先飽하니 子心이 不比親心好라.
다설 공아조 친미담 아선포 자심 불비 친심호

勸君多出買餠錢하여 供養白頭光陰少하라.
권군 다출매병전 공양백두 광음소

看君晨入市(볼 간, 그대 군, 새벽 신, 들 입, 시장 시)

그대가 새벽에 시장에 들어가. 看(간)은 다음 구절 마지막에 해석한다.

買餠又買餻(살 매, 떡 병, 또 우, 떡 고)

떡을 사고 또 떡을 사는 것을 보니. 한편 餠(병)은 밀가루떡을, 餻(고)는 흰떡을 말하기도 한다. 하지만 여기서는 일반적으로 그냥 떡이라고 보면 된다.

少聞供父母(드물 소, 들을 문, 이바지 공, 아버지 부, 어머니 모)

부모에게 봉양한다는 말은 드물게 들리고. 부모에게 갔다 드린다는 말을 별로 들리지 않고.

多說供兒曹(많을 다, 말할 설, 이바지할 공, 아이 아, 무리 조)

다들 아이들 먹인다고 말하도다.

親未啖兒先飽(어버이 친, 아닐 미, 맛볼 담, 먼저 선, 배부를 포)

부모는 아직 맛도 보지 않았는데, 아이들은 먼저 배부르니.

子心不比親心好(자식 자, 마음 심, 아니 불, 견줄 비, 부모 친, 좋을 호)

자식의 마음은 부모의 마음이 좋은 것에 견줄 수 없도다.

勸君多出買餠錢(권할 권, 그대 군, 많을 다, 돈 전)

그대에게 권하노니, 떡 살 돈을 많이 내어.

供養白頭光陰少(봉양 양, 흰 백, 머리 두, 빛 광, 그늘 음)

시간이 얼마 남지 않은 흰머리 어버이를 공양하게나. 光陰(광음)은 '해와 달'이라는 뜻으로, 흘러가는 시간 또는 세월을 의미한다.

그대가 새벽에 시장에 가 밀가루 떡을 사고 또 흰떡을 사는 것을 보니, 부모에게 드린다는 말은 들리지 않고 아이들 먹인다고 자주 말하네. 부모는 아직 맛보지도 않았는데 아이들이 먼저 배부른데도, 자식의 마음은 부모의 마음이 좋아하는 것에 비할 수 없다. 그대에게 권하노니, 떡 살 돈을 많이 내어 살 날이 얼마 남지 않은 늙으신 어버이를 공양하라.

市間賣藥肆에 惟有肥兒丸하고, 未有壯親者하니
시간 매약사 유유 비아환 미유 장친자

何故兩般看고. 兒亦病親亦病에 醫兒不比醫親症이라.
하고 양반간 아역병 친역병 의아불비 의친증

割股還是親的肉이니 勸君亟保雙親命하라.
할고환시 친적육 권군 극보 쌍친명

市間賣藥肆(시장 시, 사이 간, 팔 매, 약 약, 가게 사)

市間(시간), 시장 사이, 시장의. 약을 파는 가게에는.

惟有肥兒丸(오직 유, 있을 유, 살찔 비, 아이 아, 환약 환)

오직 肥兒丸(비아환), 아이 살 찌는 환약만 있고.

未有壯親者(아닐 미, 씩씩할 장, 어버이 친, 것 자)

부모님을 씩씩하게 해주는 것은 없으니. 부모님이 긴장해지는 약은 없으니.

何故兩般看(무슨 하, 연유 고, 두 양, 가지 반, 볼 간)

무슨 이유로 두 가지로 보는가? 왜 이렇게 두 가지 상반되는 결과가 나왔는가?

兒亦病親亦病(또한 역, 병 병, 어버이 친)

아이가 병들고 부모도 병들었을 때.

醫兒不比醫親症(고칠 의, 견줄 비, 병 증)

아이의 병을 고치는 것은 부모의 병을 고치는 것에 견줄 수 없느니라. 不比(불비)는 ~에 견줄 수 없다. ~에 비할 바가 아니다.

割股還是親的肉(벨 할, 다리 고, 도리어 환, 어조사 적, 고기 육)

割股(할고), 허벅다리를 베더라도 도리어 그것은 부모님의 살이니. 的(적)은 어조사로 '~의'란 뜻이다. 손가락을 베어 피를 내는 단지(斷指), 넓적다리의 살을 베어내어 먹이는 할고(割股) 등은 지극한 정성의 상징이다. 할고료친(割股療親).

勸君亟保雙親命(권할 권, 그대 군, 빠를 극, 보호할 보, 두 쌍, 목숨 명)

그대에게 권하노니 두 부모님의 목숨을 빨리 보호하라. 나날이 쇠약해져가는 부모님을 위해 서둘러 대책을 마련하라.

시장에 약 파는 가게에 오직 아이를 살찌게 하는 환약만 있지, 어버이를 튼튼하게 하는 약은 없으니, 무슨 까닭에 두 가지가 다른가? 아이도 병들고 어버이도 병들었을 때, 아이의 병을 고치는 것이 어버이의 병을 고치는 것에 비할 수 없다. 다리의 살을 베더라도 그것은 도로 어버이의 살이니, 그대에게 권하노라. 빨리 어버이의 목숨을 보호하라.

富貴(부귀)엔 養親易(양친이)로되 親常(친상)有未安(유미안)하고, 貧賤(빈천)엔 養兒難(양아난)하되
兒不受(아불수)饑寒(기한)이라. 一條心(일조심)兩條路(양조로)에 爲兒(위아)終(종)不如爲父(불여위부)라.
勸君(권군)養親如(양친여)養兒(양아)하고, 凡事(범사)를 莫推(막추)家不富(가불부)하라.

富貴養親易(넉넉할 부, 귀할 귀, 봉양 양, 어버이 친, 쉬울 이)

富貴(부귀)하면 부모를 봉양하기 쉬운데도.

親常有未安(항상 상, 있을 유, 아닐 미, 편안 안)

부모는 항상 마음이 편치 않도다. 자식에게 미안하다.

貧賤養兒難(가난할 빈, 천할 천, 아이 아, 어려울 난)

貧賤(빈천)하면 아이 기르기가 어려운데도.

兒不受饑寒(받을 수, 굶주릴 기, 추울 한)

아이는 굶주리거나 추위를 타지 않는다. 부모는 춥고 배고플지언정 자식에게는

그렇게 되게 두지 않는다.

一條心兩條路(가지 조, 두 양, 길 로)

한 가지 마음에서 두 가지 길이 나옴에.

爲兒終不如爲父(위할 위, 끝 종, 아니 불, 같을 여, 아버지 부)

아이를 위하는 것이 끝내 부모를 위하는 것만 못하다네. ‘A終不如B’는 끝내 B는 A만 못하다.

勸君養親如養兒(권할 권, 그대 권, 봉양 양)

그대에게 권하노니, 아이 키우는 것과 같이 하고.

凡事莫推家不富(무릇 범, 일 사, 말 막, 미룰 추, 집 가, 넉넉할 부)

(부모를 봉양하는) 모든 일에 집이 넉넉하지 않다고 미루지는 말게나.

부귀하면 어버이를 봉양하기가 쉽되 어버이는 항상 마음이 편치 못하고, 빈천하면 아이를 기르기가 어렵되 그래도 아이는 배고픔과 추위를 받지 않는다. 한 가지 마음 두 가지 길에 아이를 위함이 마침내 어버이를 위함만 같지 못하다. 그대에게 권하노니, 어버이 섬기기를 아이를 기르는 것과 같이 하고, 모든 일을 집이 넉넉하지 못하다고 미루지 말라.

養親엔 只二人이로되 常與兄弟爭하고, 養兒엔 雖十人이나
양친 지 이인 상여 형제 쟁 양아 수 십인

君皆獨自任이라. 兒飽煖親常問하되 父母饑寒不在心이라.
군 개 독자임 아포난 친상문 부모기한 부재심

勸君養親을 須竭力하라. 當初衣食이 被君侵이니라.
권군 양친 수갈력 당초 의식 피군침

養親只二人(봉양 양, 어버이 친, 다만 지, 사람 인)

부모를 섬기는 것은 단지 두 사람 뿐인데도.

常與兄弟爭(항상 상, 더불 여, 형 형, 아우 제, 다툴 쟁)

항상 형제들과 다투고.

養兒 雖十人(아이 아, 비록 수)

아이를 기르는 것은 비록 열 명이라도.

君皆獨自任(그대 군, 모두 개, 홀로 독, 스스로 자, 맡을 임)

그대가 모두 홀로 自任(자임)한다네. 제가 혼자서 책임지고 맡아 기른다.

兒飽煖親常問(배부를 포, 따뜻할 난, 물을 문)

아이가 배부른지 추운지는 직접 항상 묻거늘. 親(친)은 '직접, 몸소, 친히'란 뜻이다.

父母饑寒不在心(굶주릴 기, 추울 한, 아닐 부, 있을 재, 마음 심)

부모가 배부른지 추운지는 마음에 있지 않도다.

勸君養親須竭力(권할 권, 그대 권, 모름지기 수, 다할 갈, 힘 력)

그대에게 권하노니, 부모 봉양에 須(수), 모름지기(반드시) 竭力(갈력), 힘을 다해야 하네.

當初衣食被君侵(당초 당, 처음 초, 옷 의, 먹을 식, 입을 피, 빼앗길 침)

애당초 부모님은 자신의 옷과 음식을 그대에게 뺏긴 것이도다.

어버이를 봉양엔 다만 두 분인데도 늘 형제들과 다투고, 아이들 기를 때엔 비록 열 명이라도 그대가 모두 혼자 스스로 맡는다. 아이에게 배부르고 따뜻한가는 직접 늘 물으면서도 부모가 배고프고 추운가는 마음에 있지 않도다. 그대에게 권하노니, 부모를 봉양함에 반드시 힘을 다하라. 당초에 입을 것과 먹을 것을 그대에게 빼앗긴 것이니.

親有十分慈하되 君不念其恩하고, 兒有一分孝하면
친유 십분자 군 불념 기은 아유 일분효

君就揚其名이라. 待親暗待兒明하니 誰識高堂養子心고.
군 취양 기명 대친암 대아명 수식 고당양자심

勸君漫信兒曹孝하라. 兒曹樣子在君身이니라.
권군 만신아조효 아조양자 재군신

親有十分慈(어버이 친, 있을 유, 나눌 분, 사랑 자)

부모는 十分(십분) 사랑하는 마음이 있으나. 십분은 '充分(충분)히, 또는, 넉넉히, 不足(부족)한 없이'란 의미이다.

君不念其恩(그대 군, 아니 불, 생각 념, 그 기, 은혜 은)

그대는 그 은혜를 생각하지 않고.

兒有一分孝(아이 아, 효도 효)

아이가 一分(일분)의 효를 가지고 있으면.

君就揚其名(그대 군, 취할 취, 드날릴 양, 이름 명)

그대는 나아가 그 이름을 드날리더라. 우리 자식이 효자라고 동네방네 소문을 내고 다닌다. 엄친아가 왜 생겼을까요?

待親暗待兒明(대할 대, 어두울 암, 밝을 명)

부모 대하기는 어둡고 자식 대하기는 밝도다. 부모는 잘못 모시면서 자식은 상전처럼 잘 모신다.

誰識高堂養子心(누구 수, 알 식, 높을 고, 집 당, 기를 양, 자식 자, 마음 심)

누가 알까? 高堂(고당)이 자식을 기르는 마음을. 고당은 높다랗게 지은 집으로 남의 부모를 높여 이르는 말이다. 부모님이 자식 기르는 마음을 누가 알겠느냐?

勸君漫信兒曹孝(권할 권, 그대 군, 아득할 만, 믿을 신, 무리 조, 효도 효)

두 가지 해석이 모두 가능하다. 이는 漫(만)의 해석과 현토에 의해 달라진다. 첫 번째, 그대에게 권하노니, 아이들의 효를 함부로 믿는다면. 漫(만)을 '함부로'로 보았으며, 현토는 '~라면'이다. 두 번째, 그대에게 권하노니 아이들의 효를 믿지 말라. 만을 '멀어지다, 흩어지다' 등의 부정어로 보아 믿지 말라는 식으로 볼 수 있다. 현토는 '~하라'.

兒曹樣子在君身(무리 조, 본보기 양, 있을 재, 그대 군, 몸 신)

아이들의 본보기는 그대 몸에 있도다. 樣(양)은 본보기. 子(자)는 강세사이다. 어떤 본에서는 '樣(양)' 자 대신에 '親(친)' 자를 쓰고 있는데, 그것은 誤字(오자)로 보아야 한다.

어버이는 십분 사랑하는 마음이 있으나 그대는 그 은혜를 생각하지 아니하고, 자식이 조금이라도 효도하면 그대는 자식의 이름을 드날린다. 어버이를 대접함엔 어둡고 자식을 대함엔 밝으니, 누가 어버이의 자식 기르는 마음을 알까? 그대에게 권하노니, 함부로 아이들의 효도를 믿지 말게나. 아이들의 본보기가 그대 자신에게 있으니.

제22장

孝효 行행

孫順이 家貧하여 與其妻로 傭作人家以養母할새
손순 가빈 여 기처 용작인가 이양모

有兒每奪母食이라. 順이 謂妻曰 兒奪母食하니
유아 매탈모식 순 위처 왈 아탈모식

兒는 可得이어니와 母難再求라하고
아 가득 모난 재구

乃負兒往歸醉山北郊하여 欲埋掘地러니
내 부아 왕귀취산 북교 욕매굴지

忽有甚奇石鍾이어늘 驚怪試撞之하니 舂容可愛라.
홀유 심기석종 경괴 시당지 용용가애

孫順家貧 (공손 손, 순할 순, 집 가, 가난 빈)

손순(孫順)의 집이 가난하여.

與其妻 傭作人家以養母 (더불 여, 그 기, 아내 처, 품팔이 용, 지을 작, 남 인, 써 이, 봉양 양, 어머니 모)

그 아내와 함께 남의 집에서 품살이를 하여 어머니를 봉양하였다.

有兒每奪母食 (있을 유, 아이 아, 매번 매, 뺏을 탈, 밥 식)

아이가 있었는데 번번이 어머니의 밥을 빼앗아 먹었다.

順謂妻曰(이를 위, 말할 왈)

손순이 그 아내에게 일러 말하기를.

兒奪母食

아이가 어머니의 밥을 빼앗아 먹으니.

兒可得 母難再求(가할 가, 얻을 득, 어려울 난, 다시 재, 구할 구)

아이는 얻을 수 있지만, 어머니는 다시 구하기 어렵다.

乃負兒往歸醉山北郊(이에 내, 짊어질 부, 갈 왕, 돌아갈 귀, 취할 취, 뫼 산, 북녘 북, 성밖 교)

이에 아이를 업고 歸醉山(귀취산) 북쪽 교외로 가서.

欲埋掘地(하고자할 욕, 묻을 매, 팔 굴, 땅 지)

掘地(굴지), 땅을 파고 아이를 묻고자 하였다.

忽有甚奇石鍾(갑자기 홀, 있을 유, 매우 심, 기이할 기, 돌 석, 쇠북 종)

갑자기 매우 기이한 石鐘(석종)이 하나 나왔다.

驚怪試撞之(놀랄 경, 괴이할 괴, 시험할 시, 칠 당, 그것 지)

놀랍고도 괴이하여 시험 삼아 그것을 쳐 보았다.

舂容可愛(절구질할 용, 조용할 용, 가할 가, 사랑 애)

조용하고 은은한 것이 사랑할 만했다. 舂(용)은 '절구질할 용'이고, 容(용)은 '조용하다'는 뜻이다. 舂容(용용)은 '조용하고 은은하다'는 뜻으로, 돌종의 은은한 소리를 본뜬 의성어로 볼 수 있다.

孫順(손순)이 집이 가난하여 그의 아내와 함께 남의 집에 품팔이를 하여 그 어머니를 봉양하였다. 그런데 아이가 있어 언제나 어머니의 잡수시는 것을 빼앗아 먹었다. 손순이 아내에게 말하기를, "아이가 어머니의 잡수시는 것을 빼앗으니 아이는 또 얻을 수 있거니와 어머니는 다시 구하기 어렵다." 하였다. 마침내 아이를 업고 歸醉山(귀취산) 북쪽 교외로 가서 묻으려고 땅을 팠는데, 문득 매우 이상한 石鐘(석종)이 있었다. 놀랍고 괴이하게 여겨 시험 삼아 두드려 보니 소리가 멀리 퍼져 사랑스러웠다.

妻曰 得此奇物은 殆兒之福이라 埋之不可라한대
처왈 득차 기물 태 아지복 매지불가

順이 以爲然하여 將兒與鍾還家하여 懸於樑撞之러니
순 이위연 장아여종 환가 현어 양당지

王이 聞鍾聲淸遠異常而覈聞其實하고
왕 문종성 청원이상이 핵문 기실

曰 昔에 郭巨埋子엔 天賜金釜러니
왈 석 곽거매자 천사금부

今孫順埋兒엔 地出石鍾하니 前後符同이라하니
금 손순매아 지출석종 전후부동

賜家一區하고 歲給米五十石하니라.
사가일구 세급미 오십석

『三國遺事』卷5「孝善」

妻曰 得此奇物(아내 처, 말할 왈, 얻을 득, 이 차, 기이할 기, 만물 물)

아내가 말하기를, 이렇게 기이한 물건을 얻은 것은.

殆兒之福(아마도 태, 아이 아, 어조사 지, 복 복)

아마도 아이의 복일 듯 싶습니다.

埋之不可(묻을 매, 아니 불, 가할 가)

(그러니) 묻어서는 안 되겠습니다.

順以爲然(따를 순, 써 이, 할 위, 그럴 연)

손순이 그렇다고 여겨. 以爲(이위)는 '~라고 여기다'.

將兒與鍾還家(장차 장, 더불 여, 쇠북 종, 돌아갈 환, 집 가)

아이와 석종을 가지고 집으로 돌아왔다. 將(장)은 '가지고'.

懸於樑撞之(매달 현, 어조사 어, 들보 량, 칠 당, 그것 지)

들보에다 매달고 그것을 쳤다. 於(어)는 '~에'.

王聞鍾聲淸遠異常而覈聞其實(왕 왕, 들을 문, 소리 청, 맑을 청, 멀 원, 기이할 이, 평상 상, 말이을 이, 조사할 핵, 들을 문, 그 기, 사실 실)

왕은 종소리가 맑고 멀리까지 이상하게 퍼지는 소리를 듣고, 그 실상을 조사하여 보고하게 하였다. 聞(문)은 ~에게 말하다.

曰昔郭巨埋子 天賜金釜(옛날 석, 성곽 곽, 클 거, 묻을 매, 자식 자, 하늘 천, 줄 사, 황금 금, 가마 부)

옛날에 郭巨(곽거)가 자식을 묻어 하늘이 황금 솥을 하사하였다. 郭巨(곽거)는 중국 후한 때의 효자.

今孫順埋兒 地出石鍾(이제 금, 손자 손, 땅 지, 날 출, 돌 석, 쇠북 종)

지금 손순이 아이를 묻으니 땅에서 석종이 나왔다.

前後符同(앞 전, 뒤 후, 부합할 부, 같을 동)

앞과 뒤가 서로 부절처럼 꼭 맞는다.

賜家一區 歲給米五十石(집 가, 거처 구, 해 세, 줄 급, 쌀 미, 가마 석)

집 한 區(구)를 하사하고 해마다 쌀 50석을 주었다. 區(구)는 '용량'의 뜻이므로 '채'로 해석해야 한다.

아내가 말하기를, "이 기이한 물건을 얻은 것은 아마 아이의 복일 듯하니 땅에 묻는 것은 옳지 못합니다." 하였다. 손순도 그렇게 생각하여 아이와 종을 가지고 집으로 돌아와 대들보에 매달고 이것을 쳤다. 임금이 종소리가 맑고 멀리 퍼져 이상한 것을 듣고 그 사실을 자세히 물어서 알아오게 하였다.

"옛날 郭巨(곽거)가 자식을 묻었을 때엔 하늘이 금으로 만든 솥을 주시더니, 이제 손순이 자식을 묻자 땅에서 석종이 나왔으니 앞과 뒤가 서로 꼭 맞습니다." 라고 하자 집 한 채와 해마다 쌀 50석을 내려주었다.

尙德이 値年荒癘疫하여 父母飢病濱死라.
상덕 치 년황려역 부모 기병빈사

尙德이 日夜不解衣하고 盡誠安慰하되 無以爲養이면
상덕 일야 불해의 진성안위 무이위양

則刲髀肉食之하고 母發癰에 吮之卽癒라.
즉 규 비육 식지 모 발옹 연지즉 유

王이 嘉之하여 賜賚甚厚하고 命旌其門하고 立石紀事하니라.
왕 가지 사뢰 심후 명정 기문 입석 기사

尙德 値年荒癘疫(숭상 상, 덕 덕, 만날 치, 해 년, 황폐할 황, 창질 려, 염병 역)

尙德(상덕)이 흉년[年荒]과 역병[癘疫]을 만나. 상덕은 신라 때 사람으로 효성이 깊었다고 한다.

父母飢病濱死(아버지 부, 어머니 모, 굶주릴 기, 병들 병, 거의 빈, 죽을 사)

부모가 굶주리고 병들어 濱死(빈사), 거의 죽게 되었다.

尙德 日夜不解衣(날 일, 밤 야, 아니 불, 벗을 해, 옷 의)

상덕은 밤낮으로 옷을 벗지도 않고.

盡誠安慰(다할 진, 정성 성, 편안 안, 위로할 위)

정성을 다하여 편안히 위로하되. 安慰(안위)는 몸을 편안하게 하고, 마음을 위로하다, 또는 위로하여 마음을 편안하게 한다는 뜻이다.

無以爲養(없을 무, 써 이, 할 위, 봉양 양)

봉양으로 삼을 것이 없으면. 以爲(이위)는 '~으로 삼다'. 봉양할 꺼리가 없으면.

則刲髀肉食之(곧 즉, 베어가를 규, 넙적다리 비, 고기 육, 먹을 식, 그것 지)

곧 髀肉(비육), 허벅지 살을 베어 부모에게 먹였다.

母發癰 吮之卽癒(발생할 발, 악창 옹, 빨 연, 그것 지, 나아갈 즉, 나을 유)

어머니가 악창이 생기자 그것을 빨아 주니 나았다.

王嘉之 賜賚甚厚(아름다울 가, 줄 사, 줄 뢰, 매우 심, 두터울 후)

왕은 그것을 아름답게 여겨 매우 후하게 賜賚(사뢰), 물건을 내려 주었다. 사뢰는 임금이 신하들에게 물건을 내려주는 일이다.

命旌其門 立石紀事(명할 명, 표할 정, 그 기, 문 문, 세울 립, 돌 석, 기록할 기, 일 사)

그 문을 표하고, 돌을 세워 그 일을 기록할 것을 명하였다. 旌閭門(정려문)을 내려 주고 바위에 새겨 남겼다.

尙德(상덕)은 흉년이 들고 역병이 유행하는 때를 만나 부모가 굶주리고 병들어 거의 죽게 되었다. 상덕이 낮이나 밤이나 옷을 벗지 않고 정성을 다하여 위안하였으되, 봉양할 것이 없으면 넓적다리 살을 베어 잡수시게 하고, 어머니가 종기가 나자 입으로 빨아 곧 낫게 하였다. 임금이 이 소식을 듣고 가상하게 여겨 매우 후하게 물건을 하사하고, 그 마을에 旌閭門(정려문)을 세우게 하고 비석을 세워 이 일을 기록할 것을 명하였다.

都氏家貧至孝라 賣炭買肉하여 無闕母饌이러라.
도씨 가빈지효 매탄매육 무궐모찬

一日은 於市에 晩而忙歸러니 鳶忽攫肉이어늘
일일 어시 만이망귀 연홀확육

都悲號至家하니 鳶旣投肉於庭이러라.
도 비호 지가 연기 투육어정

一日은 母病索非時之紅柿어늘 都彷徨柿林하여
일일 모 병색 비시지홍시 도 방황시림

不覺日昏이러니 有虎屢遮前路하고 以示乘意라
불각일혼 유호 누차전로 이시 승의

都乘至百餘里山村하여 訪人家投宿이러니
도 승지 백여리산촌 방 인가 투숙

俄而主人이 饋祭飯而有紅柿라.
아이주인 궤제반이 유홍시

都氏家貧至孝(성 도, 성 씨, 집 가, 가난 빈, 지극할 지, 효성 효)

도씨(都氏)의 집은 가난하였지만 효성이 지극하였다.

賣炭買肉 無闕母饌(팔 매, 숯 탄, 살 매, 고기 육, 없을 무, 빠뜨릴 궐, 어머니 모, 반찬 찬)

숯을 팔아다 고기를 사서 어머니 반찬에 거른 적이 없었다.

一日 於市 晩而忙歸(한 일, 날 일, 어조사 어, 시장 시, 늦을 만, 바쁠 망, 돌아올 귀)

하루는 시장에서 늦어 바쁘게 돌아오는데.

鳶忽攫肉(솔개 연, 갑자기 홀, 잡을 확)

솔개가 갑자기 들고 있던 고기를 낚아채 가버렸다. 攫(확)은 '급히 빼앗아 움키다'는 의미이다.

都悲號至家(슬플 비, 부르짖을 호, 이를지)

도씨는 슬프게 울부짖으면서 집에 이르렀다.

鳶旣投肉於庭(이미 기, 던질 투, 뜰 정)

그런데 솔개는 이미 도씨의 마당에다 고기를 던져두었다.

一日 母病索非時之紅柿(병 병, 찾을 색, 아닐 비, 때 시, 붉을 홍, 감 시)

하루는 어머니가 병이 나자 때 아닌 홍시를 찾았다.

都彷徨柿林(거닐 방, 어정거릴 황, 수풀 림)

도씨는 감나무 숲을 방황하는데, 찾아 헤매면서.

不覺日昏(깨달을 각, 날 일, 저물 혼)

날이 저문 지도 몰랐다.

有虎屢遮前路(범 호, 자주 루, 막을 차, 앞 전, 길 로)

호랑이가 있어 屢遮前路(누차전로), 여러 차례 앞길을 막으면서.

以示乘意(보일 시, 탈 승, 뜻 의)

타라는 뜻을 보여주었다.

都乘至百餘里山村(일백 백, 남을 여, 길이 리, 뫼 산, 마을 촌)

도씨는 그 호랑이를 타고 백여 리 떨어진 산촌에 이르렀다.

訪人家投宿(찾을 방, 던질 투, 묵을 숙)

인가를 찾아 투숙(投宿)하였다.

俄而主人 饋祭飯而有紅柿(갑자기 아, 주인 주, 먹일 궤, 제사 제, 밥 반)

갑자기 주인이 祭飯(제반), 제삿밥을 먹으라고 주었는데, 거기에는 홍시가 있었다.

都氏(도씨)는 집이 가난하였으나 효성이 지극하였다. 숯을 팔아 고기를 사서 어머니의 반찬으로 빠짐없이 공양하였다. 하루는 시장에서 늦어 바삐 돌아오는

데 솔개가 갑자기 고기를 채 가거늘 도씨가 슬피 울부짖으며 집에 돌아와 보니 솔개가 이미 고기를 집안 뜰에 던져 놓았다. 하루는 어머니가 병이 나서 제철이 아닌 홍시를 찾거늘 도씨가 감나무 숲을 방황하여 날이 저문 것도 모르고 있었는데, 호랑이가 있어 여러 번 앞길을 가로막고 타라는 뜻을 표시하였다. 도씨가 호랑이를 타고 백 여리나 되는 산 동네에 이르러 人家(인가)를 찾아 투숙하였는데, 얼마 후 집주인이 제삿밥을 차려 내오는데 홍시가 있었다.

都喜하여 問柹之來歷하고 且述己意한대
도희 문 시지내력 차술 기의

答曰 亡父嗜柹라 故로 每秋에 擇柹二百個하여
답왈 망부 기시 고 매추 택시 이백개

藏諸窟中하여 而至此五月이면 則完者不過七八이라가
장 제굴중 이지 차오월 즉 완자 불과칠팔

今得五十個完者라. 故로 心異之러니 是天感君孝라하고,
금득 오십개 완자 고 심 이지 시 천감군효

遺以二十顆어늘 都謝出門外하니 虎尙俟伏이라.
유이 이십과 도 사출문외 호상 사복

乘至家하니 曉鷄喔喔이러라. 後에 母以天命으로
승 지가 효계 악악 후 모이 천명

終에 都有血淚러라.
종 도유 혈루

都喜 問柹之來歷(성 도, 기쁠 희, 물을 문, 감 시, 어조사 지, 올 래, 지날 역)

도씨는 기뻐하며 감의 내력을 물었다. 감이 어디서 났는지를 물었다.

且述己意(또 차, 진술할 술, 자기 기, 뜻 의)

또 자기의 뜻을 진술하였다.

答曰 亡父嗜柹(답할 답, 말할 왈, 죽은 망, 아버지 부, 즐길 기)

(주인이) 대답하길, 돌아가신 아버님께서 감을 즐겨하셨습니다.

故每秋 擇柹二百個(연유 고, 매양 매, 가을 추, 택할 택, 낱 개)

그러므로 매년 가을이면 감 200개를 가려.

藏諸窟中 而至此五月(감출 장, 모두 제, 굴 굴, 가운데 중, 이를 지, 이 차)

모두 굴속에다 감춰두고 이렇게 5월이 되면.

則完者不過七八(곧 즉, 완전할 완, 것 자, 지날 과)

완전한 것, 멀쩡한 것이 불과 7~8개였습니다.

今得五十個完者(이제 금, 얻을 득)

그런데 지금은 완전한 것 50개를 얻었습니다.

故心異之 是天感君孝(이상할 이, 감동할 감, 바로 시, 그대 군, 효도 효)

그러므로 마음으로 이상하게 여겼는데, 바로 하늘이 그대의 효성에 감동한 것이었군요.

遺以二十顆(남길 유, 써 이, 낟알 과)

20개를 주었다.

都謝出門外(감사할 사, 날 출, 문 문, 바깥 외)

도씨가 감사하며 문 밖을 나섰다.

虎尙俟伏(범 호, 아직 상, 기다릴 사, 엎드릴 복)

호랑이가 아직도 기다리면서 엎드려 있었다.

乘至家 曉雞喔喔(새벽 효, 닭 계, 닭소리 악)

호랑이를 타고 집에 이르자 새벽닭이 울고 있었다.

後 母以天命 終 都有血淚(뒤 후, 목숨 명, 마칠 종, 피 혈, 눈물 루)

그 뒤 어머니는 천명을 다하고 죽자 도씨는 피눈물을 흘렸다.

도씨는 기뻐하여 감의 내력을 묻고 또 자신의 뜻을 말하였다. 대답하여 말하기를, "돌아가신 아버지께서 감을 즐기셨으므로 해마다 가을에 감 200개를 골라 굴 안에 감추어 두되 이 5월에 이르면 완전한 것이 7·8개에 지나지 않았는데, 올해는 50개의 완전한 것을 얻었다. 마음으로 이상하게 여겼더니, 이것은 하늘이 그대의 효성에 감동한 것이다."라고 하고는 20개를 내주었다. 도씨가 사례하고 문밖에 나오니, 호랑이가 아직도 엎드려 기다리고 있었다. 호랑이를 타고 집에 돌아오니 새벽닭이 울었다. 뒤에 어머니가 天命(천명)으로 돌아가시자, 도씨는 피눈물을 흘렸다.

제23장

廉염 義의

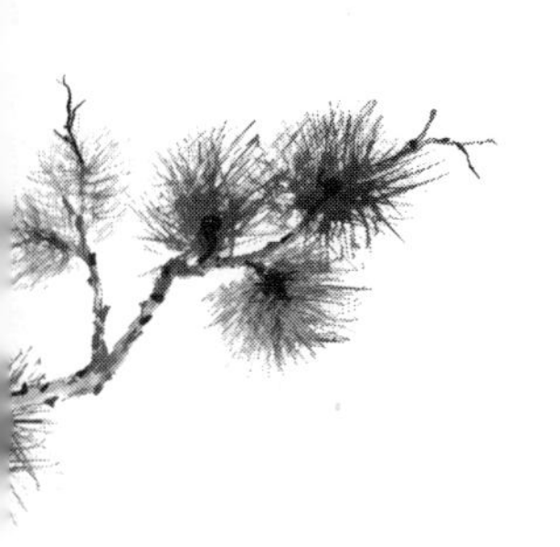

印觀이 賣綿於市할새 有署調者以穀買之而還이러니
인관 매면 어시 유서조자 이곡매지이환

有鳶이 攫其綿하여 墮印觀家어늘 印觀이 歸于署調曰
유연 확 기면 타 인관가 인관 귀우 서조왈

"鳶墮汝綿於吾家라 故로 還汝하노라."
연타 여면어 오가 고 환여

署調曰 "鳶이 攫綿與汝는 天也라 吾何受爲리오."
서조왈 연 확면 여여 천야 오 하수위

印觀賣綿於市 (도장 인, 볼 관, 팔 매, 솜 면, 시장 시)

印觀(인관)이 시장에서 솜을 팔았다.

有署調者以穀買之而還 (있을 유, 마을 서, 고를 조, 사람 자, 곡식 곡, 살 매, 돌아갈 환)

署調(서조)라는 사람이 곡식으로 그것[솜]을 사서 돌아가는데.

有鳶 攫其綿 (솔개 연, 움켜쥘 확)

솔개가 있어 그 솜을 움켜쥐고 가서.

墮印觀家 (떨어질 타, 집 가)

인관의 집에다 떨어뜨렸다.

印觀 歸于署調曰 (돌려줄 귀, 어조사 우, 말할 왈)

인관은 그 솜을 서조에게 돌려주며 말하기를.

鳶墮汝綿於吾家 故還汝 (떨어질 타, 너 여, 나 오, 집 가)

솔개가 그대의 솜을 우리 집에 떨어뜨렸소. 그래서 그대에게 돌려주는 것이오.

鳶 攫綿與汝 天也

솔개가 솜을 낚아채다 그대에게 준 것은 하늘의 뜻입니다.

吾何受爲 (나 오, 어찌 하, 받을 수, 될 위)

내 어찌 받을 수 있겠습니까?

印觀(인관)이 시장에서 솜을 팔았다. 署調(서조)라는 사람이 곡식을 솜과 바꾸어 사 가지고 돌아가는데, 솔개가 그 솜을 채 가지고 인관의 집에 떨어뜨렸다. 인관이 서조에게 솜을 돌려보내며 말하기를, "솔개가 당신의 솜을 내 집에 떨어뜨렸으므로 당신에게 돌려보낸다."라고 하였다. 이에 서조가 대답하기를, "솔개가 솜을 채다가 그대에게 준 것은 하늘이 한 일이다. 내가 어찌 받겠는가?"라고 하였다.

印觀曰 "然則還汝穀하리라." 署調曰 "吾與汝者市二日이니
인관 왈 연즉 환여곡 서조 왈 오여여자 시이일

穀已屬汝矣라." 하고 二人이 相讓이라가 幷棄於市하니
곡이 속여의 이인 상양 병기어시

掌市官이 以聞王하여 並賜爵하니라.
장시관 이문왕 병사작

然則還汝穀 (그럴 연, 곧 즉, 돌려줄 환, 너 여, 곡식 환)

그렇다면 곧 너에게 곡식을 돌려 주겠다.

吾與汝者市二日 (나 오, 줄 여, 것 자, 저자 시)

내가 너에게 준 것은 시장에서 이틀이 지났으니.

穀已屬汝矣 (이미 이, 속할 속, 어조사 의)

그 곡식은 이미 너에게 속한 것이다. 네 것이다.

二人 相讓 (서로 상, 양보할 양)

두 사람이 서로 양보하다.

幷棄於市 (모두 병, 버릴 기, 어조사 어)

모두 시장에다 버렸다.

掌市官 以聞王並賜爵 (맡을 장, 관리 관, 아뢸 문, 임금 왕, 모두 병, 하사할 사, 관작 작)

시장을 관장하는 관리가 왕에게 보고하자, 왕은 모두 관직을 하사하였다.

印觀(인관)이 말하기를, "그렇다면 솜 값으로 받은 당신의 곡식을 돌려보내겠다."라고 하자, 署調(서조)는, "내가 그대에게 준 지가 벌써 이틀이나 지났으니, 곡식은 이미 그대의 것이 되었다."라고 대답하였다. 두 사람이 서로 사양하다가

솜과 곡식을 다 함께 시장에 버렸다. 시장을 맡아 다스리는 관원이 이 사실을 임금께 아뢰자, 임금은 두 사람 모두에게 벼슬을 주었다.

洪公耆燮이 少貧甚無聊러니 一日朝에
홍공기섭 소빈 심무료 일일조

婢兒踊躍獻七兩錢曰 "此在鼎中하니 米可數石이요,
비아 용약헌칠양전 왈 차재정중 미 가수석

柴可數駄니 天賜天賜니이다." 公驚曰 "是何金고." 하고
시 가수타 천사천사 공경왈 시 하금

卽書失金人推去等字하여 付之門楣而待러니
즉서 실금인추거 등자 부지 문미이대

洪公耆燮 少貧甚無聊 (넓을 홍, 벼슬 공, 늙을 기, 불꽃 섭, 젊을 소, 가난 빈, 매우 심, 없을 무, 즐길 료)

洪耆燮(홍기섭)은 젊어서 가난하여 몹시 無聊(무료)하였다. 무료는 어울리지 아니하여 탐탁한 맛이 없다는 뜻이다. 洪耆燮(홍기섭)은 조선 순조 때 인물이라고 하는데 정확한 내력을 알 수 없다. 公(공)은 상대를 높이는 말.

一日朝 婢兒踊躍獻七兩錢曰 (날 일, 아침 조, 여종 비, 아이 아, 뛸 용, 뛸 약, 바칠 헌, 일곱 칠, 두 량, 돈 전, 말할 왈)

어느 날 아침, 여종 아이가 뛸 듯이 달려와 돈 7냥을 바치며 말하기를. 兩(양)은 저울추 두개가 나란히 매달려 있는 모양을 본뜬 글자로 '둘, 한 쌍' 또는 '무게의 단위'로서 나중에 돈의 단위로도 사용되었다.

此在鼎中 米可數石 柴可數駄 (이 차, 있을 재, 솥 정, 가운데 중, 쌀 미, 가할 가, 여러 수, 가마니 석, 섶 시, 여러 수, 실을 태)

이것이 솥 안에 있었습니다. 쌀 여러 가마를 살 수 있을 것이요, 나무를 몇 바리나 살 수 있으니. 駄(태)는 '바리'라는 뜻으로 마소의 등에 잔뜩 실은 짐이나, 그 짐을 세는 단위를 뜻한다.

天賜天賜(하늘 천, 줄 사)

하늘이 하사한 것입니다. 하늘이 내려준 것입니다.

公驚曰 是何金(놀랄 경, 이 시, 무엇 하, 돈 금)

공이 놀라며 말하기를, 이 무슨 돈인가?

卽書失金人推去等字(곧 즉, 적을 서, 잃을 실, 옮길 추, 갈 거, 가지런할 등, 글자 자)

곧 글을 썼다. "돈을 잃은 사람은 推去(추거), 찾아서 가져가시오." 등의 글자를.

付之門楣而待(붙일 부, 어조사 지, 문 문, 차양 미)

門楣(문미), 문 위에 가로대는 나무에다 붙여놓고 기다렸다.

洪耆燮(홍기섭)이 젊었을 때 가난하여 매우 無聊(무료)하였는데, 하루는(어느 날) 아침에 어린 계집종이 기뻐 뛸 듯이 달려와 돈 일곱 냥을 바치며 말하였다. "이것이 솥 안에 있었습니다. 이 돈이면 쌀을 몇 섬 살 수 있고, 나무를 몇 바리 살 수 있습니다. 정말 이것은 하늘이 주신 것입니다." 공은 놀라 말하기를, "이것이 어찌된 돈인가?" 하고는, 곧 "돈 잃은 사람은 와서 찾아가라"는 글을 써서 대문에 붙여 놓고 기다렸다.

俄而姓劉者來問書意어늘 公悉言之한대
아이성유자 내문서의 공실언지

劉曰 "理無失金於人之鼎內하니 果天賜也라. 盍取之닛고."
유 왈 이무 실금어 인지정내 과 천사야 합 취지

公曰 "非吾物에 何오." 劉俯伏曰 "小的이 昨夜에
공왈 비오물 하 유 부복 왈 소적 작야

爲竊鼎來라가 還憐家勢蕭條而施之러니
위절정래 환련 가세소조이 시지

今感公之廉价하고 良心自發하여 誓不更盜하고
금감 공지염개 양심자발 서 불경도

願欲常侍하오니 勿慮取之하소서."
원욕상시 물려취지

俄而姓劉者來問書意(잠시 아, 성 성, 성 유, 사람 자, 올 래, 물을 문, 글 서, 뜻 의)

잠시 후 劉氏(유씨) 성을 가진 사람이 찾아와 그 글의 뜻을 물었다.

公悉言之(벼슬 공, 다 실, 말 언, 그것 지)

공은 저간의 사정을 모두 말해주었다.

劉曰 理無失金於人之鼎內(이치 리, 없을 무, 잃을 실, 돈 금, 어조사 어, 남 인, 솥 정, 안 내)

유씨가 말하기를, 이치상 남의 솥 안에서 돈을 잃어버릴 리가 없다.

果天賜也 盍取之(과연 과, 하늘 천, 줄 사, 어조사 야, 어찌아니 합, 취할 취, 그것 지)

과연 하늘이 내리신 것인데, 어찌 가지지 않는가?

公曰 非吾物何(아닐 비, 나 오, 물건 물, 어찌 하)

내 물건이 아닌데, 어찌 가질 수 있는가?

劉俯伏曰 小的 昨夜 爲竊鼎來(구부릴 부, 엎드릴 복, 작을 소, 어조사 적, 어제 작, 밤

야, 할 위, 훔칠 절, 올 래)

유씨가 고개를 숙이고 엎드려 말하기를, 소인이 어젯밤 솥을 훔치러 왔다가. 俯伏(부복)은 '구부릴 부, 엎드릴 부'로 고개를 숙이고 엎드린다는 의미. 小的(소적)은 제가.

還憐家勢蕭條而施之(도리어 환, 불쌍할 린, 집 가, 기세 세, 쓸쓸할 조, 가지 조, 베풀 시, 그것 지)

도리어 집안 형편이 蕭條(소조)함을 불쌍히 여겨 베푼 것입니다. 소조는 雰圍氣(분위기)가 매우 쓸쓸하고 조용하다는 의미인데, 여기서는 찢어지게 가난하다는 의미.

今感公之廉价(이제 금, 감동 감, 벼슬 공, 청렴 렴, 착할 개)

지금 공의 廉价(염개), 청렴한 절개에 감동하여.

良心自發 誓不更盜(좋을 양, 마음 심, 스스로 자, 필 발, 맹세 서, 아니 불, 다시 갱, 도적 도)

양심이 저절로 우러나 다시는 도적질을 하지 않을 것을 맹세합니다.

願欲常侍 勿慮取之(원할 원, 하고자할 욕, 항상 상, 모실 시, 말 물, 생각 려, 취할 취)

항상 모시기를 원하니, 염려마시고 가지십시오.

얼마 후 유씨 성을 가진 사람이 찾아와 글 뜻을 묻자, 공은 자세히 그 내용을 말해 주었다. 유씨가 말하기를, "이치상 남의 솥 안에 돈을 잃는 일은 없으니, 참으로 하늘이 주신 것입니다. 그러데 왜 취하지 않으십니까?"라고 하였다. 공이 말하기를, "내 물건이 아닌데 어찌 가질 수 있겠는가?"라고 하였다. 그러자 유씨가 엎드려 말하기를, "소인이 어젯밤에 솥을 훔치러 왔다가 도리어 家勢(가세)가 너무 가난한 것을 불쌍히 여겨 이것을 놓고 돌아갔습니다. 지금 공의 清廉(청렴)에 감동하고 양심이 저절로 우러나 다시는 도둑질을 아니할 것을 맹세하고, 앞으로는 항상 옆에서 모시기를 원하오니 염려 마시고 취하소서."라고 하였다.

公卽還金曰 "汝之爲良則善矣나 金不可取라." 하고
공즉 환금 왈 여지위양즉 선의 금 불가취

終不受하니라 後에 公爲判書하고 其子在龍이
종불수 후 공위판서 기자 재룡

爲憲宗國舅하며 劉亦見信하여 身家大昌하니라.
위헌종국구 유역 견신 신가대창

公卽還金曰 (벼슬 공, 즉시 즉, 돌려줄 환, 돈 금, 말할 왈)

공은 즉시 돈을 돌려주며 말하기를.

汝之爲良則善矣 金不可取 (너 여, 될 위, 좋을 양, 곧 즉, 선할 선, 어조사 의, 아니 불, 가할 가, 취할 취)

그대가 착하게 된 것은 곧 좋을 일이나, 이 돈을 가질 수가 없다.

終不受 (끝 종, 받을 수)

끝내 받지 않았다.

後公爲判書 (뒤 후, 나눌 판, 글 서)

뒤에 공은 判書(판서)가 되고. 判書(판서)는 조선 시대 육조(六曹)의 으뜸 벼슬로, 정이품(正二品)이다.

其子在龍 爲憲宗國舅 (그 기, 자식 자, 있을 재, 용 용, 법 헌, 마루 종, 나라 국, 시아버지 구)

그 아들 在龍(재룡)은 憲宗(헌종)의 國舅(국구)가 되었다. 국구는 왕비의 친정아버지, 곧 임금의 장인이다. 헌종은 조선후기 제24대(재위:1834~1849) 왕이다.

劉亦見信 (성 유, 또한 역, 볼 견, 믿을 신)

유씨도 신망을 받아. 見(견)은 '당하다'의 뜻.

身家大昌 (몸 신, 집 가, 큰 대, 번창할 창)

자신과 집안이 크게 현창하였다.

공은 곧장 돈을 돌려주며 말하기를, "그대가 착하게 된 것은 좋으나, 이 돈은 취할 수 없다."라 하고는 끝내 받지 않았다. 뒤에 공은 判書(판서)가 되었고, 그의 아들 在龍(재룡)은 憲宗(헌종)의 國舅(국구)가 되었다. 유씨 또한 신임을 얻어 몸과 집안이 크게 번창하였다.

高句麗平原王之女가 幼時에 好啼러니
고구려 평원왕지녀 유시 호제

王戱曰 "以汝로 將歸愚溫達하리라."
왕희왈 이여 장귀 우온달

及長에 欲下嫁于上部高氏한대 女以王不可食言이라하여
급장 욕하가우 상부고씨 여이 왕 불가식언

固辭하고 終爲溫達之妻하니라.
고사 종위 온달지처

『三國史記』卷45「列傳」第5

高句麗平原王之女(높을 고, 글귀 구, 고울 려, 평평할 평, 언덕 원, 임금 왕, 어조사 지, 딸 녀)

고구려 平原王(평원왕)의 딸이. 평원왕은 고구려 제25대 왕(재위 559~590)으로 별칭 평강상호왕(平崗上好王).

幼時 好啼(어릴 유, 때 시, 좋아할 호, 울 제)

어렸을 때, 울기를 좋아했다.

王戱曰 以汝將歸愚溫達(장난 희, 말할 왈, 써 이, 너 여, 장차 장, 시집갈 귀, 바보 우, 따뜻할 온, 통달 달)

왕이 장난삼아 말하기를, 너는 앞으로 바로 온달에게 시집을 보낼 것이다.

及長 欲下嫁于上部高氏(미칠 급, 어른 장, 하고자할 욕, 내릴 하, 시집갈 가, 어조사 우, 위 상, 떼 부, 성 씨)

장성하자, 상부 고씨에게 下嫁(하가)하려고 하였다. 하가는 지체가 낮은 데로 시집간다는 뜻으로 공주나 후비의 딸인 옹주(翁主)가 귀족이나 신하에게로 시집가는 것이다.

女以王不可食言 固辭(아닐 부, 가할 가, 먹을 식, 말 언, 굳을 고, 사양할 사)

딸은 왕은 食言(식언)을 해서는 안 된다는 말로써 굳게 사양하였다. 식언은 한번 입 밖에 낸 말을 도로 입 속에 넣는다는 뜻으로, 약속한 말대로 지키지 아니함을 이르는 말이다.

終爲溫達之妻(끝내 종, 될 위, 아내 처)

끝내 온달의 아내가 되었다.

고구려 平原王(평원왕)의 딸이 어렸을 때 울기를 좋아하니, 왕이 장난삼아 말하기를, "너를 장차 바보 溫達(온달)에게 시집보내리라"라고 하였다. 딸이 자라자 上部(상부) 高氏(고씨)에게 시집을 보내려 하니, 딸은 임금은 食言(식언)을 해서는 안 된다고 하며 굳이 사양하여, 마침내 온달의 아내가 되었다.

蓋溫達이 家貧하여 行乞養母하니 時人이 目爲愚溫達也러라
개 온달 가빈 행걸양모 시인 목위 우온달야

一日은 溫達이 自山中으로 負楡皮而來하니
일일 온달 자 산중 부유피이래

王女訪見曰 "吾乃子之匹也."라 하고 乃賣首飾하여 而買
왕녀 방견 왈 오내 자지필야 내 매 수식 이매

田宅器物頗富하고 多養馬以資溫達하여 終爲顯榮하니라.
전택기물 파부 다양마이 자온달 종위 현영

蓋溫達家貧 行乞養母(대개 개, 따뜻할 온, 통달할 달, 집 가, 가난 빈, 다닐 행, 구걸 걸, 봉양 양, 어머니 모)

대개 온달은 집이 가난하여 구걸을 하면서 어머니를 봉양하였다.

時人目爲愚溫達也(때 시, 사람 인, 지목할 목, 될 위, 바보 우, 어조사 야)

이때 사람들이 그를 지목하여 바보 온달이라고 하였다.

一日 溫達自山中 負楡皮而來(날 일, 부터 자, 짐질 부, 느릅나무 유, 가죽 피, 올 래)

하루는 온달이 산에서 느릅나무 껍질을 짊어지고 왔는데.

王女訪見曰(왕 왕, 딸 녀, 찾아갈 방, 볼 견, 말할 왈)

공주가 그를 찾아와 보고 말하기를.

吾乃子之匹也(나 오, 이에 내, 그대 자, 짝 필)

나는 그대의 배필이다.

乃賣首飾 而買田宅器物頗富(팔 매, 머리 수, 꾸밀 식, 살 매, 밭 전, 집 택, 기물 기, 물건 물, 자못 파, 넉넉할 부)

이에 首飾(수식), 머리 장식을 팔아 땅과 집과 기물을 사서 자못 넉넉해졌다.

多養馬以資溫達 終爲顯榮(많을 다, 기를 양, 말 마, 주다 자, 끝내 종, 될 위, 현달할 현, 영화 영)

말을 많이 길러 온달에게 줌으로써 끝내 그를 顯榮(현영)하게 하였다. 현영은 높은 地位(지위)에 올라 榮華(영화)롭다는 뜻이다.

온달은 집이 가난하여 구걸을 다녀 어머니를 봉양하니, 당시 사람들이 지목하여 바보 온달이라고 하였다. 하루는 온달이 산 속으로부터 느릅나무 껍질을 짊어지고 돌아오니, 공주가 찾아와 보고 말하였다. "나는 바로 그대의 아내입니다" 하고는 머리 장식물을 팔아 밭과 집과 기물을 매우 사서 자못 넉넉하게 되고, 말을 많이 길러 온달에게 주어 그가 마침내 영달하게 되었다.

제24장

勸권 學학

朱子曰 "勿謂今日不學而有來日하며,
주자 왈 물위 금일불학이 유내일

勿謂今年不學而有來年하라. 日月逝矣라 歲不我延이니
물위 금년불학이 유내년 일월서의 세불아연

嗚呼老矣라. 是誰之愆고."
오호 노의 시 수지건

朱子曰 (붉을 주, 선생 자, 말할 왈)

朱子(주자)가 말하기를.

勿謂今日不學而有來日 (말 물, 이를 위, 이제 금, 날 일, 아니 불, 배울 학, 있을 유, 올 래)

勿謂(물위), 말하지 말라. 오늘 배우지 않고서 내일이 있다고.

勿謂今年不學而有來年 (해 년)

말하지 말라. 今年(금년) 올해 배우지 않고서 내년이 있다고.

日月逝矣 (날 일, 달 월, 갈 서, 어조사 의)

날과 달은 흘러가니. 시간은 흘러가니.

歲不我延(해 세, 나 아, 기다릴 연)

세월은 나를 기다려주지 않는다.

嗚呼老矣(탄식 오, 부를 호, 늙을 로)

오호라! 늙어감이여! 嗚呼(오호)는 슬플 때나 탄식할 때 '아, 어허' 등의 뜻으로 내는 소리.

是誰之愆(이 시, 누구 수, 허물 건)

이것은 누구의 허물인가?

朱子(주자)가 말하였다.

"오늘 배우지 않고 내일이 있다고 말하지 말며, 금년에 배우지 않고 내년이 있다고 말하지 말라. 날과 달은 흘러가니 세월은 나를 기다려 주지 않는다. 오호라! 늙음이여! 이 누구의 허물인가?"

少年易老學難成(소년이노 학난성)하니 一寸光陰不可輕(일촌광음 불가경)이라

未覺池塘春草夢(미각지당 춘초몽)하여 階前梧葉已秋聲(계전오엽 이추성)이라.

少年易老學難成(젊을 소, 나이 년, 쉬울 이, 늙을 로, 배울 학, 어려울 난, 이룰 성)

소년은 늙기가 쉽고 배움은 이루기가 어려우니.

一寸光陰不可輕(마디 촌, 빛 광, 그늘 음, 아니 불, 가할 가, 가벼울 경)

한마디 光陰(광음)도 가볍게 여겨서는 안 된다. 一寸(일촌)은 얼마 안 되는 한마디로, 짧다는 뜻이다. 한 토막 광음(光陰)은 '해와 달'이라는 뜻으로, '흘러가는 시간, 세월, 때'를 말한다.

未覺池塘春草夢(아닐 미, 깨달을 각, 못 지, 못 당, 봄 춘, 풀 초, 꿈 몽)

未覺(미각), 깨지 못하였다. 池塘(지당)의 봄풀은 꿈속에서. 못 가에 핀 봄날 풀들은 아직 꿈속에서 깨지 못했거늘.

階前梧葉已秋聲(계단 계, 앞 전, 오동 오, 잎 엽, 이미 이, 가을 추, 소리 성)

계단 앞 오동나무 잎은 벌써 가을 소리를 내고 있다.

소년은 늙기 쉽고 학문은 이루기 어려우니, 짧은 시간이라도 가벼이 여길 수 없도다. 못가의 봄풀은 꿈에서 아직 깨지 못했는데, 섬돌 앞의 오동나무는 벌써 가을 소리를 내누나.

陶淵明詩云 "盛年은 不重來하고 一日은 難再晨이니
도연명시 운 성년 부중래 일일 난재신

及時當勉勵하라 歲月은 不待人이니라."
급시 당 면려 세월 부대인

陶淵明詩云(질그릇 도, 연못 연, 밝을 명, 시 시, 말할 운)

陶淵明(도연명)이 시를 지어 말하기를. 도연명(365~427)은 동진(東晉) 여강(廬江) 심양(潯陽) 사람. 이름은 潛(잠), 자는 연명(淵明) 또는 원량(元亮)이고, 문 앞에 버드나무 다섯 그루를 심어 놓고 오류선생(五柳先生)이라 자호했다. 일설에는 이름이 연명(淵明)이고, 자가 원량이라고도 한다. 도간(陶侃)의 증손이다. 고을의 좨주(祭酒)가 되었지만 관리의 직무를 감당하지 못하고 사직한 뒤 돌아왔다. 다시 생활을 위해 진군참군(鎭軍參軍)과 건위참군(建衛參軍) 등의 관직을 지냈다. 팽택현령(彭澤縣令) 때 오두미(五斗米) 때문에 허리를 굽히는 일을 견뎌내지 못하면서 항상 전원생활에 대한 사모의 정을 달래지 못하다가 안제(安帝) 의희(義熙) 2년(406) 41살 때 누이의 죽음을 구실 삼아 팽택현령을 사임한 뒤 다시는 관계(官界)에 나가지 않았다. 이때 쓴 글이 「귀거래사(歸去來辭)」다. 의희 말에 저작좌랑(著作佐郎)으로 불렸지만 나가지 않았다. 스스로 증조가 진(晉)나라 때의 재보(宰輔)였으면서 후대에 몸을 굽힌 것을 부끄럽게 여겨 남조 송나라에 들어서자 다시는 벼슬에 나가지 않았다. 지은 문장에는 모두 연월(年月)을 달았는데, 의희 이전에는 진나라 연호를 썼다가 남조 송나라 이후에는 갑자(甲子)만 달았다. 직접 농사를 지어 자급했고, 술을 좋아했으며, 시문을 잘 지었다. 시풍(詩風)은 후대의 많은 시인들에게 영향을 끼쳐 문학사상 큰 업적을 남겼다. 시 외에 「오류선생전(五柳先生傳)」과 「도화원기(桃花源記)」 등 산문에도 뛰어났고, 지괴소설집(志怪小說集) 『수신후기(搜神後記)』의 작자로도 알려져 있다. 사시(私諡)는 정절(靖節)이다. 저서에 『도연명집(陶淵明集)』이 있다.

盛年不重來(성할 성, 해 년, 아닐 부, 거듭 중, 올 래)

盛年(성년)은 다시 오지 않는다. 성년은 혈기가 왕성한 한창 때의 나이, 또는 그런 나이의 사람을 말한다.

一日難再晨(날 일, 어려울 난, 다시 재, 새벽 신)

하루는 다시 새벽이 오기 오렵다. 하루에 두 번 새벽이 오기는 불가능하다.

及時當勉勵(미칠 급, 때 시, 마땅 당, 힘쓸 면, 힘쓸 려)

때가 미치면 마땅히 힘쓰고 힘써라. 힘써야 할 때가 되면 당연히 힘을 써서 공부해야 한다.

歲月不待人(해 세, 달 월, 기다릴 대, 사람 인)

歲月(세월)은 사람을 기다려주지 않는다.

도연명이 시를 지어 말하였다.

"젊은 시절은 다시 오지 않고, 하루에 새벽은 두 번 있기 어렵다. 때에 이르러 마땅히 학문에 힘써라. 세월은 사람을 기다려주지 않는다."

荀子曰 "不積蹞步면 無以至千里요,
순자 왈 부적규보 무이지 천리

不積小流면 無以成江河니라."
부적소류 무이성 강하

『荀子』「勸學」

荀子曰 (풀이름 순, 선생 자, 말할 왈)

荀子(순자)가 말하기를.

不積蹞步 (아니 불, 쌓을 적, 반걸음 규, 걸음 보)

반걸음도 쌓이지 않으면. 蹞步(규보)는 반걸음.

無以至千里 (없을 무, 써 이, 이를 지, 일천 천, 길이 리)

千里(천리)에 이를 수 없고. 천리길도 한걸음부터.

不積小流 (작을 소, 흐를 류)

小流(소류)도 쌓이지 않으면. 소류는 작은 시냇물.

無以成江河 (이룰 성, 강 강, 내 하)

江河(강하)를 이룰 수 없을 것이다.

荀子(순자)가 말하였다.

"반걸음을 쌓지 않으면 천 리에 이르지 못할 것이요, 작은 물이 모이지 않으면 江河(강하)를 이루지 못할 것이다."

배규범(裵圭範)

慶熙大 國文科 卒業(文學博士, 漢文學)

현 中國 華中師範大學 韓國語學科 敎授

『朝鮮朝 佛家文學 硏究』(보고사, 2001), 『佛家詩文學論』(集文堂, 2003), 『역주 禪家龜鑑』(예문서원, 2003), 『佛家雜體詩硏究』(지식을만드는지식, 2010) 등의 저역서 45권과 「고려후기 문신 李仁復(1308~1374)의 정치인생과 인적네트워크」 외 58편의 논문을 발표했다. 중세 한중 문화 교류에 관심을 가지고 연구를 진행 중인데, 요즘은 13~14세기를 중심으로 한 고려 문인들의 중국 체험에 집중하고 있다. 한국에서는 2007년부터 대구사이버대학에서 '현대인의 명심보감' 강의를 진행 중이다.

현대인의 명심보감

2020년 8월 12일 초판 1쇄 펴냄

지은이 배규범
발행인 김흥국
발행처 보고사

책임편집 황효은
표지디자인 손정자

등록 1990년 12월 13일 제6-0429호
주소 경기도 파주시 회동길 337-15 보고사 2층
전화 031-955-9797(대표), 02-922-5120~1(편집), 02-922-2246(영업)
팩스 02-922-6990
메일 kanapub3@naver.com / bogosabooks@naver.com
http://www.bogosabooks.co.kr

ISBN 979-11-6587-073-7 03150

정가 20,000원